今日におけるキリスト者の宣教

Christian Mission in the Modern World
UPDATED AND EXPANDED
John Stott/
Christopher J. H. Wright

ジョン・ストット
クリストファー・J・H・ライト［共著］
立木信恵［訳］

いのちのことば社

Christian Mission in the Modern World
(update and expanded edition)

published in agreement with the author,
Translated and printed by permission of InterVarsity Press,
P.O. Box 1400, Downers Grove, IL 60515, USA. www.ivpress.com

本書とその出自を分かつローザンヌ運動へ

初版への序文

私個人が福音伝道へ身をささげたこととは別に、地域教会における伝道や、一九五二年に始めたケンブリッジ大学での大学生伝道を通じて、本書を執筆しようと思った四つの際立った経験がある。

ひとつ目は、一九六八年ウプサラでの第四回世界教会協議会に、「アドバイザー」として出席した時のことである。私はセクションⅡ（「宣教における刷新」）を任されたが、そこで繰り広げられる宣教の意義を問う論議の渦へすぐに投じ込まれた。

ふたつ目は、出席こそできなかったが、一九七三年一月の「今日における救い」をテーマにしたバンコク会議であり、当然ながら私は深い興味と関心をもってその会議を見ていた。翌年、メルボルンでの例年のベーカー講義（新約聖書学者でありメルボルン・リドリー大学前学長ドナルド・ベーカー主教を記念して）のスピーカーとして招かれた際、私は講義のテーマに「過去と今日の救い」を選んだ。この講義の内容は、許可を得て、本書の四章に再述され、また増補されている。

三つ目は、一九七四年七月のローザンヌ世界伝道国際会議の実行委員会から、聖書的伝道の本質について開会講演で語り、また宣教、伝道、対話、救い、回心という五つの言葉の聖書的定義を示してほしいと依頼されたことである。

そして四つ目は、オックスフォード大学ウィクリフ・ホール校長であるジム・ヒッキンボーサム聖堂参事会員により、一九七五年のチェヴァセー講義を受け持つよう依頼されたことである（ウィクリフ・ホールの校長だったF・J・チェヴァセー・リバプール主教と、その息子であり、セント・ピーターズ・カレッジの学寮長、またウィクリフ・ホールの理事会会長だったクリストファー・チェヴァセー主教を記念して）。その講義ではローザンヌ会議と同じ五つの言葉の定義を取り上げ、その時の試みをさらに掘り下げるのがふさわしいと思った。ウィクリフ・ホールの校長や職員、学生たちが、私を快く迎え、熱心に聴き、また各講義後の質問により激励してくれたことに今でも深く感謝している。

私は、自分を「福音派」のキリスト者であることを隠したりするつもりもなく、本書は一教派のプロパガンダとして用いられるものでもない。何かの思惑があるわけでもなく、ただ聖霊が聖書を通して教会に語っていることを明らかにし続けたいという願いがあるだけである。私があえて賛同してこなかった人たちに対して「ジョン・ストット氏は緻密なまでに公正であった」と感じたという、ウィクリフでの校長の締めくくりの言葉ほど、私を励ましたものはなかった。これこそ私の意図するところである。さらに、もし私が他者に批判的であるなら、自分にも、福音派の仲間たちにも批判的でありたいと思う。人生は学びの旅路であり、発見の航路である。そこでは数々の誤った見解が正され、歪曲な意見は整えられ、浅薄な意見は深められ、また広漠な無知が軽減されていく。

おそらく、現行のエキュメニカルな論議における最大の必要は、一致した聖書的解釈を見いだすことであろう。なぜなら、それなくしては、「宣教」の意義と責務に関するより幅広い総意に達し得ることは決してないからである。

一九七五年四月

ジョン・ストット

増補改訂版への序文

『今日におけるキリスト者の宣教』を一九七五年に購入した時のことを、今でもはっきりと覚えている。当時、私はケンブリッジ大学リドリー・ホールの神学生で、旧約聖書の博士課程の研究と叙任実習の真っただ中にあった。その本は、一九七四年ローザンヌでの第一回世界伝道国際会議と、その会議の新時代を開いた「ローザンヌ誓約」の詳細がもたらした興奮に続いてやって来た。大学の神学部ではいまだに自由主義神学が主流ななか、私を含め、英国の多くの若い福音派の人たちは、福音主義神学の復活に大きな励ましを受けた。それと同時に、今の時代の社会、経済、政治、文化の実態に関連づけて宣教を理解しようと努める、歴史ある福音主義的社会道徳心の回復に活気づいた。そしてジョン・ストットは、これらの分野において私たちの英雄であり、良き指導者であった。世界教会協議会の集まりで、彼は宣教と伝道の聖書的かつ福音主義的理解を死守するために決然と立ち上がっていたではないか。世にあっては塩や光となり、文化から退くのではなくむしろ浸透していくようにと、すでに私たちに迫っていたではないか。簡潔で要を得た五章からなるこの本は、これらの問題をよくとらえ、私たちの熱意を刺激するようであった。

私は一九六〇年代のストットの著書を多数読んだ。ケンブリッジ大学のキリスト者学生会にゲストスピーカーとして招いた際の聖書研究会や、神学部学生フェローシップの集会を豊かなものしたストットの講義を心ゆくまで味わった。またランガム・プレイスのオール・ソウルズ教会で説教するのを聴いた。しかしジョン・ストットと直接会ったのは、一九七八年の社会倫理に関する国内福音主義会議（National Evangelical Conference on Social Ethics）においてであった。ストットはその会議の議長を務めた。旧約聖書の倫理観の博士号を持つ、若く初々しい英国国教会の副牧師だった私は、朝の聖書解説会のひとコマを受け持つようにと招かれていた。そこでの私たちの最初の出会いは長く続く友情へと発展し、ストットがすでにランガム・パートナシップ内で立ち上げていたさまざまなミニストリーの責任者として二〇〇一年に私を招いてくれた後、ついには数年の間、働きをともにするまでになった。この間、ウェールズにあるストットの執筆用の静かなコテージでともに時を過ごすという喜びに度々あずかり、まさに今、私はその場所でこの序文を書いている。

そのため、初版刊行から四十年目に出版されるべく、『今日におけるキリスト者の宣教』の改訂版に取り組むようジョン・ストット遺書管理遺言執行者とインターヴァーシティ・プレスから話をもちかけられた時、彼への恩義や甚大なる光栄の思いで、ためらうことなくその依頼を引き受けた。その際の条件として、原書のある箇所をより現況に即したものとし、また各章の言及について私の考察を加えることであった。各章の諸論議に関してひと言を、と。

ストット自身の章を改訂するにあたり、あらゆる点において原意を損なうことがないよう細心の注意を払った。また一九六〇年代、七〇年代初期の、時とともに収まり、今では重要性のなくなった論議への言及は削除した。ストットの挙げている論客の名前や文書のいくつか（すべてではないが）や、ある特定の論争についての詳細な経緯なども取り除いた。これらの削除をもってしても、読者はなお、ストットが「最近」「現在」「今日の」という言葉を使っている際、一九六〇年代、七〇年代の時代背景において使われているということを念頭におく必要がある。一九九〇年代やそれ以降、より一般的になった、性別を包含した言葉をストット自身も認めていたので、一九七〇年代当時に一般的に理解され、受容されていた「人」（man）や「人々」（men）の主流な使用法を改めた。

自分の考察を準備するにあたり、まずこの本はストットがさまざまな会議で語った五つの講義シリーズから練り出されたこと、また各講義の主題について語るべきそのすべてを語り尽くすことは不可能であるとわかった。したがって、もし読者がジョン・ストットの真意を、たとえば「救い」についてのそれを完全に理解したいのであれば、本書四章を読んだ後、すぐにでも『キリストの十字架』（*The Cross of Christ*）の広さや深さを探究することを勧めたい。

さらに、スペースや自分の専門知識に限りのある中で、私は三つのことを試みた。第一に、各章の主題に関するジョン・ストット自身の考えや著述にはすべて引用符をつけ、またできるかぎりの脚注をつけた。第二に、各主題については現在もなお神学的・宣教論的な論議が生じているので、一九七五年以降の数十年間、それらの論議がどのように進展してきたかを述べた。本書の特徴のひとつとして、何度も何度も私の心を打ったのは、ストットにいかに先見の明があったかということである。彼は要点ごとに、後になって重要となった、あるいは物議を醸すようになった問題点を述べている（時には、話のついでとして）。多数の論点について集められるかぎりの参考文献の資料を巻末に加えたので、この改訂版が宣教研究の諸分野にある学生たちにとって役に立つ入門書となることを願っている。第三に、自分の考察を述べる特権を得たので、ストット自身の考えの方向性を発展させ、時には意見を異にし、また私が他の著書で述べていることも詳しく引用した。ある点については私が別の仕方で表現している（またはあえて賛同していない！）ため、もしストットとそれについて論じ合う機会があるのであれば、おそらく私たちは円満な収斂《しゅうれん》にたどり着いたであろう。そうしたことが私たちのつねであった。

ジョン・ストットの秀逸なこの名著を新たに世へ送り出せることは光栄と特権であり、また彼がそう願っていたように、本書が信仰を強くし、心を養い、また聖書的な宣教を活気づけるように祈る。

二〇一五年三月

クリス・ライト

目次

1章　宣　教

ジョン・ストット

すべてのキリスト者は、文化的背景や神学的信条が何であれ、いずれそのうち教会と世との関係について考える時が来る。キリスト者ではない親戚や友人や近所の人たち、また何もかもが非キリスト教の社会に対して、キリスト者の責任とは何であるのか。

このような質問に対して、おそらく多くのキリスト者が宣教という言葉をもって答えるであろう。私たちは、教会と世との関係に触れずにいることも、「宣教」という概念をなおざりにすることもできない。しかし私たちの「宣教」とは何か、「伝道」は宣教においてどのような役割を果たし、「対話」は伝道においてどのような役割を持っているのかなど、人それぞれ理解の仕方は大きく異なる。さらには宣教、伝道、対話の本質への理解のみならず、これら三つの目的への理解も互いに異なるのではなかろうか。その目的を定義するにあたって、おそらく回心や救いといった言葉が重要となってくるであろう。それでもなお、これらの言葉の意味がみなの間で一致することは、ほぼないと言える。そして私の務めは、宣教、伝道、対話、回心、救い、この五つの言葉を取り上げて、それぞれを聖書的に定義するよう試みることである。まずこの章では「宣教」から始め、残りの四つについては一章ごとに取り上げていく。

近年、エキュメニカル派と福音派のキリスト者（これらの言葉はあくまで便宜上であり、決して双方が相容れないという意味ではない）は対立にも似たような関係になってきた。私はこの状況をさらに悪化させたくはない。しかし思うに、現行のエキュメニカル派のある考えは誤っている。また率直に言うと、私たち伝統的な福音派の考えにも誤りがある。エキュメニカル派のキリスト者の多くは、聖書の権威に従う生き方をいまだに習得していないように見える。私たち福音派は習得したと自負しているが――そうであることを心から願っている――、時として、従うことをえり好みする場合もある。また福音派の長老たちの伝統は、聖書よりも文化に拠って立っているようにさえ見える。したがって私のおもな関心事は、エキュメニカル派と福音派のそれぞれの考えを、中立かつ客観的に、つまり聖書に照らし合わせて検証していくことにある。

最初に吟味する言葉は、宣教である。聖書的な定義を試みる前に、まず今日の二分化された考えを見ていきたい。

ふたつの極端な見解

伝統的には、宣教と伝道、宣教師と伝道師、また宣教活動と伝道事業は同一視されてきた。伝道ということだけから成り立っているこの宣教の視点はまた、言葉による宣言のみに目を向けていた。宣教師は粗末な格好で日よけ帽をかぶり、ヤシの木の下に立ちながら、恭しく自分を取り囲んで地べたに座る「先住民たち」に、福音を熱く語る姿によく風刺された。宣教師の昔ながらのイメージは説教者であり、そのうえ家父長のような存在である。そのような伝道説教の優位性を強調することで、時に、学校や病院などによる他の働きを「本物の宣教」と認めないことがある。しかし、この伝統的な見解を支持する人の多くも、教育や医療現場での働きは福音伝道にとって申し分なく、非常に役立つひとつの手段とみなしている。これらの働きは、教育を受けていない人や病人へのキリスト教的な慈愛によるものだが、時には恥じらいもなく伝道への「踏み台」や「跳躍板」と考える。学校や病院は、患者や生徒たちの中から、福音を聞かせる〝捕虜〟を手っ取り早く提供してくれる場なのである。このどちらにおいても宣教自体が、伝道という観点から理解されていた。

この伝統的な宣教の考え方はいまだ廃れても、葬り去られてもいない。時として、この考えは文化や社会に対するネガティブな世界観と同調する。たとえると、この世界は燃えさかる建物であり、キリスト者の唯一の任務は、手遅れになる前に建物のなかにいる人々を救助することである。イエス・キリストは今にも来ようとしておられる。そして世界は滅亡の運命にあり、すでに滅ぼされようとしているため、今さら社会構造を変えようとしても無駄である。さらに、新生していない人々は新しい世界を構築することができないため、社会を良くしようとするその努力は報われない。人の希望はただひとつ、新しく生まれることにある。そうするならば、もしかすると社会は新しくなるかもしれない。しかし、それさえすでに遅い。

このような厭世的な見方は、自称「神を信じる」人たちの間に広がる奇妙な現象である。それは、聖書啓示の一部分でのみ形造られている神観にすぎない。神は、人類がこの地上を征服するようにと「文化命令」をお与えになった創造者ではない。ローザンヌ誓約にあるように、神は「すべての人の創造者であるとともに、審判者でもあられ……、人間社会全体における正義と和解[1]を深く考えておられるので、社会を秩序立たせ、正義を保つために、ご自身の「牧者たち」として諸々の統治権威を組織づくられた創造主である。

伝道のみから成るという聖書的でない宣教概念とは対照的に、一九六〇年代以来、エキュメニカル運動で提唱されてきた見解がある。その見解では、神は歴史の中で働いており、神の宣教（ミッシオ・デイ）の目的は社会の調和という意味においてシャローム（ヘブル語で「平和」）を打ち立てることにある。そしてこのシャローム（神の国と同義）は、差別との闘い、人道的な労使関係の樹立、社会階級の解消、地域開発、商業上の公正さと誠実の追求が例に挙げられている。

さらに、この目的に向けて神が働かれるなかで、教会の内でも外でも人々を用いられるというのだ。神の宣教における教会の特別な役割は、神が今何をしておられるのかを知り、自分たちがそれに追いつき、参与するために、神が世界の歴史のどこにおいて働いておられるかを明確にすることにある。神が最優先にするものはこの世界であるから、真の順序はもはや「神－教会－世界」という方式には見いだすことができず、むしろ「神－世界－教会」にこそあると論じられた。したがって、世こそ教会に対して重要な課題を定めるべきなのだ。教会は世を真摯にとらえ、現代社会が抱える課題に仕えるよう努めなければならない。

このように、神の宣教と社会変革を同等にみなすことに対して、私たちは何を言うべきか。四つの批判があげられよう。

第一に、歴史の主である神は、歴史の審判者でもある。あらゆる革命運動を神が行ったものとして歓迎するのは、あまりにも単純である。革命後、その新体制が自分たちの取り払った古い体制以上に、さらにひどい不正や抑圧を横行させることも多分にある。

第二に、聖書のシャロームの範疇においては、新生した人間と神の国とは、社会変革によってもたらされるものではない。確かに、旧約聖書で言うシャローム（平和）は、政治的あるいは物質的繁栄を指すことが多くある。しかし、正しい聖書釈義からして新約聖書の記者たちは、はたしてイエス・キリストをそのような類の勝利者や、社会全体に繁栄をもたらす方として描いているだろうか。旧約聖書の預言が字義どおりに、また物質的に成就するとの考えは、イエスを力ずくで王にしようとした当時の人々と同じ過ちを繰り返すことになる（ヨハネ六・一五）。新約聖書の理解する旧約預言の成就とは、その約束をはるかに超越するものである。そして使徒たちによれば、イエスが教え、またお与えになるその平和とは、もっと深く豊かなもの、つまり神との、そして互いとの和解であり、交わりである（エペソ二・一三～二二参照）。さらに言うと、イエスは平和をすべての人にではなく、ご自身に属する人たちに、ご自身の贖われた共同体に与えてくださるのだ。シャロームとは、メシアがご自身の民にもたらす祝福なのである。新しい創造と新生した人は、キリストのうちにある人にこそ認められるものである（Ⅱコリント五・七）。そして神の国は、幼子のような者にこそ与えられる（マルコ一〇・一五）。御国を受け入れることも、そこに入ることもしていない人たちに対して、言葉や模範によって御国の基準を勧めること、これが私たちキリスト者の責任である。このようにして、御国の義が世界の隅々まで〝あふれ出て〟、その二種類の人々の境界線が薄らいでいくのを見る。そうはいっても、御国は神なき世とは完全に異なったままであり、そこに入るためには「新しく生まれる」ことが鍵となる。

第三に、神が世でなさっているすべての業を網羅するには、宣教という言葉は厳密ではない。摂理と一般恩寵において神は、人々がご自身を認めようが認めまいが、すべての人に、またすべての社会で働いておられる。しかし、これは神の「宣教」ではない。「宣教」とは、神に贖われた人たちに関することであり、神が彼らをなすべきことのために世に遣わすことである。

第四に、社会改革への熱心は、時として伝道への関心を減少あるいは喪失させる。もちろん私たちは、飢え、貧困、世の不正の数々に目を向けなければならない。しかし、霊的に飢えた人、またキリストなくして滅びていく何百万という人に対しても、同じように関心を向け、心を寄せなければならない。主イエス・キリストは、福音を告げ知らせ、弟子たちをつくるために、ご自身の教会をこの地に建てたのだ。だから私たちは、正当な社会目標の達成や社会活動に没頭し、この命令に従わなくなるということがあってはならない。

聖書的な総合命題《ジンテーゼ》？

きわめて伝道的な従来の宣教の考え方と、現エキュメニカル派のシャロームの構築の考え方から私たちが問うことは、バランスがとれ、聖書的に教会の宣教を定義する良い方法があるか、また神の民の伝道責務と社会的責任との関わりを表す定義があるかどうかということである。

そのようなバランスのとれた関係の必要性は、なんともエキュメニカル運動内で認められた。一九六八年、ウプサラでの世界教会協議会において、最近退任した元総主事W・A・ヴィサー・トーフト博士は、次のような素晴らしい開会講演を行った。

私はこう信じている。個々人の生における神の救いの業に関連した福音の縦軸的な解釈と、おもに社会における人と人との関わりに関連した福音の横軸的な解釈の間にある大きな緊迫感に関して言えば、ひとつの運動は本質的に福音の完全性にあってその真理を包含しようと努めるべきであり、それに値せず、むしろ初歩的で幼稚な、極端から極端に揺れ動くような運動から抜け出すべきである。縦軸の側面を失ったキリスト教は、塩気を失った塩であり、世にあっても役に立たない。一方、人間の公共生活に対して、またそこにおける責任を逃れるための方法として縦軸の関心ばかりを用いようとするキリスト教は、受肉と、キリストにおいて現された世に対する神の愛の否定である。[2]

残念ながら、この問題はその協議会では明確にされず、エキュメニカル派内でも福音派内でも意見が分かれたままとなった。旧来の二分化はいまだ続いている。

宣教は教会の本質からではなく、まず神ご自身の本質から始まることを私たちは認めるべきである。聖書の生ける神は、遣わす神である。神ご自身に「遠心性」という言葉があてられることがあるが、これは宣教において教会が外に出て行くという意味で使われる。「遠心性」とは、いかにもドラマチックだが、献身的に奉仕する人たちによって示される「神は愛である」の別の表現にすぎない。

そして神はアブラハムに、自分の国と親族を離れ、大いなる未知の土地に入って行くように命じ、もし従うなら祝福し、アブラハムを通して世も祝福されることを約束して遣わされた（創世一二・一～三）。次に神は、飢饉の中にもご自身の残りの民を地上で守るため、兄弟たちのかつての残忍な行為さえなかったものとし、ヨセフをエジプトに遣わされた（同四五・四～八）。それから神は、解放の良い知らせとともに、「今、行け。わたしはあなたをパロのもとに遣わそう。わたしの民……をエジプトから連れ出せ」と仰せになり、モーセをエジプトにいるご自身の虐げられている民のもとに遣わされた（出エジプト三・一〇）。出エジプトとカナン定住の後、神は、警告や約束の言葉をもった預言者らを民のもとに送り続けられた。しかし、神がエレミヤを通して仰せられたとおり、「あなたがたの先祖がエジプトの国を出た日から今日まで、わたしはあなたがたに、わたしのしもべであるすべての預言者たちを、毎日朝早くから、たびたび送ったが、彼らはわたしに聞かず」仕舞いであった（エレミヤ七・二五～二六。Ⅱ歴代三六・一五～一六参照）。バビロン捕囚後、なおも恵み深い神は、民を元の土地に帰らせ、神殿と都、生活の再建を助けるため、さらに多くの預言者を送られた。そしてついに「定めの時が来たので、神はご自分の御子を遣わし」、またその後、父と御子はペンテコステの日に聖霊を遣わされた（ガラテヤ四・四～六、ヨハネ一四・二六、一五・二六、一六・一七、使徒二・三三参照）。

これらすべては、宣教を理解するうえでの重要な聖書的背景である。第一の宣教は神のものである。というのも、神こそご自身の預言者らを、御子を、そして聖霊を遣わされたからである。これらの中で、御子の宣教が中心である。それは預言者の働きの頂点であり、聖霊の派遣というクライマックスが包含されていたからである。そして今や御子は、ご自分が父によって遣わされたように、お遣わしになる。公生涯の間、すでにイエスは、ご自分の福音宣教と教えやいやしのミニストリーを広げるために、まず十二使徒を遣わし、その後七十人を遣わされた。そして、死と復活の後、その働きの中に、ご自分を主と呼ぶ人たちや、主の弟子だと証しするすべての人を招き入れるため、その宣教の範囲を広げられた。大宣教命令が発せられた時、十二使徒以外の人たちもそこにいた（たとえばルカ二四・三三参照）。それはつまり、その命令は十二使徒に限定されたものではないということである。

大宣教命令

大宣教命令という言葉について考えてみよう。主イエスがご自分の民に委ねられたものとは何であったのか。イエスはたびたび、何らかのかたちでこの命令を出したと思われるが、そのほとんどは伝道に強調点が置かれている。「全世界に出て行き、すべての造られた者に、福音を宣べ伝えなさい」は、マルコの福音書のよく知られた「長い終結部」の命令であり、元々の終結部が失われた後、だれかの手によって加筆されたものと思われる（マルコ一六・一五）。「あなたがたは行って、あらゆる国の人々を弟子としなさい。……バプテスマを授け、……彼らを教えなさい」はマタイの形式である（マタイ二八・一九～二〇）。一方、ルカは福音書の終わりに「その名によって、罪の赦しを得させる悔い改めが……あらゆる国の人々に宣べ伝えられる」というキリストの言葉を、また、この方の民が地の果てにまで証人となるために力を受けることを、使徒の働きの最初に記している（ルカ二四・四七、使徒一・八）。その繰り返される強調点は明白で、福音を宣べ伝えること、証しすること、弟子をつくることである。そして多くの人はこの復活の主の指示をとって、教会の宣教はもっぱら説教、回心、教育に尽きる、とその定義を狭めてしまっている。実を言うと私自身、一九六六年に開催されたベルリン世界伝道会議において、大宣教命令のこの主要な三形式（マルコ、マタイ、ルカ）をこのように論じた。

しかし、今、以前とは違ったかたちで表現しようと思う。大宣教命令とは、バプテスマを受けた弟子たちがイエスから「命じられたすべてのこと」(マタイ二八・二〇)を宣べ伝えるだけではない。社会的責任もまた、イエスがお命じになった事柄の中に含まれている。今、私の中でより明白になったことは、大宣教命令によって生じた結果だけにではなく、実際の命令自体に伝道の責務と同様に社会的責任も含まれていることを理解しなければならない、ということである。さもなければ、私たちはイエスの言葉を歪曲した罪を犯すことになる。

私たちに手渡された大宣教命令を形成する重要なもの(最も貴重であるため、見過ごされているもの)は、ヨハネの福音書である。二階の広間で、イエスは祈りの中でそのことを見通して、父にこう言われた。「あなたがわたしを世に遣わされたように、わたしも彼らを世に遣わしました」(一七・一八)。おそらくその同じ広間で、死と復活の後、イエスはその祈りの言葉を命令に変えて言われた。「父がわたしを遣わしたように、わたしもあなたがたを遣わします」(二〇・二一)。どちらの言葉においてもイエスは、私たちの宣教を漠然とご自分の宣教になぞらえることはしておられない。意図的かつ正確に「父がわたしを遣わしたように、わたしもあなたがたを遣わします」と言いながら、ご自分の宣教を私たちの宣教のモデルとされた。したがって、私たちが教会の宣教を理解するには、御子の宣教を理解することから始めなければならない。なぜ、またどのように父は御子を遣わされたのであろうか。

当然のことながら、御子が世に来られたそのおもな目的は、特異なものである。そのこともあり、キリスト者は自分たちの宣教を、いかなる意味においてもイエスの宣教に匹敵するものとして考えることをためらってきた。父は御子を世の救い主とならせるために私たち人間の罪を贖い、永遠のいのちをもたらすために遣わされた（Ⅰヨハネ四・九〜一〇、一四）。イエスご自身も、「失われた人を捜して救うために」来たと言っておられる（ルカ一九・一〇）。私たちは、この方と同じことはできない。私たちは救い主ではないからである。以上のことをもってしても、イエスがなぜ世に来られたかを説明するには不十分である。

もっと一般的なことから始めるといいかもしれない。イエスは仕えるために来られた。イエスと同時代の人たちは、ダニエルの黙示的な幻に現れたような、主権を受け、あらゆる民が仕える「人の子」を周知していた（ダニエル七・一三、一四）。しかしイエスは、人々に仕えられる前にまず自分が仕えなければならないこと、また主権を受ける前に苦しみに耐え忍ばなければならないことを知っておられた。旧約聖書の一見矛盾するふたつのイメージ、つまりダニエル書の「人の子」とイザヤ書の「苦難のしもべ」をあわせ持っておられたのだ。イエスはこう言われる。

「人の子が来たのも、仕えられるためではなく、かえって仕えるためであり、また、多くの人のための、贖いの代価として、自分のいのちを与えるためなのです。」（マルコ一〇・四五）

贖いの代価としての供え物は、イエスの犠牲によってのみ、ささげられるものであった。これこそが、イエスの仕える生涯のクライマックスとなるものであった。そして私たちも仕える。イエスは別の場面で「しかしわたしは、あなたがたのうちにあって給仕する者のようにしています」とも言われた（ルカ二二・二七）。だからイエスは、他者のために無私の奉仕に身をささげられた。その奉仕は人々の必要に応じてそのかたちを変えた。確かにイエスは、御国の訪れとその本質と、御国にどのように入り、御国がどのように拡大していくかを教え説きながら、神の福音を宣べ伝えられた。イエスは言葉だけでなく行いによって仕えられたのだから、その働きを、業と言葉とに分けることは不可能であろう。飢えた口に食物を与え、汚れた足を洗われた。病気の人たちをいやし、悲しむ人たちを慰め、死んだ人をも生き返らせた。

そして今、イエスが言われるには、父がご自分を遣わされたように私たちを遣わしてくださるのだ。したがって私たちの宣教もまた、イエスと同じような奉仕でなければならない。イエスはご自分の特権を捨てて無となり、しもべの姿をとられた。その謙遜な心は、私たちの間にも必要である（ピリピ二・五〜八）。イエスは、仕えることの完璧なモデルを示され、ご自分の教会を〝しもべなる教会〟として世に遣わされる。私たちには、この聖書の強調点を取り戻すことが必要ではなかろうか。多くのキリスト者の態度や事業は（特にヨーロッパや北米に住むキリスト者たち）、しもべというより、まるでボスのようである。しかし、私たちのしもべの役割にこそ、伝道活動と社会的行動との健全な統合を見いだすことができるのだろう。この双方は、疑いもなくキリストにとってそうであったように、私たちにとっても仕える愛を真に現すものとなる。

さらに、御子の宣教と教会の宣教が似ている、もうひとつの側面がある。それは、仕えるためにイエスはこの世へと遣わされたということである。イエスはまるで宇宙からの訪問者のように地上に降り立ったのでもなく、まったく異質の文化をもった異星人のように来られたのでもない。イエスは人間性、人間の血と肉、私たちの文化をもって来られたのだ。事実、イエスは私たちの中のひとりとなり、私たちの弱さや苦しみ、また誘惑をも経験された。さらに私たちの罪を負い、死さえもその身に受けられた。そして今、私たちをこの世へと遣わされる。それはイエスが私たちとひとつになられたように、私たちも他者とひとつになるため（ただしキリスト者としてのアイデンティティを失ってはならない）、またイエスがそうされたように、私たちも弱くなるためである。この受肉の原理を深くとらえきれていないところが、私たちキリスト者（福音派のキリスト者と呼ばれる私たちも多分にもれない）の欠点のひとつでもある。どうりで私たちは遠く離れた場所から人々に向かって福音を叫ぶだけで、彼らの生活に深く関わることもせず、その文化や問題を自分の身になって考えたり、彼らの痛みを感じようとしたりしないはずである。しかし、私たちの主が示された模範は、私たちにとって絶対である。ローザンヌ誓約が述べているように、「私たちは、父なる神がキリストを遣わされたように、キリストは贖われたご自身の民をこの世界に遣わされることを、また、その派遣は、主の場合と同じように、深いそして多大の犠牲を余儀なくするところの、この世界への浸透を要求するものであることを、確認する」[3]。

伝道と社会的行動との関係

それでは、私たちキリスト者の全責任において、伝道と社会的行動との関係はどのようであるべきか。仮に、社会に無関心で伝道だけに専念する権利や、伝道の代替行為として社会運動をする権利が私たちにはないとしても、なお両者の関係を定義する必要がある。これまで取られてきた、おもな三つの方法を挙げてみたい。

第一に、社会的行動を伝道のひとつの手段としてとらえる人がいる。この場合、期待されることは伝道と回心者の獲得であり、社会的行動はその準備として有益な行為である。つまり、目的達成のための効果的な手段なのだ。その露骨なやり方は、福祉（食糧、医療、教育であれ）をダシに人をおびき寄せて捕まえる。そして、非常に巧妙なかたちで、福音こそ他の何ものも提供できない真実のものであるとするのだ。いずれの場合も、偽善のにおいが私たちの慈善活動の周りに漂っている。あからさまに下心をもって私たちはそれを行う。そして、目的達成のための手段として社会的行動を取る結果、いわゆるライス・クリスチャンたち〔訳注・大まかに言うと、窮乏の時、食料を目当てに教会に集まって来る人〕が生み出される。もし私たち自身が「ライス伝道者」であるなら、これは避けられない。このような伝道者たちによって、私たちキリスト者への評価は「偽善者」に落ちてしまった。一九三一年、ガンジーがこのように言ったのも当然である。「人道的な働きをまとった布教活動は、少なくとも不健全だと私は考える。……キリスト教を自分の宗教だと公言する医者が私の病気を治したからといって、なぜ私が自分の宗教を変えなければならないのか？」

第二の、伝道と社会的行動の関連づけは、いくらか良い。これは社会的行動を伝道の手段ではなく、伝道の表明、少なくとも宣言されている福音の表明として考える。この場合、表面上は慈善活動に伝道が付随していないように見えるが、伝道のごく自然な表れとしてその活動が行われているのである。ある人はこう言うかもしれない。社会的行動が伝道の「礼典《サクラメント》」になっている、そのメッセージを見えるかたちで表していているから、と。愛と憐れみの行動自体、溢れ出てきた福音のメッセージを「宣べ伝える」ものである。イエスの宣教活動という明らかな先例があるため、私たちはこの点にためらいなく同意すべきである。イエスの言葉と行いは切り離すことができない。その言葉は行いを説き明かし、その行いは言葉を体現していた。この方は御国の良い知らせを告知されただけでなく、見えるかたちで「御国のしるし」を実行された。もしわたしの言葉を信じないなら、「わざによって」信じるように、とイエスは言われた（ヨハネ一四・一一）。

そうはいっても、この二番目の見解もどこか不自然に思える。なぜなら、奉仕を伝道の一部、つまり福音の宣言のごく一部にすぎないとしているからだ。イエスが数々の愛の善行をなさった時、それがご自身についての確実な証しとなったように、私たちが善行をする時もまた、この方の証しとなることを私は否定しない（マタイ五・一六と比較）。しかしどうやっても私は、これが善をなす唯一の、あるいは正当な理由であるとは受け入れられない。もし、そうであるとしたら、その奉仕は人目を意識してのことであり、単に目的達成のための手段にすぎない。もし善行が見えるかたちでの福音宣教であるなら、見返りを期待することになる。しかし、愛を現すための行為であるなら、「返してもらうことを考えずに」なさなければならない（ルカ六・三五）。

私がまさにキリスト教的だと確信する、伝道と社会的行動との関係における第三の方法とはこれである。つまり、社会的行動とは伝道のパートナーである。パートナーとして互いに関わっていながらも、互いに独立している。他方とともにありながら、それぞれが独立している。一方は他方の手段ではなく、他方を表すものでもない。それぞれがそれ自体において完結しているからである。双方とも、真実の愛の現れなのだ。伝道と憐れみの奉仕は、ともに神の宣教に属している。

私がこのことを理解するために、使徒ヨハネの第一の手紙が助けとなった。

「世の富を持ちながら、兄弟が困っているのを見ても、あわれみの心を閉ざすような者に、どうして神の愛がとどまっているでしょう。子どもたちよ。私たちは、ことばや口先だけで愛することをせず、行いと真実をもって愛そうではありませんか。」

（Ⅰヨハネ三・一七～一八）

ここでの行動する愛は、二つの状態から生じている。まず困っている兄弟を「見る」こと、次にその必要を満たす手段を「持っている」ことである。もし私が、自分の「持っている」ものを「見ている」ことと関係づけないのなら、神の愛が私のうちにあると言い張ることはできない。さらにこの原理は、目に見える必要にも適用できる。たとえば私が霊的な必要（罪、罪責感、喪失感）を見たとして、それを満たす福音の知識を持っていたとする。あるいは、病気や無教育、悪い住環境の必要を見て、それを解決する医療や教育、福祉の専門知識を私が持っていたとする。必要を見ることと、またその解決策を持っていることは、行動する愛へと駆り立てる。そして、その行為が伝道的、社会的、政治的であろうと、すべては私たちが「見る」ことと「持っている」ことにかかっている。

これは、言葉と行い、つまり伝道と社会的行動は互いに切り離せないものだから、私たちはその双方につねに従事しなければならない、ということをかならずしも意味しない。状況は異なり、キリスト者の召しも異なる。キリストのうちにいない人々は滅びていくことを忘れてはならず、ひとりの人の永遠の行き先こそが差し迫った問題の場合がある。しかし、ある人にとっては物質的な必要を満たすことが優先されるべきであり、私たちがその物資を差し出さないかぎり、その人は福音に耳を傾けることさえできないことも確かにある。強盗に襲われたあのユダヤ人は、あの瞬間、何よりもまず油と包帯が必要であった。決して伝道用トラクトではなかった！「空腹には道理を聞く耳がない」と言うではないか。もし敵が飢えているなら、聖書が私たちに命じるのは伝道することではなく、その人に食べ物を分けることである（ローマ一二・二〇）。そして、キリスト者の召しには多様性があるので、どんなキリスト者も自分自身の召しに忠実でなければならない。医者は伝道のために医療業務を疎かにすべきではないし、また使徒たちが早々に気づいたように、食卓の給仕によって伝道者のみことばの奉仕が妨げられてはならない（使徒六章）。

たいせつな戒め

さて、大宣教命令に戻ろう。これまで見てきたように、教会の宣教は御子の宣教を模範とすべきであるとヨハネは論じる。それによると、私たちが仕えるために世に遣わされていること、またその中でなすべき謙遜な奉仕とは、キリストにとって言葉と行いの奉仕であったように、私たちにとっても身体と霊の飢えや病への関心、言いかえると伝道と社会的行動の両方が含まれていることを示唆している。しかし、大宣教命令はもっぱら伝道だけに関するものと信じて疑わない人がいるとしたら、どうすればいいのだろうか。

あえて言うならば、私たちはキリスト教的な考えで、この大宣教命令は父のみもとに帰る前にイエスが下さった最後の命令だ、とあまりにも特別な位置に置いてしまってはいないだろうか。誤解しないでもらいたいが、全世界に福音を携えていくために、すべての教会は主の命令に従う責任があることを私は固く信じている。しかしまた、これだけがイエスの残された命令として考えるべきではないとも思っている。イエスはレビ記一九章一八節「あなたの隣人をあなた自身のように愛しなさい」を引用して「第二のたいせつな戒め」と呼び（自分のすべてをもって神を愛せよという最高の戒めに次いで二番目に重要なこと）、さらには山上の説教でもこの隣人愛を熱心に説かれた。ここでイエスが強調されたことは、神の言葉においては、私たちの隣人とは私たちの敵さえも含むこと、愛するとは「良いことを行う」こと、つまり積極的かつ建設的に、隣人の幸福のために自分自身をささげることであった。

今ここに、イエスからのふたつの命令がある――たいせつな戒め「隣人を愛しなさい」、そして重要な任務、「行って、弟子をつくりなさい」である。この二者の関係とは何であろう。私たちは、このふたつをまるで同じものかのように扱う。つまり、だれかに福音を伝えるならば、その人を愛するという責任をすでに全うしたと考えてしまうのだ。だがそれは違う。大宣教命令（the Great Commission）は、「たいせつな戒め」（the Great Commandment）を説明するものでも、実行し尽くすものでも、取って代わるものでもない。むしろこの命令は、隣人愛と隣人への奉仕という必要性に、新たな、また差し迫ったキリスト教特有の一面を加えている。もし私たちが隣人を本当に愛しているなら、間違いなくその人にイエスの良い知らせを伝えるはずである。もし福音を知っていながら、人々からそれを遠ざけるのであれば、どのようにして隣人を愛していると主張できるであろうか。また同様に、私たちが隣人を本当に愛しているなら、伝道だけにとどまってはならない。私たちの隣人は、魂だけを愛せばいいようなな、身体を持たない存在ではない。さらにまた、生活の面倒だけをみればいいだけの物体でもなく、社会から孤立した身体と魂でもない。神は私たちの隣人を、社会に生きるひとつの身体と霊として造られた。したがって、神が本来創造されたかたちとして隣人を本当に愛するのであれば、必然的に彼らの生活全般と霊の健全さ、身体や地域について気遣うはずである。さらに、精神を持った存在と同様に社会的な存在という人間像こそ、私たちの社会への関心に政治的な局面をも加える。人道的な活動は、病んでいる社会の犠牲者たちを助ける。私たちはまた予防医学や地域保健にも参与すべきである。それは、すべての人に平和、尊厳、自由、正義を保障する、より良い社会を目指すことを意味するからだ。そしてその実現を追い求め続けるにあたって、たとえキリスト者でなくとも、良い志をもった人たちと手を取り合っていくべきである。

要するに、イエスのように、私たちは仕えるために世へと遣わされている。なぜならそれこそが、隣人たちに対する私たちの愛の、当然の現れだからである。私たちは愛している。私たちは出て行く。私たちは仕える。そしてこの一事において、下心などない（またはあってはならない）。確かに、もし私たちが宣べ伝えなければ、福音は目に見えるかたちにはならない。またもし、宣べ伝える私たちが魂にだけ興味を持ち、人々の身体やほかの状況、地域などに関心を寄せないのであれば、福音は信頼性に欠ける。私たちが社会に対して責任を持つのは、福音を体現し、信じてもらう方法がほかにないからではない。むしろその人を助けたいという純粋な同情心からである。愛自体を正当化する必要はない。愛が必要とされるところはどこにあっても、愛は奉仕の只中に現れるのだから。

そうであるなら、宣教とは、教会が行うあらゆることを指す言葉ではない。「教会は宣教である」とは聞こえは良いが、これは言いすぎである。教会は仕える共同体だけでなく礼拝する共同体でもあり、礼拝と奉仕は互いに伴うものだが両者を混同すべきではない。また先ほど見たように、「宣教」は神がこの世でなさるすべてのことを網羅するものでもない。なぜなら創造主なる神は、世への御子の派遣、聖霊の派遣、またご自身の教会の派遣の目的とは別に、摂理、一般恩寵、さばきにおいて、つねにこの世界で働いておられるからだ。厳密に言えば「宣教」は、教会がこの世に遣わされて行うべきすべてのことを指す。「宣教」は「地の塩」や「世界の光」であるべき教会の二重の使命を含んでいる。なぜならキリストは、ご自分の民を、地の塩とならせるためにこの地に、また世界の光とならせるために世に遣わされるからである。

実生活への示唆

最後に、この宣教の理解を私たちの生活に当てはめて考えてみよう。福音派のキリスト者たちは今、世俗社会から隔絶しがちであった以前の敬虔主義を悔い改めながら、自分たちには伝道の責任だけでなく社会的責任もあることを認めつつある。しかし実際のところ、これは何を意味するのか。ふたつの分野、つまりキリスト者の召しとしての職業と地域教会について述べていきたい。

まず「召し」。つまり、キリスト者の生涯にわたる仕事について始めよう。私たちはよく、このような印象を持つ。ある若いキリスト者がキリストにとても熱心であるなら、その人は間違いなく海外宣教師になるだろう。もしそれほどまで熱心でないなら、国内にとどまって牧師になるだろう。牧師になるほどの献身の思いがないのであれば、医者か教師として奉仕するだろう。一方、福祉やマスメディア、もしくは（最悪の場合）政治に行き着いてしまった人たちは本格的な堕落からそう遠くはない、と。

キリスト者の召しについて、より真実な見方を持つことが緊急であると私は思う。イエス・キリストはすべての弟子を「働き」（ministry）、つまり仕えることに召し出された。キリストご自身が卓越したしもべであり、私たちをも同じように召しておられる。これだけは確かである。もし私たちがキリスト者であるならば、私たちは神と他者に仕える生涯を送るべきである。私たちに違いがあるとすれば、召されたその奉仕の性質にある。ある人たちは実際に海外宣教師、伝道師や牧師に召され、またある人たちは法律、教育、医療、社会科学などの専門職に召されている。一方で、商業、工業や農業、会計や金融業、地方行政や国政、マスメディア、家事や家庭を築くことに召されている人もいる。すべての領域において、キリスト者は生涯の仕事をキリスト教的に解釈することができる。必要悪（つまり生き残るために必要な悪）としてでも、さらには伝道や、そのための資金調達に都合の良いものとしてでもない。キリスト者の職業としての召しは、キリストに仕えながら生涯を送るようにと召された道である。さらにその召しには、もはや社会が受け入れない正義、公義、誠実、人間の尊厳や思いやりなどといった、キリストの基準を保ち続ける務めも含まれる。

どこかの地域が崩壊する時、非難の矛先はその悪くなっていく地域にではなく、悪化を止めるべき塩としての責任を怠っている教会に向けられる。そしてその塩は、社会に浸透しないかぎり、またキリスト者たちが多様な神の召しを学び直さないかぎり、さらにはキリストに仕えるために社会の中に深く入り込んで行かないかぎり、効力を発することは決してない。

このために、私は個人的にキリスト者のための職業アドバイザーと面会してみたい。牧師を招聘するにとどまらず、キリストや人々に仕えるべく、目の前に開かれている胸躍るような機会を若い人たちに提供するために学校、大学や教会を訪問するアドバイザーと、である。さらに私は、一般的な職業相談会（vocation conferences）を訪れてみたい。海外宣教師になることを最優先事項にする宣教師大会（missionary conferences）でもなく、牧師向けの教役者大会（ministry conferences）でもない。むしろ神の宣教の聖書的な幅広さを示し、それを今日の社会に適用し、また若い人たちがキリスト者の宣教のある分野での奉仕へと生涯をささげるよう喚起する宣教大会（mission conference）に！

次に、地域教会について触れよう。繰り返しになるが、地域の人々や隣人に対する教会の責任は、伝道的な証しのみに限定される傾向にある。そのため、地域の人々や隣人に伝えるためには、伝道のみが有効であると考えてしまう。しかし父が御子をこの世に遣わされたように、もし教会がその地域に「遣わされている」のであれば、奉仕である宣教は単に伝道活動にとどまらない。地域教会全体が、自分たちの責任をより十分に理解し、受け入れたのなら、さらなる真理を受け入れることができる。すべてのキリスト者は、キリストを証しすること、機会があれば善きサマリア人の模範にならうこと、という大きく分けて二種類の奉仕に召されている。しかし、すべてのキリスト者がその二つの奉仕に全生涯をささげ、全時間を費やすようにとは召されていない。

すべての人の必要を満たすことはできない。だからこそ、それぞれの賜物とキリストの召しに応じた専門分野がなくてはならない。地域教会のある教会員たちは、まぎれもなく伝道の賜物が与えられ、伝道に召されている。しかし、それと同様の確信をもって、他の人たちの賜物と召しが社会に向けられている、と言うことができるだろうか。また、本当に熱心なキリスト者はすべての時間を、「魂を勝ち取る」業に専心するはずだという、人によって作り出された束縛（実にそれは束縛である）から抜け出ることができるだろうか。多くの働きをなすために、教会にはいろいろな賜物が与えられたさまざまな人がいる。この〝キリストのからだ〟についての聖書の教えは、より大きな自由を私たちにもたらすのに十分ではないだろうか。

一度この原理を受け入れるならば、キリスト者のそれぞれのグループも、「学んで行動する群れ」へと団結することができる。たとえば、ある人は個別訪問に専念し、ある人はまだ福音が届いていない場所（ホテル、青少年クラブ、大学やカフェなど）に入って行って伝道し、ある人は移住してきた人と地域住民との関係改善のために働き、ある人はホームレスの人たちのために住居を提供する支援団体の設立に、またある人は旧友や病気の人の訪問、障害を持った人への手助けをする。その一方で、たとえば地域に中絶クリニックがあれば中絶について、またそこが工業地帯であれば労使関係に、ポルノを扱う店が近隣に不快を与えているのであれば性的な乱れに無頓着な風潮など、より幅広い生命倫理と社会政治的な問題に精力を注いでもよい。私が意図的に「学んで行動する群れ」と表現したのは、私たちキリスト者は無知の立場から尊大に話す傾向があるからだ。伝道的であれ社会的であれ、あるいはその両方であれ、自分たちの取るべき行動を教会会議に諮《はか》る前に、自らの課題の複雑さをしっかりと把握する必要がある。

もし私たちが、伝道と社会的行動の両方からなる世でのキリスト者の奉仕として、より幅広い宣教の概念を受け入れることができれば（救い主がこの世界で行われた働きが、私たちに課せられているという概念）、その時、神のもとで、キリスト者はかならず、この社会により大きなインパクトを与えることができるだろう。なぜなら、世界にはあまたのキリスト者が存在し、何よりもキリストご自身が私たちに伝道し、社会的行動を取るように求めておられるのだから！

2章　宣教についての考察

クリス・ライト

少年時代の回心から地上での九十年の生涯の最期に至るまで、宣教の神学と実践はつねにジョン・ストットの心の真中にあった。私たちが手にしているこの本は、一九七四年の第一回ローザンヌ世界伝道会議後のうねりの中で世に現れた。そこでのジョン・ストットは同会議の規定文書、ローザンヌ誓約の起草者として、非常に重要な役割を務めた。そして召天前の数か月、視力がほとんど失われた中、彼は二〇一〇年の第三回ローザンヌ会議の決意表明文「ケープタウン・コミットメント」をセクションごとに読んで聞かせてほしいと強く願った。すべてを読み聞かせるのに数日を要したが、ストットは「ケープタウン・コミットメント」を喜び、評価し、その見事に完成された文書に認められる、福音派の世界宣教に対する継続的な取り組みに大きな励ましを受けた。

そのため、二〇一一年に召天するその時まで、一九七五年に発行された本書のテーマが彼の関心であったことは驚きではない。もし将来のいつの日か、検索可能なデジタル化されたジョン・ストットの全著書にアクセスできるようになれば、本書のキーワードである宣教、伝道、対話、救い、回心は、いずれの研究者にとっても参考文献や引用の金鉱となるであろう。このことから、ストットが一章で述べている長年の主張に言及することから始め、それから、各主題においてその後数年間にわたって展開された動きを見ていきたい。そのうちのいくつかは、ストットの指導の下に取り組まれてきた。

私たちの宣教は神の宣教から流れ出る

ストットが宣教を、伝道か社会政治行動としてとらえる二分化された極論を打開しようとする際、「バランスがとれ、聖書的に教会の宣教を定義する良い方法」と言うことで、神を中心とした宣教理解を全面に打ち出している。「私たちは認めるべきである」と彼が願うのは、「宣教は教会の本質からではなく、まず神ご自身の本質から始まること……。聖書の生ける神は、遣わす神である」ということだ。いかにもこれは、ストットの特徴的な思考パターンである。自分が扱おうとする問題や論点が何であれ、ストットはつねにこう尋ねた。「聖書は何と言っているか」「これはどのように聖書から示されていて、特にキリストにおいて現れされている神の性質や目的、また業と関連しているのか」と。ジョン・ストットは、聖書一色の、神を中心とした、またキリストに焦点を合わせた世界観を持っていた。これこそが、どのような問題を考える時にも、つねにストットが持っていた見方である。

それは、斬新なやり方であり、やりがいもある。「教会の宣教の本質とは何か？　教会の正当な宣教とは何を含むべきなのか（また何を含まないのか）」と絶え間ない問いに疲れ果て、苛立ちを覚えることもある。そのような時、鍵となる問いは「どのような宣教を、神は教会に計画しておられるのか」ではなく、むしろ「どのような教会を、神は宣教のために求めておられるのか」であることを覚えておきたい。地上での歴史の中で、教会は、この世界における神の宣教のために存在している。そのため、単に教会が何をすべき（またすべきでない）かを尋ねるより、むしろ教会が何のためにあるのかを尋ね求めるべきである。それによって、私たちは全世界と全被造物に対する神の贖罪の宣教を考えることへと駆り立てられるのだ。

さて、一章でストットは、神の宣教を単に遣わす神という観点から述べている。ここでは、「遣わす」という概念（宣教という言葉の語源的由来）が、宣教の意味を占めている。私たちが「宣教する」時、何かをさせるために人をどこかに送り出す。しかしストットの論旨は、私たち教会が人を遣わしたそのはるか昔に、すでに神はその業を行っておられた、ということである。神の「遠心性」の本質は、その方法によってとらえることができ、三位一体の神は、被造物に対してつねに自己犠牲的な愛で「外に向かって働いておられる」。またアブラハムから始まり、聖霊を遣わし、地の果てへの弟子派遣において頂点に達しているように、この神の本質は聖書を貫く派遣の連続において歴史に根ざしている。

これらすべては、宣教を理解するうえでの重要な聖書的背景である。第一の宣教は神のものである。というのも、神こそご自身の預言者らを、御子を、そして聖霊を遣わされたからである。これらの中で、御子の宣教が中心である。それは預言者の働きの頂点であり、聖霊の派遣というクライマックスが包含されていたからである。そして今や御子は、ご自分が父によって遣わされたように、お遣わしになる。

派遣こそ、宣教の聖書神学のきわめて重要な構成要素である。そして実際、ストットが言及する以上に、多くの人が神に遣わされた例証がある。[1] しかし宣教のより幅広い概念は、派遣という行為だけにあるのではなく、その派遣を理解するための全体の目的、目標、または計画などをも含む。つまり、その背後に何かしらの目的がないかぎり、だれかをどこかに派遣するだけでは意味がない。「宣教」とは単に、遣わすという行為でも、遣わされるという体験でもない。それは、派遣者が長期にわたる計画を持ち、また遣わされた人が気づいていようといまいと、そのより大きな目的に加わることを意味する。

そのため「神の宣教」は、単に遣わされた、また遣わす神という以上に、神はご自身の全被造物に対して重要な目的を持っておられ、それを成し遂げるため、つねに「宣教中」なのである。旧約聖書と新約聖書において神が人々を遣わされた時、この究極かつ普遍的な目的が関わっていた。歴史上のいかなる特定の時点であっても、それらはその時に起こるべくして起こった。一般的に、神の派遣はふたつのカテゴリーに分類される。神はある人を、救いやさばきにおいてみこころを行う代理者として、「行動する」ために遣わされる。また、神はある人を、ご自身の言葉の使者として、「語る」ために遣わされる。しかしこれらすべての神の派遣は、聖書全体の物語《ナラティヴ》の隅々にいたるまで表されているように、神の宣教のさまざまな局面に関わっている。

言い換えると、私たちは神の宣教を、単に派遣するという業や、いわゆる大宣教命令などのような一度かぎりの最高潮の業としてではなく、聖書全体の物語《ナラティヴ》を含む、より広い意味で考えるようになった。神の宣教を語るとは、神の計画や目的、あるいはパウロが時に「神のみこころ（セレーマ）」（エペソ一・九〜一〇）、もしくは「神のご計画〔ブーレー〕全体」（使徒二〇・二七）と呼んでいることについて語ることである。つまり、キリストを通して、またキリストのもとに、全被造物を和解に導くという神の究極の目的である。

そうであれば、宣教は根本的にはまさに神の活動であり、この物語《ストーリー》全体を輝かしい結末へと導く。ケープタウン・コミットメントが、私たちが情熱を注いでいる宣教を定義する際、神ご自身の宣教の概要の提示をもって始めているのはこのためである。その文章は、聖書の残響で溢れている。

私たちは世界宣教に献身している。なぜなら世界宣教は、神、聖書、教会、人間の歴史、究極的な未来に関する私たちの理解にとって中心的なものだからである。聖書全体は、キリストの十字架の血によって天と地のあらゆるものを和解させ、彼らをキリストの下で一体とするために神の宣教を啓示する。ご自分の宣教を成就するために、神は罪と悪によって損なわれた被造物を、もはや罪も呪いもない新しい被造物に造り変える。神は地上のすべての国民を祝福するというアブラハムへの約束を、救い主でありアブラハムの子孫であるイエスの福音を通して成就する。神の裁きにより散らされている国々から成るばらばらの世界を、神は新しい人類へと造り変える。この新しい人類は、キリストの血によってあがなわれ、あらゆる部族、国民、民族、言語から成り、私たちの神と救い主を礼拝するために集められる。やがてキリストが再び来て生命と正義と平和による永遠の支配を打ち立てる時、神は死と腐敗と暴力による支配を打ち砕く。その時、インマヌエルの神は私たちと共に住み、この世の王国は私たちの主とそのキリストの王国となり、神はいつまでも永遠に支配する（創世一～一二章、エペソ一・九～一〇、コロサイ一・二〇、黙示録二一～二二章）[2]。

この一文は、私たちの宣教についてより深い理解へと導く。なぜなら宣教は、完全に〝神の宣教〟に基づいているからである。全人類と全被造物への、神の偉大な計画と目的の広大さを一度でも理解するなら、私たちが神とともに参与するよう召されている宣教の方法にも、同じような広がりがなくてはならない。もちろん、神のなさるすべてを私たちも行う、という意味においてではない。神は神である。そして私たちは（感謝することに）神ではない。私たちが世を治めるのでも、救うのでもない。ストットが述べているように、「私たちは、この方と同じことはできない。私たちは救い主ではないからである」。むしろ、被造物と人類に対する偉大な目的を成就するために神とともに送り出される時、私たちはとてつもなく大きな計画へと召して出されているのだ。あるいは、ストットが次章の初めに述べているが、「これまで述べてきたように、『宣教』とは実に包括的な言葉である。神がご自身の民を、なすべきことのために世へとお遣わしになるすべてのことを含んでいる」。そしてもし、聖書全体が提示するように、世との関わりにおいて神がご自身の民すべてに要求していることを含めるならば、この「すべてのこと」とはまさに幅広く、包括的である。

またこの神の宣教の「聖書全体の物語《ストーリー》」の理解は、本書の中でストットが（慎重な説明とともに）提唱するよりホリスティック（全人的）な宣教理解にとって確固たる基礎を築いている。

しかしそれは、より完全な宣教の聖書神学に至らせるだけでなく、より宣教的な聖書理解をも得させる。[3]「宣教的な解釈学」は本格的な学問の分野となり、神の宣教と神の民の宣教という観点から聖書全体を読み解こうとする学者たちのコミュニティも出てきた。この動きは特にミレニアム（西暦二〇〇〇年）を機に盛んになった。その直前、アンドリュー・カークが著書『宣教とは何か？　神学的説明』（*What Is Mission? Theological Explanations*）の中で、きわめて重要な問題を提起した。彼は、神学全般に影響を与えるべき宣教への必要性を語りながら、こう述べる。「たとえば聖書が、宣教者による宣教者のために書かれた、終始宣教について記された本であると正しくとらえられるなら、聖書研究にどれほど違いを生じさせることであろう！　その真意と意図を考えるならば、人はいったい、ほかにどのような方法で聖書を研究できるであろうか。[4]」

　これこそが、その観点から聖書を読んでみようと私を焚きつけ、二冊の本『神の宣教――聖書の壮大な物語を読み解く』（邦訳、東京ミッション研究所）と『神の民の宣教』（*The Mission of God's People*）を書くまでに至らせる問いであった。一冊目は、十三年という非常に長い構想期間を経た。その当時、私はオール・ネイションズ・クリスチャン・カレッジ（ＡＮＣＣ）で聖書課程を教えていた。ＡＮＣＣは、世界各国への異文化宣教に召された大学生以上の人たちを養成するための国際的な訓練学校である。ＡＮＣＣの講師たちは、「神学と宣教」よりむしろ「宣教のための神学」を教えている、とよく言っていた。聖書、神学、文化、牧会論、宗教、実地訓練などの授業からなる全カリキュラムでは、学んでいることがどのように世界宣教の現実と関わっているのか、またその現実からどのような影響やチャレンジ、啓発を受けるかなどの質問がふんだんに盛り込まれていた。一九九〇年代、デイヴィッド・ボッシュが、宣教の本質を理解することにより、神学の全取り組みを変革しようとの呼びかけをもって本を出版した。その時、私たちはＡＮＣＣにあって、その権威ある本の出版と、すでにボッシュの呼びかけに応えていることを喜んだ！

宣教をやめた教会がもやは教会でないのと同様に、宣教的性格を失った神学は神学ではない。……私たちに必要なものは、神学を宣教の視点から構築することであり、宣教学を神学に沿って構築することではない（同書、一三二）。なぜなら正しい意味での神学は、ミッシオ・デイに批判的に随行する以外に存在理由をもたないからである。[5]

ＡＮＣＣで受け持っていた聖書研究学科において、この問いは良い意味で私をとりこにした。自分の教えていたコースを、「宣教の聖書的根拠」から「聖書の宣教的根拠」という名前に変えたいとさえ思った。そして、私は聖書の徹底的な「宣教的解釈」を目指して努力した――その結果が、『神の宣教――聖書の壮大な物語を読み解く』である。[6]

宣教の中心性に対する認識の高まりは、聖書研究においてのみならず神学の取り組み全体においても、一九七四年のローザンヌ会議や一九七五年の本書発行後の数十年間を通して勢いを増していった。[7]

インドや世界教会協議会内での宣教師として長いキャリアを経た後、一九七四年に英国へ戻ったレスリー・ニュービギンは、その後二十年間、西洋文化との宣教的な取り組みの必要性と、完全に聖書的であり、三位一体的な宣教理解の必要性について精力的に語り、多くの著作を生み出した。最も重要な著書には、『今日の宣教への三位一体的教理』（*Trinitarian Doctrine for Today's Mission*）、『宣教学入門』（邦訳、日本キリスト教団出版局、二〇一〇年）、『ギリシャ人には愚かなれど——福音と西洋文化』（邦訳、新教出版社、二〇〇七年）、『多元主義社会における福音』（*The Gospel in a Pluralist Society*）、『語るべき真実』（*Truth to Tell*）などがある。[8] ニュービギンは多くの影響を与え続けた。聖書の宣教的解釈を発展させようとする現在の努力のほとんどは、その恩恵にあずかっている。「福音と文化ネットワーク」（Gospel and Our Culture network）や「ニュービギン研究所」（Newbigin House of Studies）は彼の発想によるもので、特に研究所は宣教の聖書的考察とともに、数多くの聖書の宣教的な研究を後押ししてきた。[9]

その影響は、ここ最近の宣教の神学に関する二冊の本において顕著に認められる——その二冊とも、聖書の全正典における宣教の本質を、あらゆる人間の宣教のもととなる神の宣教の物語《ナラティヴ》として包括的に詳述している。マイケル・ゴヒーン著の『今日のキリスト者の宣教の紹介』（*Introducing Christian Mission Today*）とスコット・サンキスト著の『キリスト者の宣教を理解する』（*Understanding Christian Mission*）である。[10] サンキストは、力強い表現と宣教的解釈の弁証と、聖書全体を神の人格とその宣教とに関連づける三位一体論的な熱い視点を組み合わせながら論じている。

そして、一九七四年のローザンヌ会議直後のうねりの中でストットが本書を書いて以来この四十年、宣教の神学は、神学的かつ聖書的に驚くほど発展してきた。特に福音派においてである。ストットは、その熱意においても、向かう幅広い方向性においてもこの発展を喜んでいた、と私は確信している。

伝道と社会的行動は私たちの聖書的宣教の実践のうちに伴う

ストットが生涯にわたって持ち続けた確信を述べたのは、この本が最初ではなかった。その確信とは、大宣教命令に従ったキリスト者の宣教は、定義においても実践においても、福音の言葉による宣言（伝道）だけに限定されず、むしろ道義的にも聖書的にも社会的責任や奉仕、行動を伴ったさまざまな良い行いにより、キリスト者が積極的に社会に参与することも含むというものだ。[11] ストットは、キリスト者の宣教の務めにおいて、伝道と社会的行動は切っても切れないパートナーだと強調した。しかし同時に、強く断言したのは（ローザンヌ誓約でも、本書の中でも、またほかでも）、伝道には「第一のもの」、あるいは「優先事項」があることであった。それは以下の理由からである。

まずストット自身の率直な説明によると、これに関する見解は一九六六年ベルリン会議と一九七四年ローザンヌ会議の間のどこかで変わったようである（「しかし、今、以前とは違ったかたちで表現しようと思う」）。そのひとつの要因として、一九六〇年代と七〇年代初めに、貧困と抑圧が逃れようのない現実であり、伝道に情熱を注ぐ福音派が無視することのできない第三世界を、ストット自身が訪れたことにあった。その訪問を通して、ルネ・パディーリャやサムエル・エスコバルなどの第三世界の福音派の指導者たちとの個人的な友情が生まれ、ストットは彼らの現状に耳を傾けるようになった（両氏ともローザンヌ会議で素晴らしい発題を行った[12]）。第三世界から受けた衝撃は、ストットが起草したローザンヌ誓約第五項「キリスト者の社会的責任」に現れている。そこにはこうある。「伝道と社会的政治的参与の両方が、ともに私たちキリスト者のつとめであることを確認する。なぜなら、それらはともに、私たちの神観、人間観、隣人愛の教理、イエス・キリストへの従順から発する当然の表現にほかならないからである。[13]」

しかし本書の特徴として、ストットは体験からではなく、むしろ聖書から論じている。そして彼は、四福音書から大宣教命令を十分に理解するに至った。

大宣教命令とは、バプテスマを受けた弟子たちがイエスから「命じられたすべてのこと」（マタイ二八・二〇）を宣べ伝えるだけではない。社会的責任もまた、イエスがお命じになった事柄の中に含まれている。今、私の中でより明白になったことは、大宣教命令によって生じた結果だけにではなく、実際の命令自体に伝道の責務と同様に社会的責任も含まれていることを理解しなければならない、ということである。さもなければ、私たちはイエスの言葉を歪曲した罪を犯すことになる。

この文章は非常に重要であり、多くの説明を要したであろうが、発表された当時はどうやってもみなの同意を得ることはできなかった。伝道と社会的行動とをどう結びつけるかという問題は、ローザンヌ会議直後から今日に至るまで、福音派の間でもいまだ見解が異なっている。たとえば『教会の宣教とは何か』（*What Is the Mission of the Church?*）という著書の中で、ケビン・ディヤングとグレッグ・ギルバートは、ヨハネ形式の宣教命令（「父がわたしを遣わしたように、わたしもあなたがたを遣わします」、ヨハネ二〇・二一、一七・一八）の取り扱い方においてジョン・ストットを引用している。しかし、キリストの宣教のように大きな犠牲を払って人々の人生に関わった「受肉」の模範にならって、私たちの宣教もまた、伝道するだけでなく仕えるべき性質がある、というストットの考えに反対している。彼らの見解では、大宣教命令はより狭義で、善行や社会的行動は教会の宣教に含まれず、それをほのめかすものでさえない（彼らも、そのような愛や思いやりの実践は、キリスト者の忠実さとしてはきわめて重要であると強調しているが）。「宣教は、説教と教育、告知と証し、弟子づくりと信仰表明からなる。宣教とは、初めから終わりまで言葉による福音の宣言、つまりキリストの死と復活と、また私たちが悔い改めて信じる時に見いだされるそのいのちが中心である。[14]」

一九八〇年代、ローザンヌ運動は、確固たる聖書と神学的な基礎の上に、宣教の包括的な理解に関心を持ち続けながら、ローザンヌ誓約が断言したことを論議し、探究していった。ジョン・ストットはローザンヌ神学作業部会の長として、また伝道（インターナショナル・フェローシップ・オブ・エヴァンジェリカル・スチューデントや聖書同盟など）や社会的行動（ティア・ファンドなど）に携わっている福音派の宣教団体の賛同者として、ローザンヌ委員会や世界福音同盟の後援のもと、記念すべき〝伝道と社会的責任との関係に関する国際協議会〟（ＣＲＥＳＲ）を召集した。[15]それは一九八二年、ミシガン州グランド・ラピッズで開催された。

その詳細な報告書は、社会的行動と伝道との間にある、三つの関わりについて語っている（ストットが本書で使用した用語がそのまま使われている）。社会的行動は第一に、伝道の結果となり得る。第二に、伝道の橋渡しになる。しかし第三の、そして最も重要なポイントは、ストットがまさに本書で述べているものである。社会的行動と伝道はパートナーである。

それらはハサミの両刃のようであり、鳥の両翼のようである。このパートナシップはイエスの公生涯においても見ることができ、この方は福音を宣べ伝えるだけでなく、飢えた人たちを養い、病気の人たちをいやされた。この方のミニストリーにおいて、ケリュグマ（宣言）とディアコニア（奉仕）は手に手をとって行われた。……この方の言葉はその業を説き明かし、この方の業はその言葉を目に見える形にした。双方が、人々に対するこの方の憐れみを表している。また、この双方こそ私たちのものでなければならない。……事実、福音を宣言することと奉仕をすることには非常に密接な関係があり、実際にこのふたつは重なり合う。

　このことは、互いが同一とされるべきだ、ということではない。なぜなら伝道は社会的行動ではなく、また社会的行動は伝道でもないからである。それでも、一方は他方を伴う。

　主また救い主としてイエスを宣言すること（伝道）は、社会への影響を持っている。それは人々に個人的な罪と同様に社会的な罪の悔い改めを要求し、また今ある社会を良しとせず、神による新しい社会において義と平和なる新たないのちを生きるよう要求するからである。

飢えた人たちに食物を差し出すこと（社会的責任）は伝道の意味合いが含まれており、もしキリストの名において愛の行いがなされるなら、それは福音を体現し、また推薦することになる。……

したがって、伝道と社会的責任とは互いに異なりながらも、私たちが福音を宣言し、それに従う時、両者は完全に一体となる。そのパートナシップは、実際には結婚である。[16]

その報告書はこう記すと、ローザンヌ誓約と同じ用語を使いながら、このパートナシップにおける伝道の「第一のもの」について矢継ぎ早に語っている。そこには倫理上の優先事項も一部含まれている。「キリスト者の社会的責任の事実は、まさしく社会的に責任のあるキリスト者であることを前提とする。そして、伝道と弟子化することによってのみ、そのようなキリスト者となり得る。」しかし、それはまた――

伝道は人々の永遠のさだめに関わることである。そしてキリスト者は、人々を救いの良き知らせに導くことで、他のだれもができないことをしている。ごく稀に、もし私たちが肉体的な飢えか霊的な飢えを満たすことを、あるいは身体のいやしか魂の救いを選ばなければならないとしたら、真実の隣人愛は、魂と身体をもった存在としての彼または彼女に仕えるようにと私たちを導くであろう。しかし、もしどちらかを選ばなければならないとするなら、私たちはこう言わなければならない。全人類の至高であり究極の必要は、イエス・キリストの救いの恵みであり、またしたがってひとりの人の霊的な永遠の救いは、彼または彼女の一時の物質的な幸福よりもさらに重要である、と。……これはあくまで理念上の選択だと考える。実際のところ、イエスの公生涯においてそうであったように、そのふたつは切り離すことができない。……互いに反駁し合っているというより、むしろ相互間の高まる関心の中で、らせん階段を昇るように互いに支え、強め合っている。

一九八〇年代終わりの一九八九年、マニラで行われた第二回ローザンヌ会議では、この問題について、〝伝道と社会的責任との関係に関する国際協議会〟と基本的に同じ宣言をした。

福音は、信仰者の生きた生活を通して、目に見えるものとならねばならない。神の愛を説く時には、愛の奉仕が伴わなければならないし、神の国を宣べる時には、正義と平和の姿勢が伴わなければならない。

福音を宣べ伝えることは最優先されるべきである。なぜなら、私たちの主要な関心は、すべての人がイエス・キリストを主、また、救い主として受け入れるようにと願っているからである。しかし、イエスが神の御国について宣べ伝えられただけでなく、恵みと力あるわざによって、御国の到来をあかしされたように、今日の私たちも、言葉と行為の両面性を無視することができない。謙遜に謙りながら、私たちは宣べ伝え、病人を見舞い、飢えた人々に食べさせ、投獄された人々を助け、身障者に配慮し、虐げられた人々に手を差し伸べる。それぞれ、霊の賜物は多様であり、おかれている状況や立場の違いを認めるとしても、よきおとずれと、良いわざは不可分であることも確認しておかねばならない。これまで言われてきたように、伝道は、おもに社会的な意味合いをもたないとしても、社会的な局面を有しており、一方で社会的責任は、おもに伝道的な意図を持たないとしても、伝道的な局面を有している。[17]

「局面」（dimension）と「意図」（intention）という言葉はここで非常に重要であり、ほぼ間違いなく、一九五九年のレスリー・ニュービギンの著書における用語の区別を、ストットが意識していたことを表している（マニラ宣言はジョン・ストットが起草したため）。ストットは、ニュービギンの宣教に関する著書を称賛していた。この区別は、もしすべてが宣教ならば、宣教などひとつもないというステファン・ニールの有名な（そしてよく引用される）警告から私たちの身を守ってくれる。端的に言えば、教会がすることはみな宣教の局面を持っている。なぜなら、教会は神の宣教のために存在しているからである。そして、教会が行ういくつかの事柄は、特別な宣教的意図を持つ。マイケル・ゴヒーンはニュービギンの論旨を次のようにまとめ、さらに深く掘り下げている。

ある重要な区別が、宣教的局面と宣教的意図との間で明らかになった。レスリー・ニュービギンが述べるに、これが区別するのは「教会の全生活のある局面としての宣教と、諸々の活動の第一の意図としての宣教との間である。なぜなら教会こそが宣教であ、る、ため、教会のなすことすべてには宣教の局面があるからだ。しかし教会のなすすべてのことが、宣教の意図を有するわけではない」。諸々の活動が「神を知らない人たちの間でキリストを主として告白するべく、教会がその生活の境界線を超える行動」である時に、「またその行動の全体の意図が、人々を不信仰から信仰へと導こうとする教会の行動である時」に、宣教的意図を有すると考えられる。[18]

マイケル・ゴヒーンは、教会と世でのキリスト者の生活について私にこう書いてきた。

ニュービギンが試みていたのは、「宣教は生活のすべてである」、つまりキリスト者の生活はどこをとっても神の刷新の業を証しする、という合意しつつある考えを確かなものにすることであった。しかし、彼はある種の活動を擁護することを望んだ。その活動とは、具体的かつ明確な意図として、信仰による応答を勧めるために知人・友人と福音を分かち合うという目的を持つものであった。これは多くの人が思っている以上に、はるかに重要だと私は確信している。それによって宣教にまつわる多くの混乱が晴れるであろう。

これらの両文書（CRESR報告書とマニラ宣言）は、当然ながらストットに拠るところが大きい。しかし彼の集大成とも言えるキリスト者の宣教の包括的な理解と、それについての弁証が明らかになったのは、数年後の一九九二年に出版された『現代のキリスト者』（*The Contemporary Christian*）の「全人的な宣教」という章の中であった。[19]その中でストットはその文脈を説明し、自分が立っている聖書的基盤を概要し、よく耳にする問いに答え、また歴史上の例をいくつか挙げている。

二〇一〇年、ケープタウンで行われた第三回ローザンヌ会議までには、「全人的な宣教」というフレーズは、「統合的宣教」というフレーズに取って代わられた。この強調点の転換は、「統合した関係性」というCRESRの言葉や、「言葉と行為の両面性」（原文を直訳すると「言葉と行為の統合」）というマニラ宣言の言葉から取られている。このような考え方は、伝道と社会的行動をただ単に横に並んで働くパートナーとしてよりも、むしろ互いに関わり合って活動する、宣教のための統合システムと見ている。各々の適切な機能は、他方の機能にとっても、その取り組み全体の健全さと「成功」にとっても欠かすことができない。

人間の体もひとつの統合された組織である。呼吸機能、消化機能、血液の循環など、これらはみな、違いのはっきりした一個の「活動」である。単に、同じ機能を言い換えているのではない。生身の人体においてこれらの器官は、統合的に、また密接に作用しなければならない。つまり、どの働きが最重要であるとか、優先されるべきだなどの議論はまったく無意味である。ただし、危篤や大事故により呼吸困難、大量出血や心不全が起こり、だれかに食べ物を分け与えるよりそちらを優先しなければならないような極限の状況は除く。ただ通常においては、身体のあらゆる器官は必要であり、統合し、生きるために互いに作用しながら、ひとつの働きとして生《せい》に貢献している。同様に統合した宣教は、世にあって神の目的に仕えるため、私たちキリスト者のキリストへの従順のあらゆる局面を結び合わせる。伝道と社会的行動はしたがって、互いにひとつなのである。つまり、異なる働きだが必要であり、宣教の全活動のうちで互いに機能し合っている。[20]

「統合的宣教に関するミカ宣言」では、次のように述べている。

統合的宣教とは、福音を告知し、実践において示すことである。単に伝道と社会への関与が並行して行われるべきだということではない。統合的宣教においてはむしろ、私たちが人々を生活の全領域における愛と悔い改めに立ち返らせるにつれて、私たちの告知が社会的影響をもたらす。そして、私たちがイエス・キリストの変革の恵みを証しするにつれて、私たちの社会への関与が結果として伝道につながる。もし私たちが世を無視するなら、世に仕えるために私たちを送り出す神の言葉に背いている。もし私たちが神の言葉を無視するなら、私たちが世にもたらすべきものは何もない。[21]

しかし統合するためには、その内に、またはその周りにある「何か」が必要になる。私の体の全組織は、私というその人物の中で統合されている。伝道と社会的行動とを結び合わせる、宣教を統合する中心とは何か。それは当然のことながら福音自体である。つまり、世を救い、キリストの統治下で神の国の支配が始まるため、神がキリストを通してお与えになった救いと良き知らせとしての福音である。言い換えるなら「福音」とは、単に個々人に救いを与える仕組みではなく、まさに物語《ストーリー》であり、事実であり、神の救いの業である。そして、福音を聞いて応答する時、私たちに影響を及ぼすものである。

ケープタウン・コミットメントは、その福音の核を中心にして宣教を統合している。

私たちの宣教の統合性。私たちのすべての宣教の源は、聖書に啓示されている通り、全世界の救済のために神がキリストにおいて成し遂げられた業である。私たちの伝道の務めは、その良い知らせをすべての国民に知らせることである。私たちのすべての宣教の文脈は、私たちが生きているこの世界であり、罪と苦難と不法と被造物の秩序破壊に満ちたこの世界である。この世界に神は私たちを送り込み、キリストのためにこの世界を愛し、それに仕えるようにされた。それゆえ私たちの宣教のすべては、神の福音に関する聖書の啓示全体によって秩序立てられ、また推進されるものとして、この世界における伝道と、この世界に対する献身的な関わりとの統合を反映するものでなければならない。[22]（傍点筆者）

最後の傍点のついた言葉は非常に重要である。それは車輪のイメージを彷彿させる。車の車輪は統合された物体で、そのハブ（動力源であるエンジンに接続している）は、リムもしくはタイヤ（道路に触れる面）とつながっている。道路（文脈）との接地面はすべて、ハブ（福音）を通してエンジンから伝達された力によって動く。そのハブとタイヤは互いに統合されていなければならず、それによって双方がエンジンにつなぎ合わされ、動くようになる。[23]

このたとえとともに宣教の務め全体を考える時、私自身は伝道の第一義性より、むしろ福音の中心性を語ることを好む。福音の中心性（宣教の中核にあって、とある人たちは言った）について語るのは、おもに人間（罪において失われ、神から遠ざかっている）の最大にして究極の必要を訴えるためではなく（もちろんこれも確かだが）、私たちが行うすべてのことと、神がキリストにおいてなさったことを結びつけるからである。私たちが福音を中心とするのは、神だけを中心とするからであり、人間中心にならないための方法は他にないからである。

そのため、再びケープタウン・コミットメントは、伝道に関するセクションにおいて、「福音それ自体が、聖書的に正当なあらゆる宣教の業の源であり、内容であり、権威であるのだから、完全に統合されている宣教のすべての領域の中心に、つねに伝道を据えようではないか。私たちが行うすべてのことは、神の愛と恵み、そしてイエス・キリストによる神の救いの業の体現であると共に宣言であるべきなのだ[24]」とある（傍点筆者）。以上のように書かれていてもなお、宣教（そして教会の宣教的務めも）という言葉の定義を、完全に弟子づくりを意識した説教や教育として、大宣教命令のより狭義な解釈にとどめようとする傾向が根強くある（たとえばケビン・ディヤングやグレッグ・ギルバートの著書）。しかし、このより統合した理解は、聖書の権威や真理、福音の中心性を堅く信じる福音派の多くを納得させたように見える。私たちはこの統合された、全人的な宣教の理解が、ローザンヌ運動の宣教神学（また実践においても）に浸透していることを見てきた。[25] またそれは世界福音同盟の宣教委員会や神学委員会を通して、同同盟に採択された宣教の理解であった。[26] そして、この全人的な宣教理解は、一九八〇年に発足し、一九八七年に正式に設立して以来、インターナショナル・フェローシップ・フォー・ミッション・アズ・トランスフォーメーションの核心であり続けている。[27]

教会の宣教をこの全人的な、または統合された仕方で考える人の中には、実際の宣教経験とともに幅広い宣教学的な考察や教育において素晴らしい能力を持った人たちや、西欧や第三世界の人たちがいる。名前を挙げると、ディーン・フレミング、マイケル・ゴヒーン、スコット・サンキスト、サムエル・エスコバル、ルネ・パディーリャ、ローズマリー・ダウセット、ジョン・ディクソン、ヴィネイ・サムエル、クリス・スジェンらである。[28]

ゴヒーンとサンキストは興味深いことを述べている。キリスト者の宣教の両面である伝道と社会的行動を関連づけ、統合するための奮闘は、そもそも私たちがこのふたつを引き離していなかったら必要なかったであろう、と。ストットが本書の中で嘆いている、社会政治的領域への参与を強調するエキュメニカル派と、伝道を強調する福音派との対立は、どちらも啓蒙主義的二元論に影響されたのかもしれない。（本書でストットは、前者については伝道の軽視を、後者については少なくとも二〇世紀前半においての社会参与への軽視を嘆いている。）　つまり、私たちは自分たちの思考に、聖書の世界観や教えの完全性に反する区別や順序を取り入れてしまっている。私たちが主張する基準とは、聖書が命じる全権威に対する神の民の直ぐな従順、もしくはイエスの「わたしが命じたすべてのことに従いなさい」という簡潔な命令である。[29]　ゴヒーンは述べている。

原理主義〔者〕と自由主義との元々の分裂は、ある共有の二元論から生まれた。互いのアンバランスさを認めた時、両者は表面上は結束した。彼らは教会の宣教の両面性、つまり言葉と行いをそれぞれ独自の宣教論や方法論から導き出した。両者ともに活気づいた。そしてこれによって、このどちらが優先されるべきかとの選択を迫り、一時性よりも永遠性のほうが重要であるとされ、言葉による宣教（二元論に深く根ざしながら）が優先された。[30]

サンキストはこの統合をキリストご自身に回帰させ、伝道と社会正義の対立をつくり出す根源として（私たちがどちらを優先しても、この対立は生まれたが）、キリストの言葉と行いを分けるようなアプローチには断固として反対している。私には、サンキストの考えは、ジョン・ストットと合致しているように見える（彼はストットの「パートナー」のたとえには反対しているが）。そしてサンキストは「対立問題」を後にし、より根本的な統合に向かうように迫っている。

伝道において私たちは、イエス・キリストのただひとつのご性質――愛――から始める。言葉と行い、伝道と正義、福音宣教と社会正義の対立からではない〔ローザンヌ誓約第五項に想定された対立〕。

もしだれかがイエスの生涯の「両面」を語るなら、少しばかり警戒したほうがよい。過去には、このような言葉を、まるで神の宣教のダンスパートナー（伝道と社会正義）のように語ったり、同じコインの裏表のように語ったりすることが一般的であった。しかしこれらのたとえは不十分であるばかりか、誤解さえしている。イエスはひとりの人であって、溢れるばかりの謙卑と、自分を無にする神の愛に満ちていた[31]。

この章を終える前に、本書が一九七五年に出版された後、福音主義的な宣教の神学においてさらに展開されてきた統合の分野を付け加えたい。それはキリスト者の責任の一つである「被造物保護」であり、キリスト者の宣教全般に含めるべきものである。もちろん、これに関しては多くの意見があり、福音派の間でも環境保全の課題を取り上げることに抵抗を感じる人もたくさんいる。しかし聖書自体が、被造物（ここではおもに地球を指す）が罪の結果にも、神の贖いの計画にも、また十字架の和解にも含まれていることを、多くの福音派が気づき始めている。ローザンヌ運動の諸文書において最初に環境について触れているのは、マニラ宣言第四項「福音と社会責任」（一九八九年）、「すべての悪に対し……警告を発する。……地球的資源の乱費と貧しい人々への搾取[32]」（筆者傍点）である。しかし福音派はすでに「オ・セーブル・インスティテュート」〔訳注・ポルトガルにて聖公会の牧師夫妻によって一九七九年に設立された国際的な環境保護団体〕や「ア・ロカ」〔訳注・一九八三年に設立された、米国ミシガン州にある環境学専門の福音派の教育機関〕など、ささやかであっても預言者のような重要な働きをする団体を通して、環境破壊への意識を高めていた。[33] 福音主義環境ネットワークが一九九三年に設立され、「被造物保護に関する福音主義の宣言」を発表した。[34] 一九七四年のローザンヌ会議以来、ジョン・ストットと私もそれに貢献したが[35]、環境に関する本格的な福音主義また聖書的な文献が着実に増えてきている。事実、ストットは最後の著書『ラディカルな弟子』（*The Radical Disciple*）の中で、被造物保護について一章全部を使って述べている。[36] 確かに彼は、ケープタウン・コミットメントが伝道と社会への関心という領域のみの統合ではなく、そこに被造物を内包することを支持していた。次の引用中で、イエス・キリストの支配権に焦点を当てつつ、福音の中心性を核としてどれだけ明確な統合がなされているかを注意して読んでほしい。

「地とそこにあるすべてのものは主のものである。」地は、私たちが愛し、従うと主張する神の所有物である。私たちは地を保護する。その理由を最も単純に言えば、地は、私たちが主と呼ぶ方に属するからである（詩篇二四・一、申命一〇・一四）。

地はキリストによって創造され、養われ、救済される（コロサイ一・一五〜二〇、ヘブル一・二〜三）。創造と救済と相続に基づく権利によりキリストに属するものを悪用しておきながら、神を愛すると主張することはできない。私たちは地を保護し、地上の豊かな資源を、世俗世界の論拠に従ってではなく、主のために責任をもって用いる。イエスが全地の主であるなら、キリストに対する私たちの関係と、地に対して私たちがどう行動するかとを切り離すことはできない。キリストの支配権が全被造物の上に及ぶ以上、「イエスは主である」と告げる福音を宣べ伝えることは、地を内包する福音を宣べ伝えることに等しいからである。したがって、被造物保護は福音の問題であり、キリストの支配権の範囲内にある。……被造物自身に対する神の救済の目的を、聖書が明確に語っていることを私たちは心に留める。全人的宣教とは、聖書的な真理を見分け、告げ知らせ、実践することだ。聖書的な真理とは、個々の人間にとって、そして社会と被造物にとって、福音はイエス・キリストの十字架と復活による神の良い知らせだということである。人間と社会と被造物の三者は皆、罪のゆえに損なわれ、苦しんでいる。この三者は皆、神のあがないの愛と宣教の対象に含まれる。この三者は皆、神の民の包括的宣教の一部でなければならない。[37]

（傍点筆者）

宣教とミニストリーは生活の全領域においてすべての弟子のものである

本書の一章に対する私の三番目の、また最後の考察では、一章の「実生活への示唆」の最初の部分の論評を取り上げる。ストットが主張するに、宣教とミニストリーは、海外宣教に召された人や牧会の働きに召された人だけでなく、あらゆるキリスト者の特権であり責任である。また「キリスト者の召し」と働き（ミニストリー）の問題に関して、「より真実な見方を持つことが緊急である」と論じている。すべてのキリスト者はミニストリーに召されている。ある人たちにとって、それは世界宣教や牧会の働きである。しかしミニストリーとは、神と他者に仕えることであり、たとえ被雇用の立場であってもなくても、キリスト者が従事するあらゆる仕事や奉仕に適用される。自分の教会で、聖書に根ざす牧会と教育の働きに真剣に取り組んでいたストットは、「ミニストリー」の概念を聖職者のみに限定することは聖書的ではないと確信していた。そしてミニストリーと宣教は、それぞれの職業にあって、まさにすべてのキリストの弟子に対する召しだと断言していた。

当時、多くの言葉を持ってではなかったが、彼は、キリスト者の考えに多大な影響を及ぼした有害な聖俗を対立させる考えの根絶を呼びかけていた。その考えとは、神は生活の宗教的領域（教会、礼拝、祈り、伝道など）に関心を持たれるが、それ以外の「俗」世界の仕事や娯楽などには少しも、あるいはまったく関心がなく、それらは教会の宣教とも一切関係がないというものである。ストットは、改革派やピューリタンに見られるような、職業や召しに関する神学に戻ることを望んだ。彼らは、どんな類の仕事であれ、誠実に働く時、それは他者に仕え、地域の利益となり、そして神の栄光と「福音を飾る」ものになると信じていた。これは使徒パウロの教えの中にも明白である（エペソ六・五〜八、コロサイ三・二二〜二四、テトス二・九〜一〇）。

ストットはこのテーマを『現代のキリスト者』（*The Contemporary Christian*, 一九九二年）の中で展開している。これについてのストットの確信をさらに知るために、最初の部分を引用しよう。機会があるごとに彼は次のように語り、また記していたが、いつも一語一語を噛みしめながら述べていたのを懐かしく思い出す。

どんな時でも牧会を「ザ・ミニストリー」（the ministry）と呼ぶなら、それはキリスト者の活動に害を及ぼします。「The」という定冠詞を使うことにより、牧会だけが唯一のミニストリーのような印象を与えてしまいます。……私自身、二十五年前、この考え方や言葉の使い方について悔い改めました。さて読者のみなさん、忍耐をもって聴いてください。今では、だれかが「〇〇さんが『ザ・ミニストリー』に進むそうです」と言った時、私は無邪気に「ああ、そうですか。ところでどのミニストリーですか？」と尋ねます。相手はたいてい「牧会です」

と答えるので、私は「それなら先に、そうおっしゃってください」と言い返します。本来、「ミニストリー」という言葉はひとつの総称です。私たちが形容詞を付け加えるまでは、その明確性に欠けます。……

　キリスト者のミニストリーはきわめて多様です。それは「ミニストリー」が「奉仕」（service）を意味し、神に仕え、また人に仕えるための方法はさまざまだからです。（ここで使徒の働き六章の出来事についての議論が続く）……ここで特筆すべきことは、食事の分配と教育の働き双方に、同じ単語（ディアコニア）が使われていることです。実に、両方ともキリスト者のミニストリーでした。どちらもフルタイムの働きであり、そのためには聖霊に満ちた人を必要としました。唯一異なる点は、一方は牧会の働きであり、もう一方は社会的な働きということです。一方が「ミニストリー」で、他方はそうではない、ということではありません。また一方が霊的で他方は俗的、さらに一方は優れていて他方は劣っている、ということもありません。ただ単に、キリストは十二人を言葉のミニストリーに、また七人を食卓のミニストリーに召されただけなのです。……

　宣教師や牧師になることは素晴らしい特権です、もし神が私たちをそこに召してくださったのであれば。しかし同様に、キリスト者の弁護士、実業家、政治家、経営者、ソーシャルワーカー、テレビの脚本家、ジャーナリスト、主婦（主夫）になることも素晴らしい特権です。もし神が私たちをそこに召してくださったのであれば。ローマ人への手紙一三章四節によれば、国家の役人（国会議員、判事、警察官、女性警察官など）は、牧師と同じく、「神のしもべ」（diakonos theou）なのです。

自分の日々の仕事をキリスト者の第一のミニストリーと考え、キリストのために世に浸透していくことを決心するキリスト者が、今こそ緊急に必要なのです。[38]

職場におけるキリスト者の宣教的重要性に関する確信により、ストットは一九八二年、「私たちの全生活がキリストの支配権の下にあり、全生活が礼拝、ミニストリーに積極的に参与するためのものという信念をもって」、〝現代キリスト教ロンドン協会〟（London Institute for Contemporary Christianity）を設立するに至った。[39] その機関の現ディレクターはマーク・グリーンである。ジョン・ストットは、与えられた職場や文化でミニストリーや宣教に献身し、多くの実を結ばせるためにキリスト者を整えることに情熱を傾けていた。そのようなストットをグリーンは模範にしている。またグリーンは執筆に加え、二〇一〇年ケープタウンでのローザンヌ会議では、職場に関するワークショップを率いるチームの一員であり、ケープタウン・コミットメントの「真理と職場」の起草に貢献した。[40]

聖書が私たちに示す神の真理によれば、人間の業は、神が被造物のうちに持っておられる良い目的の一部である。聖書は、私たちが様々な召しにおいて神に仕えるという意味で、私たちの職業生活全体をミニストリーの領域内に含めている。これと対照的に、「聖俗分離」という偽りの教えが教会の思想と行動のうちに浸透してきた。この分離が私たちに告げていることは、宗教的活動は神に属するが、その他の活動は神に属さないということだ。ほとんどのクリスチャンはほとんどの時間を仕事に費やす。彼らはその仕事を、霊的価値が乏しいもの（いわゆる世俗の仕事）と考えているかもしれない。しかし、神は全生活の主である。「何をするにも、人に対してではなく、主に対してするように、心からしなさい。」とパウロは、異教徒の職場にいる奴隷たちに語った[41]（コロサイ三・二三）。

ジョン・ストットは、この項の健全な宣教的神学と現実との関連性を評価していた。また、この項が一九七五年の本書でストットが打ち出した洞察と勧告とに完全に合致し、その結実であると認めたであろうことを、私は信じてやまない。

3章　伝　道

ジョン・ストット

これまで述べてきたように、「宣教」とは実に包括的な言葉である。神がご自身の民を、なすべきことのために世へとお遣わしになるすべてのことを含んでいる。そのため宣教には、伝道と社会的責任が含まれる。それはこのふたつが、困窮している人たちに仕えたいと願う、愛の真実な現れだからである。

伝道の優先事項

私が考えるに、私たちは「犠牲的奉仕を伴う教会の宣教活動の中で、伝道こそ第一のものである」[1]というローザンヌ誓約の言葉に同意しなければならない。市民の自由、人種の尊重、教育、医療、雇用、あるいは十分な衣食住など、いかなるかたちでも人間が抑圧され、軽視されているなら、キリスト者は良心や同情心に激しい痛みを感じるはずである。人間の尊厳を軽視するものはすべて、私たちにとって違反行為である。しかし人間の尊厳を破壊するもののなかで、福音の拒絶や無知により神と断絶していることほど破壊的なものがあろうか。またいかにして私たちは、永遠の救いを政治や、経済の自由と同じくらい重要なものとして真剣に主張し続けることができるだろうか。このどちらもがキリスト者の愛にとって、大きなチャレンジである。しかし、使徒パウロの同胞ユダヤ人に対する厳粛な叫びを聴いてみよう。

「私はキリストにあって真実を言い、偽りを言いません。次のことは、私の良心も、聖霊によってあかししています。私には大きな悲しみがあり、私の心には絶えず痛みがあります。もしできることなら、私の同胞、肉による同国人のために、この私がキリストから切り離されて、のろわれた者となることさえ願いたいのです。」

（ローマ九・一〜三）

この悲痛の原因とは何であったのか。ユダヤ人が自国の独立を失い、ローマの植民地となったことか。ユダヤ人が異邦人に軽蔑され、嫌悪され、社会的に排斥され、不当な扱いを受けたことだろうか。そうではない。「兄弟たち。私が心の望みとし、また彼らのために神に願い求めているのは、彼らの救われることです」（ローマ一〇・一）。このことから明らかなように、パウロがユダヤ人に望んでいた「救い」とは一点の疑いもなく、ユダヤ人が神を受け入れることである（同二～四節）。もし私たちの中で、同胞の救いに対し、パウロのように内なる苦しみを感じない人がいるならば、それは霊的未熟さのしるしである。

さらに私たちは、世界にいる何百万もの、福音が届けられていない人に伝道するという、重大な責任を負わなければならない。これに関連し、ローザンヌ誓約は伝道の責務の緊急性を強調している。

世界人口の三分の二以上にも相当する二十七億あまりの人々は、いまだに福音に接していない。これほど多数の人々が放置されたままであることを、私たちは深く恥じる。この事実は、私たちと全教会とに対する不動の譴責《けんせき》である。しかしながら、今日、世界の多くの地域には、いまだかつてなかったほどにイエス・キリストを受け入れる傾向が見られる。私たちは、今こそ、諸教会と超教派の諸機関が、伝道されていない人々の救いのために熱心に祈り、世界伝道のために新たな努力を開始すべき時である、と確信する。場合によっては、すでに伝道がなされてきた国にある教会の自立成長を促し、あわせて今なお伝道されていない地域に資力を振り向けるために、そのような国々における外国人宣教師と資金の削減が余儀なくされるであろう。宣教師の派遣は、あくまでも謙虚に仕えるという精神に立ちつつ、六つの大陸の全域から全域へ、今まで以上に自由になさるべきである。目標は、あらゆる可能な手段をもって、最も早い時期に、すべての人がよきおとずれを聞き、理解し、受け入れるようになることである。[2]

伝道の意義

伝道において優先すべき事項は何か。まずギリシャ語「ユーアンゲリゾマイ」は、良い知らせ（ユーアンゲリオン）をもたらす、または告げ知らせることを意味する。この単語は、新約聖書では二回ほど、「俗」に関する一般的なニュースを伝える時に使われている。それは御使いガブリエルがザカリヤに、妻エリサベツが息子を産むという良い知らせを告げた時（ルカ一・一九）、またテモテがテサロニケの教会の信仰と愛の良い知らせをパウロに伝えた時である（Iテサロニケ三・六）。この動詞の一般的な用法は、キリスト教の良い知らせに関連している。伝道には、福音の拡大が重要な部分を占めているため、まず伝道ではないことを見るところから始めよう。

第一に、伝道は結果という観点から定義してはならない。この言葉は新約聖書の中で、そのように使われてはいない。通常、このギリシャ語の動詞は中動態であるが、場合によっては独立用法として使われた。たとえば、「そこで伝道した」は、「そこで福音を宣べ伝えた」となる（使徒一四・七、ローマ一五・二〇と比較）。しかし、たいてい、この動詞には何かしらが伴う。ある時は彼らの伝えるメッセージである。たとえば、彼らは「みことばをあちこちで伝道した」（使徒八・二、私訳）、またサマリヤでピリポが「神の国とイエス・キリストの御名について伝道した」（同一二節、私訳）などがある。またある時は、福音が宣べ伝えられた人や場所が付け加えられる。たとえば、使徒らは「サマリヤの多くの村で伝道した」、またピリポはパレスチナ沿岸の「すべての町に伝道した」などである（同二五、四〇節、私訳）。以上の節では、「伝道された」言葉が人々から受け入れられたとか、「伝道された」町や村の住人が回心したという言及などは一切ない。新約聖書における「伝道する」の用法は、私たちがその言葉を使う時とは違って、回心者を勝ち取ることを意味しない。伝道とはその結果に関係なく、良い知らせの告知なのである。

宣教師の書いた証しや講演などでは、伝道は人々を回心させることと定義される。しかし新約聖書を見ると、伝道の結果はその言葉の意味にはまったく含まれていない。もちろん、それが伝道の第一の目的ではあっても、伝道は人を回心させることでもなく、回心者を勝ち取ることでもなく、だれかをキリストに導くことでもない。伝道とは、福音を宣べ伝えることである。

一九一九年、英国において〝教会の伝道活動に関する大主教調査委員会〟（Archbishops' Committee of Enquiry into the Evangelistic Work of the Church）が策定した、伝道に関する有名な定義がある。「伝道することとは、聖霊の力によってキリスト・イエスを提示することであるから、人はイエスを通して神に信頼を置かなければならない」と始まっている。J・I・パッカー博士は、この文言の「キリスト・イエスを提示することであるから、人は……なければならない」の部分に注目し、これは成功という観点からの伝道の意義であると、即座に批判した。伝道とは、何かが起きるから宣べ伝えるのではない。「実際にあなたが伝道しているかどうかを伝える方法は、あなたのあかしによって回心が得られたかどうかを問うことではない。それは、あなたが福音のメッセージを忠実に知らせているかどうかを問うことである。[3]」さらにパッカー博士は「福音伝道の結果は、人の願いや意図にはよらず、全能なる神の御心による」と付け加えている。何かが起こるであろう、これが私たちの目的である。それは人々が応答し、信じることである。だからこそ、私たちは神と和解させてもらうように人々に「懇願」する（Ⅱコリント五・二〇）。しかし同時に、目的（起こってほしいこと）と結果（実際に起こること）を混同してはならない。もし聖書から正確にとらえるとするならば、伝道の本質は福音の忠実な宣言にあることを強調したい。当然、説得も視野には入れる。私たちは結果に興味がないわけではない。人々の回心を切望している。実際に、人が福音を受け入れるよう説得されてもされなくても、それはなお伝道である。この説得については後ほど論じることにしよう。

第二に、伝道は方法という観点から定義すべきでない。伝道とは、良い知らせを告知することであるが、どのような方法であれ、それは良い知らせをもたらしている。たとえば、個人やグループ、群衆には口で、ほかには印刷物、写真や画像、ドラマ（ノンフィクション、フィクションなど）、愛の善行（マタイ五・一六）、キリストを中心にした家庭、変えられた人生、また言葉にならないほどのイエスへの喜びなど、さまざまな方法で私たちは伝道できる。しかし伝道とは根本的には告知することであるため、良い知らせが正確に伝わるには、やはり何らかの言語化を必要とする。

これまで消極的な側面だけを見てきたので、伝道が「ザ・メッセージ」（これぞメッセージ）という観点から定義されるためにも、伝道の積極的な側面に移ろう。聖書的な伝道には福音が必要不可欠である。今日の世界に蔓延している、福音の真理・正当性・力への信頼喪失ほど、伝道を妨げるものはない。パウロはローマで福音を「伝えたい」と言った。しかし彼は、救いは神の力によると確信していた（ローマ一・一四〜一六）。

新約聖書に唯一の福音はあるのか

それでは新約聖書の福音とは何か。この質問の答えの前には、ふたつの問題が立ちはだかっている。

まず、新約聖書に唯一の福音は本当にあるのだろうか。確かに、新約聖書は凝り固まった既成概念など提示していない。記者の背景や気質、また聖霊の啓示により各書には明白な強調点の違いがあり、だからこそ使徒パウロは特別な「奥義」が明かされた時、あえて「私の福音」と書くことができた。

さらに同じ記者でも、執筆時期によって内容に発展があり、パウロが初期に書いた書簡は、後に書いたものとは明らかな違いがある。異なった状況が、異なった対処を必要とするからである。使徒たちのやり方は「状況に応じて」おり、各試練に対してきめ細かに対応するものであった。アンテオケの会堂でのパウロの説教は、アテネのアレオパゴスでの説教とはかなり異なっている。パウロのローマ人への手紙と、コリント人への手紙も然り。このような豊富なバリエーションや、新約聖書での神学的構築の多様性にもかかわらず、あるのはただ、使徒たちによる福音の伝承だけであった。パウロはガラテヤ人に、自分の使命とメッセージに対する承認のしるしとして、エルサレムの使徒らが「交わりの右手」を差し出したと強調している（ガラテヤ一〜二章、特にガラテヤ二・九）。同じ一章で、「もう一つ別に福音があるのではありません」（七節）とパウロは激しく言い、御使いでも使徒でも、そして自分自身であっても、福音に反することを宣べ伝える者には神の呪いが下るようにと言っている。パウロは、コリント人への手紙第一の中で福音を要約し、イエス・キリストの復活の姿を列挙した後、こう結論した。

「そういうわけですから、私にせよ、ほかの人たちにせよ、私たちはこのように宣べ伝えているのであり、あなたがたはこのように信じたのです。」

（Iコリント一五・一一）

私は、彼らは、私たちは、あなたがたはなどの人称代名詞はとても印象的である。これは、パウロとエルサレムの使徒たちが福音について一致していることの表れであり、使徒の一団がともにその福音を宣言し、すべての教会がともにその福音を受け、信じたということである。福音はひとつしかないのだ。

ふたつ目の問題は、この唯一の新約聖書の福音は文化的状況に左右される一過性のものか、それとも不変性のものかという点である。神の啓示の目的は、紀元一世紀にキリストと使徒たちによる証言において頂点に達した。これは否定しようもない事実だ。つまり、その時代の文化にはヘブル、ギリシャ、ローマの要素が入り混じっていたことがわかる。さらに神の啓示を理解するためには、私たち自身がその当時の文化に戻って考えなければならない。しかし、ある特定の文化において神がご自身を開示されたという事実は、神の啓示を拒否する理由にはならない。むしろ、啓示を理解するための正しい原則と、自分たちの文化にとっての意味を再解釈させるという重大な責任を私たちに与える。しかし福音はただひとつであり、その本質は決して変わることがない。

もう少し啓示と文化について述べよう。私の論点はこれだ。伝道は、私たちが他者と分かち合うべきメッセージという観点から定義されるべきである。私たちには伝えるべき良い知らせがある。そのため伝道がなされる所では、コミュニケーションが必要になってくる。それは、古代の啓示と現代文化との真実なコミュニケーションである。その意味するところは、このメッセージは聖書に忠実であると同時に、今日的でならなければばならない。このメッセージを最初に見ることができるのは、現在置かれている状況ではない。やはり聖書の中である。ヴィサー・トーフト博士はこう述べる。

「伝道は、人の問題――しかも深い問題――に答えるものであるのに、そのようになっているとは到底思えない。伝道は、まず第一に、人に対する神の問いかけの伝達である。その問いかけとは、イエス・キリストをただひとりの、また唯一のいのちの主であると私たちが喜んで受け入れるか、またそうあり続けているか、である。……〔私たちは〕神の問いかけを人々の実際の状況と関連づけるよう試み、また人々が神の問いかけに答える時、同時にその人たちの最も深い問題の解決を見いだすということを示さなければならない。[4]」

さて、メッセージが今日的であることを抜きにすれば、聖書に忠実であることは比較的容易である。また聖書への忠実さを考慮しなければ、今日的なメッセージはたやすいものだ。真理と今日の関連性をつなぎ合わせようとするのは、骨の折れる作業である。しかしそれなくしては、惰性や古い考え方への的外れな忠実さや、反逆にも値する不誠実から私たちを救い出す手立てはない。私たちは聖書に忠実であると同時に、自分たちの文化の中で時宜にかなっていなければならない。

ここで初めの質問に戻ろう。唯一不変の新約聖書の福音とは何か。またそれを述べることにより、現代において福音の力をすべて指し示すことができるのか。最も良い答えは、聖書全体は驚くほどの関連性を持った神の良い知らせである、であろう。聖書の大きな役割は、隅から隅までイエス・キリストを証言することであるから、聖書と福音という言葉はほぼ代替できる。しかし聖書に記された神の啓示は、使徒たちが宣べ伝えた良い知らせにおいて、私たちのために凝縮されたメッセージである。では、それは何か。

C・H・ドッドは、使徒たちの説教を独創的な視点から分析した。[5]「ケリュグマ」と「ディダケー」、つまり福音の宣言と回心者の道徳上の教育とを区別した。さらに構造や内容など、数多くの共通点を示しながら、パウロの語った「ケリュグマ」と使徒の働きにあるペテロの説教とを体系的にまとめた。以下の要点は、ドッドの有益な分析から導き出したものだ。

ひと言で言えば、神の良い知らせとはイエスである。ペンテコステの日、ヨエル書を引用した後、ペテロは折り目正しく説教を始めた。「イスラエルの人たち。この言葉を聞いてください。神はナザレの人イエスによって……」（使徒二・二二、新共同訳では「イスラエルの人たち、これから話すことを聞いてください。ナザレの人イエスこそ……」）。この説教は、まず初めにイエスについて述べている。私たちが初めに語るのも、イエスのことでなければならない。イエス・キリストは福音の核心であり、真髄である。ピリポがエチオピア人の傍らに座った時、文字どおり「彼はその人にイエスを伝道した」と記されている。つまり、その人にイエスの良い知らせを伝えたのだ（使徒八・三五、私訳）。同様に、パウロはローマ人への手紙の最初で「神の福音のために選び分けられ、……キリスト・イエスのしもべ」と自分を表しながら、「御子に関すること……私たちの主イエス・キリストです」と高らかに宣言している（ローマ一・一〜四）。そしてイエスの人格が、人々の心をとらえて離さないことに、私たちは大いに感謝すべきである。もし人がイエスに興味を抱く時、たとえ別の宗教を信仰していようが、世俗主義であろうが、若者の反体制文化《カウンター・カルチャー》などの背景をもっていようが、多くの人はイエスに魅力を感じる。

では、どのように使徒たちはこのイエスを伝えたのだろうか。彼らの良い知らせは少なくとも五つの要素があった。

福音の出来事

当然最初に、福音の出来事があった。だれも否定できない、ある複数の「出来事」がエルサレムで「起こった」。また、成就した（ルカ一・一、二四・一四、一八）。何よりもナザレのイエスが十字架につけられ、復活したのだ。パウロは福音の伝承をこのように要約した。

「私があなたがたに最もたいせつなこととして伝えたのは、私も受けたことであって……キリストは……私たちの罪に死なれたこと、また、葬られたこと、また……三日目によみがえられたこと、また……現れたことです。」

（Ⅰコリント一五・三～五）

パウロはここで四つの出来事に触れている――イエスの死、埋葬、復活、そして顕現。しかし、明らかな強調点は、キリストが死んだこと（その証明のために埋葬された）、またキリストが復活したこと（その証明のために人々に目撃された）のふたつである。埋葬によってイエスの死が事実であると証明されたように、その顕現はイエスの復活が動かぬ事実であることを証明した。

同じようにイエスの復活は、使徒たちの説教でも強調されている。使徒ペテロは、人間イエスの生涯と働きの言及をもって語り始めた（使徒二・二二、三・二二、一〇・三六～三九。一三・二三～二五と比較）。またある時は、イエスの高挙、統治、また再臨を語った。しかしペテロのメッセージの中心は、パウロと同様、イエスの死と復活にあった。イエスの死と復活は、客観的また歴史的な事実である。そして、実存主義が漂う今日への適切な応答とは、体験を重視するあまりに歴史を軽視したり、イエスの復活を単に現実を伴う内なる出会いまで引き下げるような実存主義と類似したキリスト教的実存主義を造り出すことではない。むしろ主観という流砂の中でもがいている近代の精神に、まぎれもなく歴史上起こったイエス・キリストの死と復活という岩盤を差し出すことである。

使徒たちは、自分たちの主の死と復活を、単に歴史的出来事として提示したのではない。それ以上に重大な出来事――救いの出来事として提示した。パウロは実に明確に語った。イエスは「私たちの罪に死なれた」(Ⅰコリント一五・三。ガラテヤ一・四と比較)、また「私たちが義と認められるために、よみがえられた」(ローマ四・二五)。時々、このようなことを耳にする。パウロとは対照的に、使徒の働きにあるペテロの初期の説教には十字架の教理がなく、神学のない歴史を語っているだけだ、と。たとえばC・H・ドッドがこの立場にある。[6] ドッドはペテロの主張を十分に理解していないのではないか、と思う人もあろう。まずペテロは、十字架を「神の定めた計画と神の予知」であり「不法な者の手」によると考えた(使徒二・二三)。そしてもし十字架が神の目的の一部ならば、そこには意味があるはずだと考えた。次に、ペテロはイエスを神の「しもべ」と呼んだ。これは多くの人の罪を負った苦しむしもべを暗示している(使徒三・一三、四・二七。使徒八・三二、三三と比較)。さらに十字架については、イエスを「木」の上に「かけた」という驚くべき描写をしている(使徒五・三〇、一〇・三九。使徒一三・二九と比較)。この描写のもととなるのは、木につるされた者はだれも神の呪いの下にあるという申命記二一章二三節である。またこれは、後にパウロとペテロの書簡で見られるような、私たちの罪を負い、律法において呪われた者となったキリストという教理の先取りであった（ガラテヤ三・一〇、一三、Ⅰペテロ二・二四）。復活もまた、確かに歴史的な出来事以上のものである。それは、神の正しさを証明するものであった。「あなたがたは……この方を……殺しました」とペテロは何度も繰り返している（使徒二・二三、三・一五、五・三〇〜三一）。「しかし神は、この方を……よみがえらせました。」イエスを復活させたことにより、神は人間の判決を覆し、イエスを呪われた立場から奪い返し、そして主、キリスト、また救い主としてイエスをご自身の右の座に引き上げられたのだ（使徒二・二四、三・一三〜一五、五・三〇〜三一）。

福音の証言

使徒たちのメッセージの二番目の要素は、福音の証言、つまり彼らが訴えた真実の証拠である。これには二重性があり、ふたつの証言を通して証しの真実は打ち立てられる。

最初の証言は旧約聖書からの言葉である。パウロはこれについて、簡潔な表現を繰り返しながら主張している。「キリストは、聖書の示すとおりに、私たちの罪に死なれた」、また「聖書の示すとおりに、三日目によみがえられた」(Ⅰコリント一五・三〜四)。ペテロもまた使徒の働きの中で、イエスこそ待ち望んでいるキリストだと明らかにするため、何度も旧約聖書から引用した。私たちが確信をもって言えることは、使徒たちは、イエスの死と復活において聖書が成就したという真実を、イエスご自身から学んだことである。彼らはそのことを、イエスの公生涯の中である程度学んではいたが、ルカが記しているように、復活後さらに学んだ。使徒たちは「次のように書いてあります。キリストは苦しみを受け、三日目に死人の中からよみがえり」という、イエスの言葉を決して忘れなかった(ルカ二四・四六)。そのため使徒たちは、今語っているメッセージが自分たちの編み出したものではないことを知っていた。後にパウロがアグリッパの前に訴え出た時、こう言った。

「こうして、私はこの日に至るまで神の助けを受け、堅く立って、小さい者にも大きい者にもあかしをしているのです。そして、預言者らやモーセが、後に起こるはずだと語ったこと以外は何も話しませんでした。すなわち、キリストは苦しみを受けること、また、死者の中からの復活によって、この民と異邦人とに最初に光を宣べ伝える、ということです。」（使徒二六・二二〜二三）

旧約聖書を強調することには、もうひとつの重要性があった。

C・H・ドッドは、「パウロのケリュグマは終末論的背景におけるキリストの死と復活の事実の宣告」であり、実に「これらの事実は救済的意味を持つ」と述べている。[7]

ふたつ目の証言は、使徒たち自身の目で見た証拠である。イエスが旧約聖書を引用して「あなたがたは、これらのことの証人です」（ルカ二四・四八）と付け加えられた時、やがて使徒たちが語るであろう証言を、旧約聖書の預言者のものと関連づけられた。そして、昇天前にも同じことを言われた。「あなたがたは……わたしの証人となります」（使徒一・八）。彼らはキリストを証しするため、特別に権限を受けたことを知った。それは「最初からイエスとともにいた」（マルコ三・一四、ヨハネ一五・二七、使徒一・二一〜二二と比較）だけでなく、それ以上に自分たちの目で十字架と復活のキリストを目撃したからである。そのためペテロは、いつも説教の中で使徒たちの証言に触れた。

「神はこのイエスをよみがえらせました。私たちはみな、そのことの証人です。」　　（使徒二・三二）

「（あなたがたは）いのちの君を殺しました。しかし、神はこのイエスを死者の中からよみがえらせました。私たちはそのことの証人です。」　　（同三・一五）

「私たちはそのことの証人です。」　　（同五・三二）

コルネリオに対しては、ペテロはさらに明確だった。

「私たちは、イエスがユダヤ人の地とエルサレムとで行われたすべてのことの証人です。人々はこの方を木にかけて殺しました。しかし、神はこのイエスを三日目によみがえらせ、現れさせてくださいました。しかし、それはすべての人々にではなく、神によって前もって選ばれた証人である私たちにです。私たちは、イエスが死者の中からよみがえられて後、ごいっしょに食事をしました。イエスは私たちに命じて、このイエスこそ生きている者と死んだ者とのさばき主として、神によって定められた方であることを人々に宣べ伝え、そのあかしをするように、言われたのです。」

（使徒一〇・三九～四二）

このように使徒たちは、後に新約聖書に記されたように、旧約聖書の預言者たちの証言と、自分たちの証言とを結びつけた。

この二重の証明は、今日の私たちにも必要である。私たち現代人にとって、いかにイエスの人格に魅力があるかについてはすでに述べたが、その魅力こそが、私たちと人々との接点になることがよくある。しかし、どのイエスについて私たちは論じるのであろうか。当時パウロでさえ、自分が語るイエスとは違った「別のイエス」を宣べ伝える教師が現れることを認めている（Ⅱコリント一一・四）。今日もあちらこちらに多くの〝イエスたち〟がいる。ある学者たちが神話として扱っているイエスがいる。失墜した悲劇の革命家イエスがいる。ミュージカルや映画で描写されたドラマ仕立てのイエスがいる。人間によって歪曲されたイエス像に真っ向から対峙して、私たちは早急に真実のイエスを、聖書に記されている歴史上のイエスを回復させ、元どおりにする必要がある。

つまり、自分の空想や体験から生み出したイエスを伝える自由など、私たちには許されていない。確かに私たちの個人的な証しは、聖書記者の、特に使徒たちの証言を裏づけるだろう。しかし、彼らの証言こそ一次的である。なぜなら、彼らは「イエスとともに」いて、イエスを知り、自分たちの耳で聞き、自分たちの目で見たことを証ししたからである。私たちの証言はつねに二次的で、使徒たちの証言の下に属している。だからこそ、イエスに関する福音書の描写を信頼し、人々が再び使徒たちの証言を信じるようにと奮闘する保守的な学者たちの働きはやむことがないのだ。

伝道における私たちの責任は、聖書には記されていない私たち独自のキリストを造ることでも、聖書の中のキリストを脚色したり利用したりすることでもない。旧約聖書と新約聖書で完璧なまでに一貫しているふたつの証言において、神がこの世界にイエスを現されているように、ただ唯一であるキリストを私たちも忠実に証ししていくことである。

福音の主張

三番目に挙げるのは、かつてあり、今もある福音の主張である。これまで見てきたように、その主張の中心はイエス・キリストだ。ただ単に一九世紀も昔にイエスが何をされたかというだけでなく、結果として今なおイエスが何をしておられるのかにも言及している。史的イエスは、今も変わらずキリストだ。新約聖書の根本的な主張は「イエスは主である」の一点だ。「もしあなたの口でイエスは主と告白し、あなたの心で神はイエスを死者の中からよみがえらせてくださったと信じるなら、あなたは救われるからです」とパウロは言っている（ローマ一〇・九）。実にキリストが死に、またよみがえられた目的とは、「死んだ人にとっても、生きている人にとっても、その主となるため」であった（同一四・九）。そして、神はイエスを高く上げ、「天にあるもの、地にあるもの、地の下にあるもののすべてが、ひざをかがめ、すべての口が、『イエス・キリストは主である』と告白」するため、すべての名にまさる名をお与えになった（ピリピ二・一〇、一一）。これこそがキリスト者の主張の本質であり、聖霊によらなければ、だれもそのように告白することはできない（Ⅰコリント一二・三）。

これらの箇所でパウロが言いたいことは、イエスの支配権あるいは統治権は、その死と復活の直接の結果であるということだ。ペテロも使徒の働きの演説の中で同じことを説いた。このイエスこそ、神がよみがえらせた方で、今は「神の右に上げられた」方である（使徒二・三二〜三三。同三・一三、四・一一と比較）。これは、「わたしがあなたの敵をあなたの足台とするまでは、わたしの右の座に着いていよ」（詩篇一一〇・一）という、あの大いなるメシア預言の成就であった。しかし今、救い主は神の右で、すでにご自分が完成された業だけで満足しておられるのだろうか。ヘブル人への手紙の記者が述べているように、今、救い主の眼は、待ち望んでいる最後の勝利に向けられているのだ（ヘブル一〇・一三）。そして、すでにこの勝利は保証されている。ペテロはそのことを予期していたため、コルネリオにこう言うことができた。「このイエス・キリストはすべての人の主です」（使徒一〇・三六）。

キリストが座している「神の右」とは、普遍的な権威の象徴である。キリストは祝福を与え、また従順を要求することもできるからである。まず、祝福について。イエスが「御父から約束された聖霊を受け」、教会にこの新時代特有の聖霊という祝福を注がれたのは、神の右に挙げられた後のことであった（同二・三三）。ヨエル書の預言によると、神ご自身が「わたしの霊をすべての人に注ぐ」と約束され、それが成就したことをペテロは告げた（同一七節）。そして、これを悟ったペテロは、聖霊傾注は神の右で至高の栄誉と権威を持つイエスによる、とためらうことなく語っている。

もしイエスが王座からご自分の民に祝福を授けるなら、イエスは民がご自分に従い、ひざをかがめることを望んでおられる。

「ですから、イスラエルのすべての人々は、このことをはっきりと知らなければなりません。すなわち、神が、今や主ともキリストともされたこのイエスを、あなたがたは十字架につけたのです。」（使徒二・三六）

この言葉は、ペテロの説教のクライマックスとなった。聴衆は心を突き刺され、「私たちはどうしたらよいでしょうか」と叫び求めた（同三七節）。「悔い改めなさい」とペテロは言った。彼らはイエスを殺したが、神はこの方をよみがえらせた。つまり、神は人々がイエスに対して下した死刑判決を覆してくださったのだ。そして今、彼らも自分の罪を翻さなければならない。イエスの統治と支配権の下に、個人的にも社会的にも生活のすべてを差し出さなければならない。御国に入る、あるいはイエスの支配の下に入ることは、絶対的祝福と要求の両方をもたらす。

そのため「神の右」という象徴的な表現は、イエスは救い主である（救いを与える権威とともに）と、イエスは主である（従順を要求する権威とともに）という、ふたつの大きな主張から成っている。サンヘドリンでのペテロの二回目の説教の中で、この二点が結び合わされている。「神は、イスラエルに悔い改めと罪の赦しを与えるために、このイエスを君（あるいは指導者）とし、救い主として、ご自分の右に上げられました」（使徒五・三一）。

さらにこの二点は、イエス・キリストの絶対的独自性を明らかにしている。今日、ますます増える混交主義的文化の中で、もし私たちがイエスの独自性を尋ねられたなら、「イエスは主です」、そして「イエスは救い主です」と答えなければならない。神学的に言うと、これらの主張は受肉と贖いの重要な教理を表しており、この教理こそほかの宗教にはないものである。ヒンズー教が主張する「アバター」（「先祖」いわゆる輪廻転生）は歴史的に根拠を欠くだけでなく、その偶然性や多元性も、史実が証明する〝神が人となられた〟というキリスト教の中心的主張とはまったく区別される。そしてコーランに繰り返しある、情け深く、憐れみ深いアラーの赦しの約束はみな、アラーの秤《はかり》によって清算され、徳を積んだ立派な人に対してのみ与えられる。一方で福音は、受ける価値のない者にとっての良い知らせである。十字架こそ、イエスの宗教の象徴である。秤ではない。「イエスは主です」「イエスは救い主です」と現在形で語りかけるこの福音の主張を、世界は今なお聞きたいと待っている。

福音の約束

四番目として、私たちはこの福音の主張から福音の約束を見ていきたい。それは、キリストが今与えてくださる、ご自分のもとに来る人たちに対する約束である。良い知らせは、イエスがかつて何をされたか（死んで、よみがえられた）、また今何をなさっているか（主であり、救い主として神の右に上げられた）についてだけでなく、結果としてイエスが今何を与えてくださるかをも語っている。それは何か。ペンテコステの日の説教の終わりにペテロは、もし悔い改めてバプテスマを受けるなら、「罪の赦し」と「聖霊」というふたつの賜物が与えられる、と群衆に断言した。

赦しは、福音によって与えられている重要な救いの要素である。復活の主は、「罪の赦し」がご自分の名の下で世界中に宣言されるように命じられた（ルカ二四・四七）。改革派がこれまで理解してきたように、イエスは「あなたがたがだれかの罪を赦すなら、その人の罪は赦され」る（ヨハネ二〇・二三）と、権威をもって大胆に神の赦しを宣べ伝えるようにと語っておられる。まさにこれこそ、使徒たちがしたことである。「悔い改めなさい」、そして「あなたがたの罪をぬぐい去っていただくために……神に立ち返りなさい」とペテロは大声で叫んだ（使徒三・一九）。またコルネリオに「この方を信じる者はだれでも、その名によって罪の赦しが受けられる」と確約している（同一〇・四三）。同様に、パウロはアンテオケの会堂で、「あなたがたに罪の赦しが宣べられているのはこの方による」と宣言している（同一三・三八）。今日において、このメッセージはいささか不評かもしれないが、赦しは人間の最大の必要であり続け、また良い知らせにとって、なくてはならないものである。

しかしキリストは、私たちの過去の赦し以上のものを与えてくださる。キリストは、新生と聖霊の内住とによって、今この時に新しいいのちを与えてくださるのだ。そして聖霊は、私たちが御国の相続人となることの保証でもある。私たちは、神の福音のふたつの約束、つまり赦しと聖霊を決して引き離してはならない。双方が「救い」に伴い、ペテロが主張したように、救いはイエスのみにある（同四・一二）。またこのふたつは、多くの人が求めている「解放」の一部分である。真の自由は、罪責感からの解放にまさる。マルコム・マゲリッジがかつて「私自身のエゴの、暗く小さな牢獄」と呼んだように、それは自己からの解放である。ひとたび罪責感と自己中心から救い出されたなら、自分自身を神と他者のための奉仕にささげることができる。そして、私たちはこの「赦し」と「聖霊」に服従することにおいてのみ、真の自由を見いだすことができるのだ。

福音の要求

五番目に、福音の要求である。イエスが何をされたか、イエスとはだれか、イエスが何を約束しておられるかを見てきたので、イエスが今日何を私たちに要求しておられるかを見ていこう。自分たちは何をしたらよいか、と良心を突き刺された群衆の問いかけに対し、ペテロの第一声は悔い改めであった。もう一度言うが、ペテロの二回目の説教を締めくくる際、その第一声は「だから悔い改めなさい」であった（使徒三・一九参照）。パウロもまたアテネの人たちへの説教で、神は「今は、どこででもすべての人に悔い改めを命じておられます」と締めくくった（同一七・三〇）。

　悔い改めるとは、自らの罪、特にイエスを拒絶した深刻な罪から向きを変えることであった。彼らの「悔い改め《メタノイア》」あるいは「改心」は、イエスに対する思いと態度の転換であった。彼らはイエスを拒否し、その拒絶の表れとして十字架上の死にまで追いやった。そして今、その彼らがイエスを主、キリスト、また救い主として信じる思いをバプテスマによって示そうとしていた。バプテスマは疑いもなく信仰表明以上のことを意味し、それ以下のことは意味しないからである。彼らは「イエス・キリストの名において」バプテスマを受けようとしていた。つまり、以前、自分たちが殺そうと願ってやまなかったその当人の名においてバプテスマを受けるため、へりくだって従おうとしていたのである。イエスへの悔い改めの信仰を公然と表明する方法は、それ以外なかった。さらに、その悔い改めとバプテスマは、新たなイエスの共同体へと導いた。別の章で論じるが、教会への所属なくしては、回心はなかった。

一九七四年のローザンヌ会議において、悔い改めの絶対的必要性を声高に強調したのは、アルゼンチンのルネ・パディーリャであった。彼はまた悔い改めの社会的側面についても主張した。会議前に彼が書いた「伝道と悔い改めの倫理」と題する論文の中で、「この新しい現実（御国の到来）は、人々を危機的立場に追いやる。彼らはもう、何もなかったかのようには生きられない。神の国は新たなメンタリティ、全価値観の新構築、悔い改めを要求する」と述べている。また、「その課せられた変化は、新しい生き方を必要とする。……倫理なくしては、本当の悔い改めはない。……そして悔い改めなくしては、救いもない」、「悔い改めは、個人と神との間の私的な問題をはるかに超える。それはキリストにおける神の業への応答として、世にある――人々の間での――生活の、まったく新しい方向づけである」と続けている。[8]

このように社会的責任は、キリスト者の宣教だけでなく、その回心の一側面ともなっている。自分の隣人に対して回心することをせずに、真に神に回心することはできない（これについては最後の章において触れる）。

回心は、悔い改めとともに信仰をも含む。群衆へのペテロの命令は「悔い改めなさい」であって、「信じなさい」ではなかった。しかしペテロの言葉を受け入れ、悔い改め、バプテスマを受けた人たちは、その数節後に「信者となった者たち」と呼ばれている（使徒二・四四）。ペテロはコルネリオに、「この方を信じる者はだれでも、その名によって罪の赦しが受けられる」と言った（同一〇・四三）。ピリピでパウロは看守に向かって、「主イエスを信じなさい。そうすればあなたも……救われます」と語った（同一六・三一）。

このように、福音が求めるものは悔い改めと信仰――そして（公の場での）バプテスマである。このことから、福音派内でのある論争について触れようと思う。ある福音派は、信仰のみによる義認の教理を固く保持するあまり、悔い改めの要素を加えることを良しとしない。イエスを受け入れることと、主なるイエスに服従することをはっきりと区別し、さらに信仰の中に服従を加えることは福音の曲解だというような不可解な概念を言い広めている。それでも私は、福音をあらゆる曲解から守りたいと願う彼らの誠実さは評価する。そして確かに、義認は、ただ恵みにより信仰を通してキリストにおいてのみ、である。また、信仰に何かの利得があるかのような定義づけには、注意しなければならない。信仰のすべての価値は、その対象（イエス・キリスト）にこそあるのであり、信仰自体にあるのではない。しかし救いの信仰は、薄ぼんやりと「救い主としてイエス・キリストを受け入れること」ではない。またキリストが「受け入れられた」という認識や、キリストを受け入れたことにより具体的な影響が起こる認識が欠如するものではない。救いの信仰は、キリストへの完全で、真に悔い改めた献身であって、使徒たちにとっては、主なるイエスへの従順を伴わずにこの方を救い主として信じることは、到底考えられないことであった。神の右に上げられた方こそ主であり、救い主なるイエスであることはすでに見てきた。このイエスを細く切り刻み、その一片だけに応答するようなことはできない。救いの信仰の対象は、私たちの主であり救い主、全人的なる方、イエス・キリストである。

この項を終える前に、福音の要求にもうひとつポイントを付け加えよう。使徒たちが悔い改めて信じるように呼びかけた、その迫り来る響きと権威を見過ごしてはならない。使徒たちは、この勧告がイエスの治める王座から来ていることだけでなく、そのイエスが審判者として再び来られることをも知っていた。「今は、どこででもすべての人に悔い改めを命じて」おられるこの神が、すでにさばきの日と審判者を定めておられたのだ。この審判者はイエス。かつて死に、よみがえられた方である（使徒一七・三〇〜三一。同三・二〇〜二一、一〇・四二、一三・四〇〜四一と比較）。

福音の文脈

さて、伝道とは、良い知らせを他者に伝えることである。その良い知らせとは、イエスである。そして、私たちが伝えるイエスについての良い知らせとは、これである。イエス・キリストは私たちの罪のために死に、よみがえり、今は神の右の座に着き、主また救い主として治めておられ、悔い改めて信じるようにと命じる権威と、バプテスマを受けるすべての人に罪の赦しと聖霊の賜物を授ける権威を持っておられる。またこのすべては旧約聖書と新約聖書に基づいている。それだけではない。正確には「神の国の宣言」を意味する。聖書が成就したことにより、イエスの死と復活を通して、神の統治が人々の生活に入り込んで来たからである。この神の統治あるいは支配は、救いを与え、従順を求める、御座におられるイエスによって執行される。これが御国の祝福であり、神の国が求めるものである。「時が満ち、神の国は近くなった。悔い改めて福音を信じなさい」と、イエスご自身が公生涯の最初に御国を掲げられた（マルコ一・一五）。

最後に、これまで福音の観点から伝道の定義づけを試みてきたが、福音の宣言を他から独立した活動とみなすことはできないので、福音の文脈についても少し触れておきたい。福音の宣言だけでは機能しないので、それに先立ち、また続くものがある。先立つものは当然「存在」（presence）で、その後に続くものは「説得」（persuasion）である。

まず「存在」について。「キリスト者の存在」という考え方はつねに推奨されてきたわけではないが、これを支持する人たちは「静かなる存在」や「真の沈黙」について語ってきた。確かに、語るより黙っているほうが、よりキリスト者らしい場合もある。しかし、神が意図されたのは、この世界に福音の宣言をもたらすキリスト者の存在である。一方、ぶしつけで攻撃的な伝道に反発して、ある程度の「静かなる存在」を支持する人たちがいることは、わからなくもない。しかし、もし福音の宣言なくして存在がないのであれば、同様に、存在なくしてその宣言をすることはできないとも断言できる。復活の主の命令は「宣べ伝えよ」では始まらず、「行け」であった。世に出て行くことは、存在を意味している。

さらに、目に見える教会の存在こそ、人を惹きつける一面である。サムエル・エスコバルが一九七四年のローザンヌ会議への論文で書いたように、「初代教会は完全ではなかった。だが明らかに、その生活の質的差異のために多くの人の注目を集めた共同体であった。彼らを通して、メッセージが聞かれただけでなく、その生き方によってメッセージを目で見ることができたのだ」[9]。教会なくしては伝道はない。福音のメッセージは共同体から、つまりそのメッセージを受け入れた人たちを交わりに招き入れる共同体から発せられる。

ふたつ目の言葉は「説得」である。大主教たちによる伝道の定義へのJ・I・パッカー博士の批判については前述した。私が論じてきたのは、伝道という活動自体の中に、説得という要素を含めて定義してはならないという点である。伝道とは、世の救いのためにキリストを通して神がなされた「事実」である良い知らせを伝えることである。確かに私たちは、パウロが福音伝道を「人々を説得しようとする」（Ⅱコリント五・一一）と表現したことを受け入れる。また使徒の働きの多くの箇所でルカは、パウロがそのようにし、また多くの人が「説得された」と記している。これは論争ではない。しかし、聴き手の説得を伝道の一部とするなら、その行為と目的を混同させることになる。私たちの目的は確かに、悔い改めてキリストを信頼するように人々を説得することである。私たちにはこの「目的」を言い表す自由がある。だが「結果」を決めるのは私たちではない。人の努力で結果が保証されているかのように、「説得」について話す人もいる。それは「強要」ではないか。それは間違いである。私たちの責任は、忠実であること。伝道の結果は、全能なる神の御手の中にある。

この章を閉じるのにふさわしいのは、ローザンヌ誓約第四項「伝道の本質」だろう。

伝道とは、イエス・キリストが聖書にしたがって私たちの罪のために死に、かつ死よりよみがえり、現在、主権を持ちたもう主として、悔い改めて信じるすべての者に、罪の赦しとみ霊による解放の恵みを提供しておられるという、よきおとずれを広めることである。私たちキリスト者がこの世界の中に共在し、相手を理解するために同情的に耳を傾ける類の対話を持つことは、伝道にとって不可欠なことである。しかしながら、伝道それ自体は、あくまでも、人々が一人一人個人的にキリストのもとに来て、神との和解を受けるように説得する目的をもって、歴史的、聖書的キリストを救い主また主として告知することである。この福音の招きを公布する際に、私たちは弟子として求められる犠牲からしりごみすることは許されない。イエスは、今もなお、自己を否定し、おのが十字架を負い、主の新しい共同体の一員になりきってご自身に従うものたちを召し集めておられる。伝道は、キリストへの従順、ご自身の教会への加入、この世界内での責任ある奉仕などの結果を含むものである。[10]

4章　伝道についての考察

クリス・ライト

若いころにキリスト者として霊的に誕生してから地上での最期を迎えるまで、ジョン・ストットは根からの伝道者であった。十七歳の高校生が非凡な伝道者E・H・ナッシュ（親しみを込めて「バッシュ」と呼ばれていた）により信仰へと導かれ、ストットはすぐに、イギリスのイーワーン・ミンスターでの少年向けの伝道キャンプのリーダーになった。[1] そして、まず出身校ケンブリッジ大学において、次に米国やカナダなど、各国の大学において大学伝道者として知られるようになった。またロンドン、ランガム・プレースのオール・ソウルズ教会を牧会し、教区伝道のモデルとなるべく、個人伝道や新しい信者への弟子訓練などにより、牧会する教会を導いた。晩年、日常生活が日に日に困難になりながら介護ホームで最後の四年間を過ごしたストットを、ある日私は尋ねた。するとストットは、彼の車椅子を押しながら話しかけてきた女性職員に、いかにして救いの道を伝えたか顔を紅潮させながら話してくれた。

伝道についての三章に、「犠牲的奉仕を伴う教会の宣教活動の中で、伝道こそ第一のものである」というローザンヌ誓約第六項の言葉が繰り返されているのはこのためである（ローザンヌ誓約はストットが起草した）。彼がすでに明らかにしているように、これは伝道が教会の唯一の務めであることを意味しない。本書の三章は、「『宣教』という言葉は実に包括的な言葉である。神がご自身の民を、なすべきことのために世へとお遣わしになるすべてのことを含んでいる。そのため宣教には、伝道と社会的責任が含まれる」と始めている。しかし、議論の余地もない教会の宣教の務めの幅広さと全体性（これこそストットが生涯をかけて死守したもの）の中にも、やはり優先事項がある。宣教本来の全人的な性質と、宣教の全体論における伝道の第一義性の両方が、理論と実践において機能するべく、ストットはその後何十年間と協議会開催や執筆活動に力を注ぎ続けた。

先に述べたように、全人的かつ統合的宣教の定義づけの追究において、私自身は伝道の第一義性よりも福音の中心性について語ることを好む。またストット（多くの人も）は、人間にとっての最大の必要に基づきながら伝道の第一義性の主張を正当化しているが、私は少し異なった方法をとる。聖書から見ると、人間は反逆と罪により失われ、神のさばきに直面しており、神との断絶状態にあることは疑いようもない。その人間の現実を突きつける良い知らせを、人はみな聞く必要がある。しかし福音の中心性を語ることは、まず人間の窮乏状態を示すことではなく、恵みに富んだ神と、世を救うために神がキリストにおいてなされた聖書の物語《ストーリー》を示すことである。また福音を構成する壮大な聖書の物語《ナラティヴ》を示すことにより、そこから明らかにされた人間の生に対する神の良い目的の全貌を、霊と物質、永遠とこの世などの局面を対立させることなく、むしろ認めながら、この良い知らせへと統合する。

思うに、このような私の表現の仕方と、ストットの「優先事項を持った全体論」というバランスの極め方には、実際のところ何ら違いはない。それは三章において、伝道をどのように定義すべきかを短く論じた後すぐに、福音の見事なまでの詳述が章の大半を占めるからだ（福音の出来事、証言、主張、約束、要求）。ストットにとっては福音の中心性こそ伝道の第一義性をもたらしたもので、私にとっては福音の中心性こそ、宣教全体の統合的理解において福音の究極性と必要性をもたらしたもの、と言う人もいるかもしれない。[2] このような福音の中心性は、それ以外のものを取るに足らない些細なこととはせず、むしろ中心性を核にしてひとつとし、ほかのものにも目的と意義を与える。

三章でストットが述べたふたつの論点は、さらなる考察と展開が必要だと思われる。再度言うが、そうすることにストットも賛同してくれたに違いない。それぞれの点について、三章から引用しながら見ていこう。

「聖書全体が神の良い知らせである」

この見出しの力強い数文字の言葉で、ストットは福音とは何かを的確に述べている。驚くことに、福音という言葉を単なる「救いの計画」や、死後の居場所を天国で確保するメカニズムを提供する〝霊的な法則〟ととらえるような福音派の人たちを、真実へ呼び戻そうとする最近の動きをここでストットは先取りしている。むしろ私たちは福音を、新約聖書が語るように、約束のメシアであり、贖いの救い主であり、やがて来られる王なるイエスを通して、神がかつて約束され、成就され、いずれ完成しようとしておられる、聖書全体を貫く良い知らせとして語らなければならない。[3]

福音とは何か。ストットはこう述べている。「最も良い答えは、聖書全体は驚くほどの関連性を持った神の良い知らせである、であろう。聖書の大きな役割は、隅から隅までイエス・キリストを証言することであるから、聖書と福音という言葉はほぼ代替できる。……ひと言で言えば、神の良い知らせとはイエスである。」

ストットの簡潔な論理をさかのぼって考えると、その論旨は以下のとおりである。

- 福音はイエス・キリストを中心としている。イエスご自身こそ、神が私たちに宣言された良い知らせである。
- 聖書こそ、私たちにイエスを「もたらす」。それは、聖書全体がさまざまなやり方でイエスを証言しているからである。
- そのため、聖書全体が福音とみなされる。福音は、「神の良い知らせ」としてのイエスの人格と働きを私たちが知り、理解できるようにと神が与えてくださったものだからである。

これらはすべてまぎれもなく真実であり、上記の論旨のように、まず初めに自分の個人的な罪の問題について、次に私の身代わりとなって罪を負われたイエスの死について、最後には罪の赦しと永遠のいのちの約束について、と連続性をもって述べることにより、福音をいくつかの聖書箇所の「選り抜き」に貶めるようなことをすべて排除している。それらの聖書箇所の真実と、私を含め聖書を通して信仰に導かれた人にもたらされる永遠の結果を、私は一瞬たりとも否むことはない。しかし、この個人に向けられた救いの計画を確かに福音は完成し、保証するが、それがすべてではない。さらに正確に言うと、それだけが福音の本質でも、語っているすべての物語でもない。

自分の主張を擁護するため、ストットは福音と聖書全体の関わりをふたつの方法で論じ続けている。まず「福音の出来事」の項で述べた、聖書の歴史的な出来事の記録の提示、つまりエルサレムで実際に起こった出来事としての、ナザレのイエスの十字架と復活である。ストットが指摘しているように、これらの出来事は、聖書で明らかにされた神の計画と目的と、すでに旧約聖書に記されていたメシアの死の解釈のゆえに、それぞれが救いの重要性を持っている。次は「福音の証言」の項で、イエスご自身が弟子たちに語った言葉を強調しながら、旧約聖書の預言の成就を主張している。

「次のように書いてあります。『キリストは苦しみを受け、三日目に死人の中からよみがえり、その名によって、罪の赦しを得させる悔い改めが、エルサレムから始まってあらゆる国の人々に宣べ伝えられる。』」（ルカ二四・四六〜四七）

これらの論点はそのとおりではあるが、旧約聖書と福音の関係を明確にするにはもう一歩踏み込む必要がある。なぜなら旧約聖書は、キリストに関する預言の本だけではないからである。むしろそこには聖書の全書巻をアーチのように包含する物語の最初の部分が語られ、全書全体の枠組みを築き上げている。この枠組みにあって、イエス・キリストのアイデンティティと働きは理解され、あらゆる国民への良い知らせが構成されている。世と人類、そしてその未来を聖書全体から理解するなら、福音は良い知らせとなる。聖書の物語によって形成された聖書的世界観を持たなければ、私たちの福音理解とその提示は、不十分なものとなるだろう。

イエスが弟子たちに「モーセの律法と預言者と詩篇」（ルカ二四・四四）と言われた

時、単にご自身について触れた預言のみに限定したのではなく、今私たちが「旧約聖書」と呼んでいる、その壮大な物語《ナラティヴ》が導く先にある正典全体を指しておられた。モーセ五書には、創造、人間の堕落、全世界に対するビジョンを伴った神のアブラハムへの契約などの物語や、イスラエルの出エジプト、シナイ契約、最終的には忠実な者が勝利する未来への期待や逆らう者をも覆う神の恵み、また神の民のさばきなどが含まれている。旧約聖書の「預言書」には、その前の書（ヨシュア記から列王記第二のいわゆる申命記的歴史）も含まれており、土地の授与、王国の出現とダビデ契約、捕囚という死への長期にわたる衰退、また捕囚からの帰還という「回復」が語られている。そしてこの壮大な物語の過程において、三つのセクション（律法、預言書、詩書）から引用された箇所に、あらゆる国民に対する神の普遍的な目的が繰り返されている。そしてそのつど、この物語は、すべての国民と全被造物が神の贖いの約束という祝福の中に含まれていることを思い起こさせるのである。[4] まだその良い知らせは到来していないが、旧約聖書はまさに良い知らせの物語のひとつである。

　悲しむべきことに、旧約聖書はある種の悲観的な背景をもった、福音の引き立て役のように扱われることが度々ある——まるで福音がそこから私たちを救い出してくれるかのように。使徒パウロに敵対する者たちと同様に、私たちも旧約聖書がそのように教えていると曲解しがちである。パウロが十分承知していたように（イエス、モーセ、すべての預言者たちとともに）、イスラエルの民は無残にも失敗し、ほかの民と同じく罪を抱え、堕落した反逆者であると自ら証明した。しかし神の目的は、イスラエルの失敗を消し去ることではなかった。旧約聖書の良い知らせとは、まさにイスラエルの神ヤハウェが悪に勝利し、王として治め、世界の果てまで救いをもたらすという約束と尽きない希望であった。パウロによると、創世記一二章三節の引用から、その「福音」は初めにアブラハムに告げられた[5]（ガラテヤ三・八）。また新約聖書の福音のキーワードである「ユーアンゲリオン」「ユーアンゲリゾマイ」は、詩篇九六篇一～三節やイザヤ書五二章七～一〇節など旧約聖書にある、神が国々を統治されるという「良い知らせ」をギリシャ語に訳した言葉である。

そのため、イエスが人となって神の国が歴史の中に入り込んだことを告げに来られた時、「福音を信じなさい」（マルコ一・一五）という言葉が何を意味するか、人々は調べる必要はなかった。彼らは自分たちが物語のどこに置かれているかを知っていたのだ。しかし、自分たちの神（イスラエルの聖なる方ヤハウェ）とその約束を知っていたものの、彼らの神がどのように統治されるかについてはだいぶ誤解があったようだ（イエスはそれを正すために多くの時間を費やされた）。しかし彼らは、「私たちの神が治める」その時にこそ、「エルサレムの廃墟」とすべての国々、地の果てにまで喜ばしい良き知らせが訪れることだけは知っていた――そして、全被造物にとっても喜びであることを（イザヤ五二・九～一〇、詩篇九六・一〇～一三）。その良い知らせとは、神がアブラハムとの約束を、ナザレ人イエスの受肉、生涯、拒絶、苦難、死、そして復活という逆説的な方法を通して成就されたことであった。したがって、悔い改めと信仰、従順な弟子としてキリストに結び合わされた人たちには、その物語の「良い結末」、つまり死者の復活と新天地での永遠のいのちが与えられるという、さらに良い知らせが待っている。

別の言い方をしよう。福音は確かにキリストご自身によって形造られ、その贖いの死と勝利の復活が中心であるというストットの見解に私たちは同意し、そう主張すべきである。しかしまた、創造から新天地に至る聖書全体の物語という枠組みの中で、「キリストの物語」を見なければならない。パウロが〝神のみこころ・ご計画・みむね〟の全体（使徒二〇・二七とエペソ一・九～一〇、コロサイ一・一五～二三とを比較）

と言っているのは、おそらくこのことだと私は考える。ベン・ウィザリントン三世は、パウロの考えや説教、教え全体が聖書全体の物語によってどのように形成され、またパウロ自身が福音をどう理解し、語っているかについて非常に深く探究している。

パウロの考え方は、神学的にも倫理的にも、聖書の壮大な物語《ナラティヴ》から展開し続ける物語《ナラティヴ》に根ざしている。

この「物語」こそ、宇宙ほど大きいものでありながら、その一方で、ひとりの人間ほど小さな物語である。しかしそれはあらゆることについての、あるいは人間の全歴史についての「物語」ではない。それは、アダムにおける人間の始まりから終末論的アダムにおけるクライマックス、さらにその先の、人類に対する神の関係に焦点をあてた「ただひとつの物語」である。それはまた創造と被造物と、イエス・キリストによる、イエス・キリストのうちにある、イエス・キリストを通しての贖いの「物語」である。それは、堕落した人間の只中から生み出された信仰の共同体についての「物語」である。そこには悲劇と勝利、失われた者と救われた者、初めと終わりの両方が含まれている。その焦点は再三再四、人間の歴史を舞台にした神の、また人間の行動にある。この「物語」からこそ、パウロはヒストリー（歴史）とヒズ・ストーリー（彼の物語）、つまりキリストの歴史が関わっていると認識し、また論じ、勧め、励まし、討論し、約束し、また迫った。[6]

聖書に啓示され、神に導かれ、キリストを中心とし、希望に満ちたこの偉大な物語全体こそ、良い知らせを形成している。この良い知らせは、まず信仰といのちへ、さらには伝道という「福音を宣べ伝える」働きへと私たちを招く。[7]

ある箇所でストットは、伝道における緊急性が失われたことを嘆いており、それは私たちが福音への信頼を失ったせいだとしている。「今日の世界に蔓延している、福音の真理・正当性・力への信頼喪失ほど、伝道を妨げるものはない。」私もそう思う。しかし、その理由をもうひとつ付け加えるなら、福音派を含めた多くのキリスト者が、自分たちがその物語に置かれていることを忘れてしまった（あるいは、これまで一度も学んだことがない）ことである――それは、福音を形成している物語そのものである。十字架の贖いにより信仰を通して、個人に「天国での」将来を保証するものとして、彼らは福音を受け入れた。だがその後も、この世の物語（自分たちが生きる文化でのさまざまな物語）によって、生活し続けている。そして彼らは、世界の真の物語として、また歴史、現在、未来を解釈すべき尺度として福音を受け入れることをせず、自分たちの世界観が福音によって変えられるのを心の底では拒んでいる。簡単に言ってしまえば、個人や文化の物語はほかに変えようもないので、ハッピーエンドを迎えるためにただ「イエスを付け加えた」にすぎない。

それ以外に西欧のキリスト教の甚だしい混交主義《シンクレティズム》を、どうやって説明できようか。たとえば、福音派のキリスト者と、進歩と「成長」神話を崇拝する消費主義との間には、あまり大差がないように見える。「福音を信じている」と称する人たちでさえ、個人から宇宙に至るすべてにおいて良い知らせを福音とするただ唯一の物語、つまり聖書の物語を知り、信じ、それに従って生活しているようには到底見えない。[8] 以上の理由から、キリスト者が自分たちの置かれている物語を知る、つまり物語全体としての聖書を包括的に理解するためのいかなる取り組み、出版物、講座などは大いに歓迎される（聖書の細かい部分を全体的に知るということではない。それではまるで私たちの救いや聖化が、聖書知識にかかっているかのようである）。[9]

二〇〇四年、私はローザンヌ運動の理事会から、ローザンヌ神学作業部会長となるように請われた。それは一九七四年の第一回ローザンヌ会議から、神学的取り組みのためジョン・ストットが長く務めていた役職であった。二〇一〇年ケープタウンでの第三回ローザンヌ会議に先立つ数年間、「全教会が、全世界に、全福音を」というローザンヌ運動のスローガンについて数々の協議会を開いた。聖書的かつ宣教学的観点から、このフレーズは実際に何を意味するのか。

二〇〇八年、チェンマイでの最初の協議会は、「全福音」に関してであった。そこで発表された声明では、名詞であれ動詞であれパウロが用いている「evangel-」という言葉をいくつかのポイントに分けた。[10] 第一のポイントは、福音の物語《ナラティヴ》の性質を表している。

A　福音は聖書全体に照らしてイエスの物語を語っている。

1　パウロにとっての福音とは、何にもまして神が、この方を通して救いを成し遂げられたナザレのイエスについての歴史的事実である。福音は、旧約聖書の光に照らして理解されるべき、イエスの死と復活の出来事の説明である。……「聖書によれば」とは「旧約聖書に照らし合わせれば」という意味である。すなわち、神が旧約聖書においてイスラエルと約束されたすべてのことが、今や救い主イエスにおいて成就されたという物語《ナラティヴ》を伴っている（使徒一三・三二〜三九）。……

2　したがって、パウロの福音の定義には、中心的な史実（キリストが私たちの罪のために死なれ、葬られ、三日目によみがえられた）と、それら聖書の文脈と意味のとらえ方が含まれている。……

3　聖書全体から福音全体の理解を得ようとすることは、福音をコミュニケーションや「マーケティング」の単なる手段とすることから私たちを守ってくれる。[11]

チェンマイ声明はさらに続けて、パウロの福音という言葉の用法を次のように要約している（各項には全文からの短い抜粋を引用した）[12]。

B　福音は神の家族において和解した新たな人間社会を造り出す。

1　「異邦人への使徒」であるパウロにとって、イエスについての良い知らせは確かにあらゆる国民への普遍的なメッセージであった。またその良い知らせは、旧約聖書に深いルーツを持っていた。アブラハムに告知された神の計画は、つねにイスラエルを通して全世界の国民に祝福をもたらすものであり続けた。だが、他の国々は神の契約の恵みと神の家族から除外されていた（エペソ二・一一～一二）。福音はこの状況を変革させる。……

2　十字架の「平和をつくる」働き――ユダヤ人と異邦人を和解させ、「新しいひとりの人」を造り上げる――をどのように見るかが大切であり、それは福音の単なる副産物ではなく、福音の本質である（エペソ三・六）。パウロはこれを十字架の業に含めている。……

C　福音は十字架の救いのメッセージを宣言している。

1　「福音」の本質は、それが宣言されるべき良い知らせだということである（この言葉の由来としてイザヤ五二・七）。パウロにとって、福音は「真理のことば」として聞かれなければならない（エペソ一・一三、コロサイ一・五、二三）。またそのとおり、福音が「事実」として受け入れられ、信じられなければならない（Iテサロニケ二・一三）。このメッセージは、アブラハムへの神の約束が成就されるために、あらゆる国民に告げ知らせられるべきである。……

D

福音は倫理的変革を生み出す。

1

「悔い改めて福音を信じなさい」（マルコ一・一五）とイエスは言われた。良い知らせを信じるとは、生き方が根本的に変えられることである。生きること、信じることは切り離すことができない。パウロにとっての福音とは、古い人間性のよごれた服を脱ぎ捨て、キリストの香りを放つ服を着ることであった。……一方が「福音」で、他方が「倫理」ということは決してない。エペソ教会のように、双方を「半々にする」見方は、誤りに陥りやすい。まるで信仰と倫理的な生活を切り離すことができるかのようである。信仰と生き方を分割することはできない。本来、福音には、このふたつが備わっている。

「私たちは良い行いによっては救われないが、良い行いをなくして救われない。良い行いは救いの方法ではない。しかし、それは救いにとってふさわしく、また必要な証拠である。行いによって信仰を表さないような信仰は死んでいる」と、ストットは述べている。[13]

E

福音は真理を宣言し、神のさばきの前に悪を露呈させる。

1　パウロによれば、福音はまた、否定や曲解から守られるべき真理である。したがって、福音には論駁的な側面がある。……

F

福音は聖霊の全能なる働きを通して宇宙大の力を持っている。

1　福音とは、歴史と被造物の中に働いている神の力である。このことはパウロにとって、驚嘆し、喜ぶべきものであった。福音自体が生きているように見えたため、パウロは福音を、「勢いをもって、世界中で、実を結び広がり続けています」と表現している（コロサイ一・六）。……

2　福音について、パウロが書いた最も説得力のあるものは、天地万物はキリストによって創造され、保持され、十字架の血を通して神と和解するであろうとの宣言である。それは息をのむほどの宇宙大の福音である（コロサイ一・一五〜二三）。そして、そのようなキリストの、教会の、また十字架の宇宙大の重大性に次いで、ようやくパウロは信徒たちの個人的な和解に視点を移している。

「御国の祝福と要求」

ストットの「福音の要求」という短い項目は、前述の「D 福音は倫理的変革を生み出す」とまさに一致している。さらに正確に言うと、福音が悔い改めと信仰の応答に出合った時、そのようなことが起こる。

三章の初めの伝道の定義において、ストットは、伝道は単に福音の忠実な提示であることを強調している。伝道は、人々が福音の真理に説得され、救いの信仰によって応答することを目的とするが、そのような結果は伝道の定義には本来含まれていない。しかし、伝道の性質（私たち人間がすること）を明確にしながら、さらに福音（神がなされたことの良い知らせ）は単なる主張としてだけでなく、約束と要求として私たちのもとに届けられることをストットは解説している。まさしく、福音は神がすでになされたことを告げるから、私たちは単なる客観的な事実の記録としてそれと対峙することはできない（福音にはそのような要素はあるが）。福音は直説法であり、約束を伴うと同時に命令法である。それは断言し、約束し、また命令する。まさにこれが福音の性質であり、私たちに向かって創造主の声を告げている。

だからこそストットは、福音を伝えることは「神の国の宣言」だとはっきりと言うことができる。また福音書によると、イエスの口からもこのことが語られていた。今一度言うが、ストットは数十年後に顕著になる見解を、たった数節の中に見事に凝縮している――神の国を「福音」として認識すべきこと、特に福音派においてその関連性が見過ごされてきたこと、またほとんどの伝道でもその関連性が不思議と欠落していることを。[14]

さて、伝道とは、良い知らせを他者に伝えることである。その良い知らせとは、イエスである。そして、私たちが伝えるイエスについての良い知らせとは、これである。イエス・キリストは私たちの罪のために死に、よみがえり、今は神の右の座に着き、主また救い主として治めておられ、悔い改めて信じるようにと命じる権威と、バプテスマを受けるすべての人に罪の赦しと聖霊の賜物を授ける権威を持っておられる。またこのすべては旧約聖書と新約聖書に基づいている。それだけではない。正確には「神の国の宣言」を意味する。聖書が成就したことにより、イエスの死と復活を通して、神の統治が人々の生活に入り込んで来たからである。この神の統治あるいは支配は、救いを与え、従順を求める、御座におられるイエスによって執行される。これが御国の祝福であり、神の国が求めるものである。「時が満ち、神の国は近くなった。悔い改めて福音を信じなさい」と、イエスご自身が公生涯の最初に御国を掲げられた（マルコ一・一五）。

（傍点付加）

最近ある神学協議会において、著名な福音派の指導者が「神の国は福音ではない」と言ったという。それを耳にした瞬間、私なら「イエスはその意見に同意するだろうか」と切り返したと思う（マタイ二四・一四「この御国の福音は全世界に宣べ伝えられて」と比較）。その一方で、彼が言わんとすることがわからなくもなかった。イエスが求められたように、人が悔い改めと信仰をもって応答するまでは、あるいは応答しないかぎり、神は王であるという宣言は、〝個々人にとって〟良い知らせではない。しかし神が治め、やがてその統治が全被造物とあらゆる国々にまで及ぶということは、良い知らせである。この宇宙において、最終的に悪が勝利しないことは良い知らせである。神の統治がすべての悪、苦しみ、死と呪いを永遠に打ち滅ぼし、やがて義と平和の新天地に導くことは良い知らせである。これらの意味において、神の国の宣言はまぎれもなく福音である。

しかし、神の統治のメッセージが突きつけられた時（地域社会に、また個人に）、人は否が応でも応答が求められる。それは避けられない。エデンの園以来、人間は応答することなしに神と出会うことができないことを聖書は示し続けている。弟の死の責任逃れをしたカインでさえ、神に答えなければならなかった。拒絶や反逆をもって神に答える人や人々にとって、神の統治は実に悪い知らせである。王なる神は、審判者なる神である――聖書全体もそのことを予期し、語っている。それだけでなく、やがて来る神のさばきも福音の一部であると断言している。悔い改めずに悪事を行う者は、最終的に、つまり永遠に栄えることはない。だからこそパウロは、「私の福音によれば、神のさばきは、神がキリスト・イエスによって人々の隠れたところをさばかれる日」について語ることができる（ローマ二・一六、傍点付加）。イエスにとっても、パウロにとっても福音宣教は、さばきと救いとしての神の国を説き明かし、宣言することを含んでいた。パウロはまさに、そのようにして自分の生涯を全うした（使徒二八・一三、三一）。

キリストご自身、そして使徒たちや熱心な伝道者たちが求めていた神の国の福音への応答は、悔い改めと信仰である。これらは約束が伴う要求である。要求も約束も、神の統治の本質に元来備わっているものだ。もし神が王であるなら、救いは約束されている。だが神が王であるならば、変化が求められるのだ。ストットが簡明に述べているように、「この神の統治あるいは支配は、救いを与え、従順を求める、御座におられるイエスによって執行される。これが御国の祝福であり、神の国が求めることである」（傍点付加）。

説教で、よく「メタノイア」という言葉は「改心」の意味だと語られるが、それ以上のものである。その言葉は旧約聖書に深く根ざしており、偶像礼拝や神に反逆して生きる悪い行いから離れ、根本から変えられた生き方と態度をもって神に立ち返ることを含む（悔い改めの定義の強烈な例として、エレミヤ七・三～七を参照）。すでにバプテスマのヨハネは「悔い改めの結ぶ実」を具体的に説き示していたが、イエスが悔い改めを呼び求めた時、それより小さなものを意味していたはずはない（ルカ三・八）。

当然、また十分な聖書の真正性をもって、ストットはルネ・パディーリャに賛同しながら「倫理なくしては、本当の悔い改めはない」と引用している。そして、聖書の倫理観には個人の敬虔さだけでなく、私たちが暮らす世界での社会関与も含まれるため、ストットは驚くべき、力強い、また挑戦的な主張をしている。「このように社会的責任は、キリスト者の宣教だけでなく、その回心の一側面ともなっている。自分の隣人に対して回心することをせずに、真に神に回心することはできない。」パウロもこれに同意して、あなたたちの敵と和解することをせずして、神と真に和解することはできないと付け加えたであろう（エペソ二・一四〜一八）。ヨハネもまた同意し、あなたたちの兄弟姉妹を愛することをせずして、神を愛していると言うことはできないと付け加えたはずである（Iヨハネ四・二〇〜二一）。

このように、神の国の福音はこの世界にとって良い知らせである。そしてまた、従順と変えられた生き方の表れとして、信仰と悔い改めによって人々が応答する時、それは良い知らせとなる。

信仰によってイエスを救い主として受け入れることと、従順さをもってイエスに服従することとを分ける人たちを、ストットは厳しく批判している。〝信仰によってのみ、ただ恵みのゆえに義とされる〃義認の教理を守る、という立派な動機から来ることをストットは認めているが、信仰と従順の分離（まるで他方を持たずに一方だけ持てるかのように）は聖書的ではないと訴えている。私もそれに同意する。パウロのローマ人宣教の目的として終始一貫していた「信仰の従順」（ローマ一・五、一六・二五、二六）は、信仰と従順の統合を正確にとらえている。ヤコブによると信仰は従順において弁明、証明されるべきで、パウロはこれに全面的に賛同しているようだ。同じ論争は現代にもあり、ある人たちは義認と聖化を明確に区別すべきだと主張し、論じている。確かに、その動機は理解できる。良い行いをすることで、救いが与えられはしない。テトスへの手紙三章五節の「神は、私たちが行った義のわざによってではなく、ご自分のあわれみのゆえに……私たちを救ってくださいました」というパウロの言葉ほど明瞭なものはないであろう。だが同時に、同じくテトスへの手紙の中に記された、「神を信じている人々が、良いわざに励むことを心がけるようになるためです」というパウロの主張ほど明確なものもない（テトス三・八。同一・八、二・七、一四、三・一、一四と比較）。信仰と良い行いは同じものではない。しかし、イエスの真の弟子となるなかで、このふたつは結び合わされ、ひとつとなる。別のものとして区別されるにもかかわらず、ひとつとされることは、「行いによるのではありません。……良い行いをするためにキリスト・イエスにあって造られたのです」と、エペソ人への手紙二章九～一〇節に昔から記されている。また新しい信者の生活の中で「信仰の働き」をパウロが知った際、良い行いが称賛されている（Ｉテサロニケ一・三）。

　ストットはローザンヌ誓約をもって三章を締めくくっている（第四項、「伝道の本質」）。私も同様に、以上の考察をケープタウン・コミットメントの引用をもって締めくくることが適切だと思う。かっこ内の聖書箇所は原文の一部である。

私たちは神の福音を愛する

　イエスの弟子として、私たちは福音の民である。私たちの人となりの中核は、聖書に書かれた良い知らせに対する情熱である。この良い知らせは、イエス・キリストを通しての神の救いの業に関するものだ。私たちを一つに結びつけるものは、福音に表された神の恵みにあずかる私たちの体験、そして、あらゆる可能な手段によって地の果てにまでこの恵みの福音を知らせたいという私たちの意欲である。[15]

さらにこのセクションは、次に挙げる三つの文章が続いている——Ⓐ私たちは悪い知らせに満ちた世界にあって良い知らせを愛する。Ⓑ私たちは福音が語るストーリーを愛する。Ⓒ私たちは福音がもたらす確信を愛する。それからこのように続く。

Ⓓ私たちは福音が生み出す変革を愛する。福音とは、世に働きかけ、人生を変革する神の力である。「それは、信じる者すべての救いのための神の力である」(ローマ一・一六)。信仰のみが、福音の祝福と確信を受け取るための手段である。しかし、救いをもたらす信仰はけっして信仰だけにとどまることはなく、必然的に服従という形で表現される。クリスチャンの服従は「愛によってみずからを表現する信仰」である(ガラテヤ五・六)。私たちは良い行いによって救われるのではなく、もっぱら恵みによって救われた者として、「良い行いをするためにキリスト・イエスにあって造られた」のである(エペソ二・一〇)。「信仰も、もし行いがなかったなら、それだけでは、死んだものです」(ヤコブ二・一七)。パウロは、福音が生み出す倫理的変革を神の恵みの業ととらえた。この恵みは、キリストが

最初に来られた時に私たちの救いを成就した恵みであり、キリストが再び来られることを念頭に置いて私たちに倫理的に生きるようにと教える恵みである（テトス二・一一〜一四）。パウロにとって「福音に従うこと」は、恵みに信頼することと、そして次に恵みによって教えられることの両方を意味した（ローマ一五・一八〜一九、一六・一九、IIコリント九・一三）[16]。

5章　対　話

ジョン・ストット

　これまでのところ、宣教とは、神がご自分の贖われた民を世に遣わされる自己犠牲的な奉仕を意味し、また伝道と社会的行動の両方を含むと論じてきた。そして、このように幅広く考えられている宣教の中にあって、ある緊急性が伝道には伴うため優先事項があること、また伝道とはイエスという良い知らせを告知、あるいは宣言することだと論じてきた。ここでは三番目の言葉「対話」について考えていきたい。この「対話」という言葉は、ある疑問を投げかける。良い知らせの宣言において、はたして対話の余地はあるのか。よく知られているように、ここ十～二十年間、「他の信仰を持っている人たちとの対話」がエキュメニカル派の間で盛んとなった一方、福音派はむしろそれには強く反対している。私たちの否定的な反応は正当化されるのか。そして、そもそもその論点は何であるのか。

極端な見解

この論争の両端には、極端な立場が座を占めている。私が見るところによると、福音派は、神がご自身の教会を良い知らせの使者として任命しておられることを理由に、つねに説教の絶対的な必要性を強調してきた。マーティン・ロイドジョンズ博士は著書『説教と説教者』（いのちのことば社）の中で、福音を宣言することに対して説得力のある内容を書いている。[1] 第一章「説教の優位性」の最初のページに、博士は次のように述べている。

私にとっての説教は、人が召されてすることのうちでもっとも偉大で栄光に富んだものであるからです。以上に何かを加える必要があるとすれば、私はためらわずに今日のキリスト教会の焦眉の急は説教の充実にあると言いたいのです。それは教会においてもっとも大きな必要であります。世界のもっとも大きな必要であることも明らかです。

人類の深刻な問題とはまさに、私たちの神への反逆と救いの必要であり、それゆえ「説教こそ教会の主要な責務である」[2]。

この説教への情熱的な主張に加えて、ロイドジョンズ博士は時に対話という考え方に嫌悪感をあらわにしている。「神は討論され、議論されるべきお方ではないということです。……私たちの持つ教えを保持し、私たちが神について信じていることに信頼を置き、いかなる事情があっても、議論や討論、また詮索の対象となることを許してはなりません。……私たちは決して神を哲学的命題であるかのように論ずる場に身を置いてはならず、そうした立場に置かれることも許してはなりません。[3]」同じことが福音にも当てはまる。福音は、和やかな討論にではなく、宣言にこそふさわしいのである。

もし「討論」という言葉から、みなを満足させる（もしくはなだめる）妥協案を提示し、合意へ至らせようと交渉する賢い外交官を思い描くのであれば、私はロイドジョンズ博士の意見を全面的に支持するだろう。福音は議論の余地のない、神からの啓示である。自分自身が福音をさらに理解し、他者が受け入れやすい福音を勧めることが目的であれば、確かにその意味や解釈を論じ合うこともあろう。しかし、私たちには福音を批判したり、内容に手を加えたりすることはできない。それは神の福音であり、私たちの福音ではないからだ。真理は、非難されるのではなく、受け入れられるべきであり、討論の対象ではなく、宣言されるべきものである。適切な理解のために付け加えるが、「対話」と「討論」とはまったく別のものである。このふたつに対するロイドジョンズ博士の拒絶反応は、いささか極端にも思える。

もう一方の極端に、説教、少なくとも高圧的や独善的な説教への嫌悪感の増大がある。福音の宣言は傲慢だと言われている。しかし、へりくだったコミュニケーションこそ、対話への道である。このことについて、はっきりと述べているのはJ・G・デイヴィス教授である。その意見では、「一方的な語りかけには、謙虚さがまったく欠けている。それでは私たちがすべてを知り、ただそれを断言し、無知な人々に教えることを前提にしているかのようだ。だが、私たちは真理をともに探し求める必要がある。私たちが対話している相手と出会うことで、私たちの真理は正され、深められていくであろう」。[4] さらに「一方的な語りかけには……十分に心を開かせることはできない」が、「対話は完全に心を開かせる」と述べている。[5] デイヴィス教授はさらに続けている。

このような対話を始めることは困難なばかりか、危険である。完全に心を開くということは、つねに私たちの信仰が危険と隣り合せだということである。もし私が仏教徒と心を開いた対話をするとしたら、相手にとっても私にとってもその結果がどうなるかわからないことを認めなければならない。仏教徒がイエスを主として受け入れるようになるかもしれないし、私がブッダの権威を受け入れるようになるかもしれない。あるいは、お互いに不可知論者となってしまうかもしれない。これが現実に起こり得るかぎり、双方が互いに対して完全に心を開くことはない。……対話的に生きるとは、なんと危険な生き方か。[6]

この考え方は、度を越していると私は考える。聴き手の心に寄りそい、その人たちに直接的関係をもって語るという意味において、確かにキリスト者の良い説教とはつねに対話的である。しかし、一方的に語るやり方がすべて尊大だというのは事実でない。福音を宣言する伝道者は「すべてを知っている」と宣言しているのではなく、ただ福音を委ねられただけのことである。後述する私の信念だが、私たちもまた喜んで対話をすべきである。そうすることによって、私たちは他の人たちの信じていることを学び、また（キリスト教への批評を聴くことにより）自分自身のさまざまな面について学ぶ。しかし、私たちの福音の真理に対する確信や、イエス・キリストへの個人的な献身を阻むような仕方で、完全な「開放性」を養ってはならない。そのような試みは、私たちのキリスト者としての品性を損なうことになる。

聖書の中の対話

この「対話」についての話し合いを、まず定義から始めよう。一九六七年、キール大学で開催された〝国内福音主義英国国教会会議〟（National Evangelical Anglican Congress）でまとめられた「対話」の定義ほど単純明快なものを、かつて私は見たことがない。「対話とは、両者がそのテーマと相手へのアプローチにおいて真剣であり、また話して教えるだけでなく、聴いて学びたいと願う会話のことをいう。」[7]

この定義の後、聖書の生ける神ご自身が人々との対話に入って来られることに注目しなければならない。神はお語りになるだけでなく、お聴きになる。神は問いかけ、またその答えを待っておられる。神の声がエデンの園の木々の間でこだまして以来（「あなたは、どこにいるのか」）、神は堕落した被造物を捜し続け、彼らに向かって問いかけ続けておられる。無限である方から有限な者への、創造主から被造物への、また聖なる方から罪ある者への働きかけは、当然のことながら、つねに恵み深い自己開示である。神の啓示の多くは対話形式だ。「さあ、あなたは勇士のように腰に帯をしめよ。わたしはあなたに尋ねる。わたしに示せ」と神はヨブにお語りになった（ヨブ三八・三、四〇・七）。また預言者たちを通して語られたイスラエルに対する神の声は、呼びかけに満ちていた。

「『さあ、来たれ。論じ合おう』と主は仰せられる。」（イザヤ一・一八）

「あなたがたの先祖は、わたしにどんな不正を見つけて、わたしから遠く離れ、……。」
（エレミヤ二・五）

「なぜ、あなたがたは、わたしと争うのか。」
（同二・二九）

「あなたがたは知らないのか。聞かないのか。
初めから、告げられなかったのか。
地の基がどうして置かれたかを
悟らなかったのか。」
（イザヤ四〇・二一）

「エフライムよ。わたしはどうして
あなたを引き渡すことができようか。
イスラエルよ。どうして
あなたを見捨てることができようか。」
（ホセア一一・八）

イエスもまた、まだ少年時代に宮で発見された時には、「宮で教師たちの真ん中にすわって、話を聞いたり質問したりし」（ルカ二・四六）、公生涯ではニコデモやサマリヤの女、群衆といった一人一人との真剣な会話に入られた。だが、有無を言わせず、感情的にお語りになることは決してなかった。その代わり、はっきりと、またはそれとなく、イエスはつねに聴衆の心や良心に疑問を投げかけられた。たとえば、「この場合、ぶどう園の主人が帰って来たら、その農夫たちをどうするでしょう」（マタイ二一・四〇）、「この三人の中でだれが、強盗に襲われた者の隣人となったと思いますか」（ルカ一〇・三六）などである。さらに昇天後、ダマスコ途上のタルソ人サウロの前にご自分を現された時、まばゆい光によって目が見えなくなり、地に倒れたそのパリサイ人に向かって、イエスは最もな質問をされた。「なぜわたしを迫害するのか」と。そして、パウロから「主よ。あなたはどなたですか」「主よ。私はどうしたらよいのでしょうか」という言葉を引き出された（使徒九・四～五、二二・一〇）。

後にこのサウロが使徒パウロとして伝道旅行を始めた時、対話が彼の伝道には不可欠だったことに注目すると、この体験がいかに重要だったかがわかる。パウロの伝道を描写するため、特に第二次、第三次伝道旅行の際、ルカはよく「ディアレゴマイ」という動詞を使っている。確かに、この動詞の正確な意味については不明な点がある。古典ギリシャ語では「話し合う」や「論じ合う」などを意味し、特に指導や説得の手段として、ソクラテスやプラトンやアリストテレスが発展させた、いわゆる「弁証法」と関連している。福音書でこの動詞は、だれが一番偉いかを論じ合う使徒たちの会話の中で一度使われている（マルコ九・三四）。パウロの働きに関しては、ゴットロープ・シュレンクが『新約聖書神学辞典』の中で、この動詞は「宗教的な講話や説教をすること」を指し、「論争」を指すことはないと述べている。[8]『アーントーギングリッチ辞典』は、「単に話す、または説教すること」とする一方で（たとえばヘブルー二・五）、「論争で終わりがちな講話」としての使われ方を支持している。[9] 確かに文脈によれば、そう暗示しているものもある。

たとえばテサロニケでの三週間、「パウロはいつもしているように、会堂に入って行って、三つの安息日にわたり、聖書に基づいて彼らと論じた。そして、キリストは苦しみを受け、死者の中からよみがえらなければならないことを説明し、また論証して、『私があなたがたに伝えているこのイエスこそ、キリストなのです』と言った」。そしてルカはこう付け加えている。「彼らのうちの幾人かはよくわかって……従った」（使徒一七・二～四）。ここでは五つの言葉が組み合わされている——論じる、説明する、論証する、言う、従う。これは、パウロが実際にユダヤ人たちと議論し、自分の説教への反論を聴き、それに答えていたことを示している。パウロはアテネで「会堂ではユダヤ人や神を敬う人たちと……、広場では毎日そこに居合わせた人たちと論じた」（使徒一七・一七）。この最後の部分は重要であり、パウロの論証的アプローチは会堂にいるユダヤ人だけでなく、偶然通りかかった異邦人にも向けられたのだ。コリントでは「安息日ごとに会堂で論じ、ユダヤ人とギリシャ人を承服させようとした」（同一八・四）。一方エペソではまず初めに「パウロは会堂に入って、三か月の間大胆に語り、神の国について論じて、彼らを説得しようと努め」、その後二年間、おそらく一日五時間は「毎日ツラノの講堂で論じた」（同一九・八〜一〇。一八・一九と比較）。

パウロはまた同じ方法をキリスト者向けの説教でも用いている。トロアスでのあの有名な「パン裂き」の間、青年ユテコが眠り込んで危うく大惨事になりそうになった際、再び「ディアレゴマイ」がパウロの説教を描写するために使われている（同二〇・七、九）。最後に挙げる例も興味深い。パウロは総督フェリクスと個人的に対話した際、総督が警戒心を抱き、その会話を打ち切るまで、「正義と節制とやがて来る審判」について論じ合っている（同二四・二五）。このように、説教の全部とまでは言わないが、キリスト者にもそうでない者にも、ユダヤ人にも異邦人にも、群衆にもひとりの人にも、正式な場でも個人的にも、パウロはほとんどの場合、ある程度の対話を取り入れていた。最後にある箇所を付け加える。実にパウロは、イエスの弟子すべてに世との継続的な対話を持つことを望んでいるように見える。なぜならコロサイの人たちにこのように勧めているからだ。「あなたがたのことばが、いつも親切で、塩味のきいたものであるようにしなさい。そうすれば、ひとりひとりに対する答え方がわかります」（コロサイ四・六）。コロサイの信徒たちは、「外部の人たち」の近くにいて（同五節）、その人たちに語り（親切で、塩味のきいた言葉で）、また彼らからの質問に答えることのできるキリスト者であった。

しかし、パウロの働きに取り入れられていた「対話」の性質は、今日、その言葉が意味するところとは大分異なっている。パウロにとって対話とは、明らかに彼の宣言の一部であり、それに付随するものであった。さらに世との対話のテーマはいつも、自分が選んだもの、すなわちイエス・キリストであり、またその目的はつねにイエス・キリストへの回心であった。もし、これが今もあるべき姿であれば、対話をためらうキリスト者もそうすることを否定はしないだろう。しかし、今日のキリスト者と非キリスト者との対話は、どこやら信仰よりも不信心が、宣言よりも妥協が漂っているように見える。それでは今から、対話を否定するこの論議について詳しく見ていこう。その後、真の対話に対する論議を整理していきたい。それから現代における対話の例をいくつか挙げ、まとめに入ろう。

対話を否定する論議

対話をイエス・キリストに対する反逆罪同然とする保守的キリスト者の論議は、歴史から理解するとわかりやすい。一九一〇年のエジンバラ世界宣教会議は、絶大なる自信に満ちた雰囲気の中で開催された。それは確かに「うぬぼれ」などではなく、神への確信であった。そして、キリスト教以外の宗教は近いうちに崩壊する、と高らかに謳われた。W・H・ガードナーは、会議の報告書の中でこのように書いた。「さまざまな戦略をもって近代世界の五大宗教を征服し、キリスト教会が前進する。この壮観図こそ、無二の関心事と栄誉である。[10]」このムードは四年後、第一次世界大戦によって突如として揺さぶりを受けた。そして一九二八年、エルサレムの第二回世界宣教会議では、雰囲気はがらりと変わっていた。代表者たちは世俗主義の高まりに気づき、さらにこの共通の敵に対抗するべく、諸教派を超えた共同戦線の必要性が叫ばれた。

十年後の一九三八年、マドラス近くのタンバラムで第三回エキュメニカル宣教会議が開かれた。その会議の主要人物はオランダ人のヘンドリック・クレーマーで、その著書『非キリスト教世界におけるキリスト者の使信』（*The Christian Message in a Non-Christian World*）が会議直前に出版されていた。[11] クレーマーは、人間の作った宗教と神の言葉とは対立するとしたカール・バルトの弁証法神学に影響を受けながら、人間の諸宗教と神の啓示との間には根本的な「断絶」があると強調した。そしてクレーマーは、キリスト者の強引な伝道方法と、キリスト教以外の宗教の完成者でもあるキリストという考えの両方を否定した。また代表者たちの前で、「説得力があり勝利者であるかのような態度」ではあるが、決して妥協することのない福音の宣言を強く迫った。[12] クレーマーは教会に、「その独自性と正当性と力のすべてにおいて」信頼を再び持つように呼びかけ、こう付け加えた。「人々をこれら（他の宗教）からキリストの足もとに導く勇敢さを私たちは十分持っている。それは私たちキリスト者が、人が必要としている完全な救いはキリストのみにある、と信じているからである。」

タンバラム会議の閉会後、時代はすでに第二次世界大戦と、今にも現れんとする新たな異教崇拝の暗雲が立ち込めていた。そして戦争が終わり、エキュメニカル運動が再び始まると、クレーマーが以前語っていた「来たるべき西と東の対話」を望む声が多く上がってきた。プロテスタントとローマ・カトリックの神学者たちは、クレーマーとは異なるかたちで、キリスト教と他の宗教との関わりを築き始めたのだ。一九六三年、H・R・シュレットは、「真理に基づく秩序に従った人生を切に望み、道徳的に、そして実際にそのように自分の生き方を決定していく人は、だれでも救いを得る」と著した。[13] 同様にカール・ラーナーは、誠実な非キリスト教徒こそ「無名のキリスト者」とみなされるべきだという考え方を広め始めた。「キリスト教は、他宗教を信じる者を単なる非キリスト者としてではなく、ある種の尊敬をもって、無名のキリスト者になり得る存在として、またすでにそうである人として見るべきである。」[14] 結果として、「福音の宣言は、神とキリストに完全に見捨てられた者をキリスト者にするという単純なものではなく、むしろその人が客観的に考え、信仰告白することにより、神の恵みを受けた存在という深みにおいて、自分の中にあるキリスト教信仰を知る者へと造り変える」。ライムンド・パニカが『ヒンズー教の知られざる神』（*The*

Unknown Christ of Hinduism）の中で似たような考えを表している。[15]

今日このように考え、本を執筆している学者たちの間には、他の諸宗教を含め、キリストはすでにあらゆるところに存在しているという基本的な考えがある。この見解によると、キリスト教の宣教師が自分たちと一緒にキリストを宣教地に「連れて行く」などと語るのは、あまりにも不遜だ。彼らがすべきことはまず、すでにそこにいるキリストを「見つける」こと、それからキリストを「明らかにする」ことであるという。さらにその先を行く論もある。キリストが宣教師たちに伴ってくださることや、彼らを通して非キリスト者にご自身を現されることを真っ向から否定するばかりか、非キリスト者こそキリスト者に対する救い主のメッセージの担い手だ、とまで主張している。

しかし、キリストは、非キリスト教世界に存在しているのであろうか。この増大しつつある多元主義の社会と混交主義《シンクレティズム》の時代において、これは私たちが回避することのできない、ごく基本的な神学的な問いである。だからこそ、軽薄に「はい」か「いいえ」のどちらか一方で答えることはできない。むしろ私たちは、この重要な問題について使徒たちはどのように教えているかを自問自答すべきである。そのためペテロ、パウロ、ヨハネそれぞれの言葉を順番に見ていこう。

ペテロは説教の初めにコルネリオにこう言った。「これで私は、はっきりわかりました。神はかたよったことをなさらず、どの国の人であっても、神を恐れかしこみ、正義を行う人なら、神に受け入れられるのです」（使徒一〇・三四〜三五）。この箇所から、コルネリオへの「あなたの祈りと施しは神の前に立ち上って、覚えられていますす」（同四節）という御使いの語りかけで始まっているので、誠実で信心深くて正しい人なら救われる、と論じる人がいる。しかし、この聖句だけでそう結論することは承認しがたい。神を恐れ、正義を行う人なら神に「受け入れられる」という公言は、「義とされた」という点での「受け入れられた」では決してない。この物語の残り部分が、そのことを明らかにしている。この誠実で、神を恐れて正義を行う人は、それでもなお福音を聴く必要があった。事実、ペテロが後にその出来事をエルサレム教会に伝えた際、「その人があなたとあなたの家にいるすべての人を救うことばを話してくれます」と、コルネリオへの神の約束が特記されている（同一一・一四）。そしてエルサレム教会はペテロの報告に対して、このような反応を示している。「それでは、神は、いのちに至る悔い改めを異邦人にもお与えになったのだ」（同一八節）。このように、神に「受け入れられる」とは言っても、回心前のコルネリオには「救い」も「いのち」もなかったことは明らかである。

異教徒に対するアテネとルステラでの説教の中で、使徒パウロは異教世界での神の摂理による働きについてこう語った。「過ぎ去った時代には、神はあらゆる国の人々がそれぞれ自分の道を歩むことを許しておられました。とはいえ、ご自身のことをあかししないでおられたのではありません。すなわち、恵みをもって、天から雨を降らせ、実りの季節を与え、食物と喜びとで、あなたがたの心を満たしてくださったのです」(同一四・一六〜一七)。

そして、アテネの哲学者たちに対しては、創造主である神こそ私たちのいのちの保持者であり(「神は、すべての人に、いのちと息と万物をお与えになった方だからです」)、また歴史の主であると付け加えた(「地の全面に住まわせ、それぞれに決められた時代と、その住まいの境界とをお定めになりました」)。それは、神ご自身が「神を求めさせるためであって、もし探り求めることでもあるなら、神を見いだすこともある」ことを人々に望んでおられたためであった。彼らの詩人がかつて「私たちは神の中に生き、働き、また存在している」「私たちもまたその子孫である」と詠んだように、「神は、私たちひとりひとりから遠く離れてはおられません」。しかしアテネ人は、これらの真理を知ってはいたが神を見いだすことがなかったので、かえってその知識により彼らの偶像礼拝には弁解の余地がなくなった。というのも、過ぎ去った時代に神はそれを見逃しておられたが、「今は、どこででもすべての人に悔い改めを命じておられ」るからである（使徒一七・二二～三一）。

この概念こそ、ローマ人への手紙の最初の数章にパウロが記したものである。その中でパウロは、異邦人世界にある普遍的な神と善の知識について主張した。一方では、「神の、目に見えない本性、すなわち神の永遠の力と神性は、世界の創造された時からこのかた、被造物によって知られ、はっきりと認められる……」（ローマ一・二〇）。その一方で、人々は何かしら神の道徳律を知っている。なぜなら、神はシナイ山での石の板だけでなく、人間を創造した時にその心にも律法を刻まれたからである（同二・一四～一五）。したがって、すべての人は神とその道徳律をある程度知っており（同一・三二）、「神の定めを知っていながら」それを破る者は「死罪に当たる」ことをも知っている、とパウロは言う（同三二節）。全人類に対する神の啓示は、「一般啓示」（すべての人に啓示されたもの）や、「自然啓示」（自然や、人間の性質において与えられたもの）とも呼ばれている。しかし、これらが人を救うのではない。人に「弁解の余地はない」と非難する点においてのみ十分なものである（ローマ一・二〇。二・一、三・一九と比較）。以上の要点は、人は神を知っていながら、神を神としてあがめず、かえって不道徳によって彼らの知っている真理を阻んでいるということである（同一・一八、二一、二五、二八）。

さて、ヨハネの福音書の序文に移ろう。初めにヨハネは、「神のことば《ロゴス》」また「人の光」としてイエスを描いている（ヨハネ一・一〜四）。そして、この光は「やみの中に輝いている。やみはこれに打ち勝たなかった」と断言している（同五節）。次に、この偉大な原理を啓示の歴史上のプロセスに適用し、後にイエス・キリストだと明かされるこの「ことば」を、「すべての人を照らすそのまことの光が世に来ようとしていた」と言った（ヨハネ一・九）。実に、「この方はもとから世におられ」たのである（同一〇節）。イエスが実際に世に「来られた」そのはるか昔から、この方は世にすでにおられ、そして絶えず世に来ようとしておられた。さらには、イエスはこの世界を、光をもって導く存在であった（今もそうである）。ほかの光はただの前触れや見せかけのものであり、この方こそ「すべての人を照らすまことの光」である。直前のパウロの言葉で見たように、聖書によれば、私たちひとりひとりは理性や良心によってある程度の光を持っている。たとえ人がその出所を知らなくても、この世界の歴史とすべての良いもの、美しいもの、また真実なものはすべてイエス・キリストから来ていることを、私たちはためらうことなく主張すべきである。それと同時に、私たち人間が持つ光は、救いの光ではないことも加えるべきである。「世の光」であるイエスに従い、「いのちの光」を持つ人に与えられたその光の完全さに比べれば、それは単なる薄明りにすぎない（ヨハネ八・一二）。また、つねに「人々は光よりもやみを愛した。その行いが悪かったからである」（同三・一九）。光への拒絶ゆえに、私たちは罪の宣告のもとにあるのだ。

このようにペテロ、パウロ、ヨハネの証言は同じである。三者とも、非キリスト者の世界での、神の絶え間ない働きを言明している。神はつねにご自身の証人を立ててこられた。神は自然を通してご自身を現される。神は人間の近くにおられ、すべての人に光をお与えになる。しかし人類全体は、自分たちが持つ、神についての知識を拒んで光よりも闇を好み、この唯一の神を認めようとしない。その知識自体は私たちを救うことはなく、不従順のゆえに、私たちは罪ある者とされる。私たちの宗教心でさえ、この畏れおおい神を退ける、巧妙な手口である。

そのため、非キリスト教的な秩序の中にも真理、つまり自然における神の一般啓示の痕跡があることを否定はしない。私たちキリスト者が断固拒否することは、これらが救いに十分であること、またさらに頑なに拒否することは、キリスト教と非キリスト教の信仰は代替でき、どちらも神に至る確かな道であるという点である。他宗教の人との「対話」に重要な場もあるが（後に論じる）、さらに彼らとの「出会い」や、時には「対立」の必要さえある。そこにおいて私たちは、非キリスト教である宗教の不完全さと偽りを明らかにし、主イエス・キリストの普遍性と真実、絶対性と究極性を示すという、この二点に努めるのだ。

しかし、他宗教の人たちとの出会いは、不愉快であったり、敵意のあるものであったりしてはならない。聖書啓示と比較して、他宗教の誤りを明らかにする必要があったとしても、その宗教そのものや信者らを嘲笑するためにそうするのではない。嘲りや冷笑は、他宗教を信仰する隣人や敵対する者への私たちの愛とは決して一致し得ない。異なった信仰を持つその人も、神のかたちに造られた存在であり、またキリストのゆえに私たちが愛し、友情を築くことができるひとりの人として見る必要がある。

そして覚えておくべきは、いずれの出会いの中で、私たちが聖書信仰を表明したり、あらゆる他宗教や偶像礼拝とどの点で異なるかを説明し、批判するような機会があったとしても、最終的には私たちではなく、聖霊こそが人々に罪を宣告し、神についての真理、また主イエス・キリストへの信仰へと導かれる方である。

さて、対話の本質について考え、論じることのできる段階となった。まずキリストと聖書における神の啓示への私たちの確信については、妥協するべきでも、そうする必要もないという前提から始めよう。キリスト者の非キリスト者との真実な対話とは混交主義《シンクレティズム》のしるしではなく、イエス・キリストこそ究極の方であるという信仰と完全に一致するとの確信を得てはじめて、対話を勧める論議ができる。それには四つの論議がある。

対話を支持する論議

第一に、真の対話とは信頼のしるしである。ウプサラでの世界教会協議会の声明文から引用しよう。私はこの見解に心から同意している。

他者とのキリスト者の対話とは、キリストの独自性の否定や、その人自身の献身を損なうことはしない。むしろキリスト者らしいやり方は真に人間らしく、個人的なものであり、適切かつ謙遜なものでなければならない。対話において私たちは共通の人間性、尊厳、堕落性を分かち合い、その人間性への共通の関心を言い表すのである。[16]

私たちが何もせず、ただ遠くから人々に向かって福音を宣言するだけなら、私たち個人の信頼性は疑いにかけられるであろう。私たちが何者なのか、聞いている人にはわからない。私たちは伝道者を演じているだけなので、仮面を着けているように思われるだろう。そのうえ、遠く離れているため、互いの顔を十分認識することさえできない。しかし、エチオピア人の馬車に乗ったピリポのように、その人たちの傍らに座ったり、顔と顔を合わせて向き合ったりするならば、個人的な関係が築かれる。私たち側の壁が崩れるのだ。ありのままの自分を見てもらい、知ってもらえるようになる。私たちもまた、同様に罪があり、困窮し、自分たちが語っている〝恵み〟に、まさにより頼まないと生きていけない者であることが理解してもらえる。さらに会話が進めば、自分たちを知ってもらえるだけでなく、こちらもまた相手を知るようになる。彼らもまた、罪、痛み、失望、そして信念を持った人間である。相手を知ることで、その信念を尊敬するようになり、その痛みをともに感じるようになる。そしてなお一層、私たちは彼らと「良い知らせ」を分かち合いたいと願う。それは、彼らの痛みに深く寄りそうだけでなく、私たちが福音を分かち合いたいと願うその相手に心を寄せるからである。対話とは、伝道を真の人間的なつながりへと向かわせる。

第二に、真実の対話とは謙遜のしるしである。私は福音の宣言がつねに横柄であるとは言っていない。真実の宣言は、救い主であり、主であるイエス・キリストを表明することであり、いかなる意味や程度においても私たち自身の誇示ではない。むしろ他者に聴く時、神のかたちとして造られたその人への尊敬は大きくなる。もしその人が罪深いのであれば、私たちも同様であることを思い起こそう。その時、互いの距離感は消えていく。そして、彼らが大切にしてきた信念を、ぶしつけに一掃することはできないことに気づかされる。私たちは、彼らの誤った認識の責任がこちら側にあることを謙虚に受けとめるべきである。また、人々がキリストを拒否し続けているのは、私たちキリスト者を通して表される、誤ったキリスト像への拒絶であるという事実を認めなければならない。他者に聴くことを学ぶうえで、避けて通りたいこともたくさんあるだろう。私たちの態度は変わるのだ。拭いきれない優越感が私たちの心に潜んでいたかもしれない。しかし今、もはや私たちには相手を打ち負かそうという願望はない。私たちは、他者をたくさん愛することで、自尊心を満足させようとする。伝道においての謙遜は、麗しい品格である。

第三に、真実の対話は誠実さのしるしである。私たちは、会話の中で友人が大切にしていることや問題に耳を傾け、またこちらが抱いていた誤ったイメージの考えを手放すからである。そして、自分もまた本心であろうと決心する。互いに真実が明らかになること、ただそれだけに心を傾けなければならない。しかし私はキリスト者として、キリストこそ真理であると知っており、キリストご自身が「現れる」ことを切望している。そしてキリストはすべてにおいて要求なさるので、私もまた自分自身の理解や献身が不十分であることに気づくだろう。そのため、対話は他者にとっても私にとっても、難しいがやりがいのあるものなのだ。だがそれは、個人の誠実さに関わることだ。私は対話相手の自由や尊厳を重んじ、自分が尋ねたくないことや望まないことを相手に求めることは決してしない。そのような誠実さは、真の対話の要である。

第四に、真実の対話とは思いやりのしるしである。キリスト者の伝道が枠にはまってしまうと不評を招く。必要や状況に合わない決まりきったやり方で伝道することは不可能である。結論ありき定型文での会話を強いるなら、友人の実際の必要と聖霊の導きへの配慮に欠けることになる。このような思いやりのない行動は、信仰と愛とが欠落している。対話の本質は、相手を理解するために互いに傾聴し合うことである。ローザンヌ誓約には、対話に関する言及が二か所ある。まず、私たちは「あらゆる類の混淆宗教《シンクレティズム》や、キリストはすべての宗教やイデオロギーを通して差別なく平等に語っているというようなことを暗示する対話《ダヤローグ》を、キリストと福音とに対する冒瀆とみなして拒否する」とある。[17] 一方で、同じように「相手を理解するために同情的に耳を傾ける類の対話を持つこと」は、実際に「伝道にとって不可欠なことである」と言われている。[18] この原則は、何世紀もの昔に箴言の中に書かれている。

「よく聞かないうちに返事をする者は、愚かであって、侮辱を受ける。」

（箴言一八・一三）

伝道における対話を否定する、あるいは支持する立場を見てきたが、まとめとして三種類の異なる立場の例を挙げたい。インドのヒンズー教徒、アラブ諸国のイスラム教徒、イギリスの工業地帯における対話である。

ヒンズー教徒との対話

最初の例は、二度の大戦中インドで活躍した米国のメソジスト派宣教師、E・スタンレー・ジョーンズである。彼は多くの本を記した。自身の働きの原則について記された有名な二冊と言えば、『インド途上のキリスト』（邦訳、日本クリスチャン・アシュラム連盟）と『円卓に座るキリスト』（*Christ at the Round Table*）であろう。[19]

ある日、ひとりのヒンズー教徒が、地域のヒンズー教指導者たちと会わせるために、自宅の茶会にジョーンズを招いた。みな床の上で円になって座り、話をした。ジョーンズは、もしキリストが西洋主義と関係を断ち、直接インドに訪れたならどうするかと尋ねた。その質問は市長によってさえぎられた。「キリストを見いだすことについてお話ししているようですね。それはどういう意味ですか。」その返事としてジョーンズは自身の救いの証しをした。市長は言った。「それでは教えてください。私はどうやったらキリストを見つけることができますか」と。[20]その会話の中から、あの有名なジョーンズの「丸テーブル集会」(Round Table Conference)が始まった。その後、彼は他宗教の信者およそ十五人(ほとんどが裁判官、政府の役人、医者、弁護士、宗教指導者などの教育を受けた人たち)や、五、六人のキリスト者(ほとんどがインド人)を招いた。

その発展した対話の中では、対抗し合う東西の文明、ヒンズー教とキリスト教の聖典、ヒンズー教のクリシュナ神とキリストの人格などの違いは強調せず、むしろ各人の宗教がこれまで自分にとってどのような意味があったのかに注目した。このようなやり方については、ヘンドリック・クレーマーらが批判している。私たちもまた、人間の証しはむしろ、聖書にあるキリストに関する神の客観的な証しに影を落としてきたと言わざるを得ない。しかし、神はこれをお用いになった。イギリス科学的合理主義者協会からの最新情報を駆使し、キリスト教を激しく攻撃していたあるヒンズー教徒(その協会のメンバーであった)が、丸テーブル集会の中でより深い個人的レベルで語るように促された時、困惑し、すぐに押し黙ってしまった。その次の番は、質素な手織りの衣をまとった裸足のキリスト教徒の青年で、自分にとって主イエスはどういう方であるかをごく自然に語った。「ほかのメンバーとこの青年との間には、霊的にも社会的にも、その文化には数千年間の隔たりがあった」とジョーンズは記している。そして、その青年が話した内容の迫真性《リアリティ》と信ぴょう性を否定できる者は、だれ一人としていなかった[21]。

スタンレー・ジョーンズの「丸テーブル」方法に関して、私は特にふたつの点で感銘を受けた。ひとつ目は、ジョーンズが公平さと互いへの尊敬にこだわっている点である。ヒンズー教に関する西洋の多くの書物は非常に論争的で、ウパニシャッドやバガヴァッド・ギータの哲学的思想についてより、不当にもカースト制度や偶像礼拝、児童未亡人〔訳注・インドの因習「児童婚」により、未成年の子どもたち（多くが十歳以下）が「未亡人」とされ、人権侵害されている問題〕やヒンズー教寺院への非難などに集中してきた。ジョーンズは記している。「もし各宗教の代表者たちに自分たちの信仰を語り、説明してもらわなければ、不公平になると私は感じた。……自分の信仰について話す良い機会が各人に与えられた[22]。」各集会の初めに、ジョーンズはつねにこう言った。「さあ、みなさん、どうぞご自由にしてください。私たちはひとつの家族です。みなさんにくつろいでもらいたいのです。そして、それぞれの話を敬意と尊敬をもって聴きましょう。」 すると、その場の空気は以前のような「対決」から「話し合い」へと一気に変わった。[23] ジョーンズはこう書いている。

私たちは他の人の意見を、共感をもって理解するように努めてきた。……宗教の最も深い部分には、共感する雰囲気が必要である。討論や論争の前には、深奥の事柄、つまり宗教の現実は、委縮し消滅してしまう。……

十字軍はエルサレムを征服したが、最終的にキリストはそこにはおられないことに気づいた。彼らがこの方を失ってしまったのは、まさに彼らがこの方に仕えようと熱望したその精神と方法によってであった。より現代の、またより洗練された多くの十字軍は、それと同じ不毛な勝利に終わる。[24]

このことは、ジョーンズが丸テーブル集会から生まれるものには無関心であったということを意味しない。なぜなら彼は伝道者だったからだ。私が感銘を受けたふたつ目の点は、どの会議においてもイエス・キリストの主権が明らかだったことである。

私が覚えているかぎり、丸テーブル集会の閉会前にキリストがその場におけるすべての精神的、また霊的な主権を握っていなかったことは、ただの一度もなかった。

終わりには、他のものはすべて重要でないこととして脇に追いやられ、キリストがその場を支配された。……

どの集会でもその終わりまで座しながら、キリストこそこの場の支配者であると感じない者はだれひとりとしてなかった。キリストの支配は、騒々しい主張によってでもなく、賢い提唱者の弁論を通してでもなく、ただご自身の性質と業によってであった。[25]

ある集会の最後、ひとりのヒンズー教徒が言った。「今日、私たち八人が話しましたが、だれも見つけることができませんでした。あなたたち五人のキリスト教徒が話し、みなさん全員が見つけたようですね。これは驚くべきことです。」別の集会では、あるヒンズー教徒の弁護士が立ち上がるや、テーブルの花をひとりのキリスト教徒の足もとに置いて、その足に触れてこう言った。「あなたは神を見つけました。あなたは私の導師《グル》です。[26]」

イスラム教徒との対話

次に挙げる例は、イスラム世界である。キリスト教のイスラム教徒への宣教は、熱心で学識のある宣教師たちによる長い歴史がある。ムハンマドを信じる者たちにキリストを伝えるために、その生涯をささげた神の勇者たちとして、ヘンリー・マルーティン、サミュエル・ズウェーマー、W・H・テンプル・ガードナーの名前を挙げるべきであろう。私の世代でこの分野において最もよく知られた人は、ケネス・クラッグ主教である。クラッグ主教の全陳述は、その著書『塔からの呼びかけ』（*The Call of the Minaret*）にある。[27] 主教は、ミナレット〔訳注・モスクに付随する、礼拝時間等を告げるために使われる塔〕から流れる祈禱時刻告知を、イスラム教徒のための祈りへの呼びかけだけでなく、イスラム教からの挑戦に応答するべくキリスト者への呼びかけとして解釈している。したがって、その本は二部構成になっている。第一部は「ミナレットとイスラム教徒」という題で、主教はイスラム信仰の本質的要素を詳述し、次の「ミナレットとキリスト教徒」では、私たちへの五つの呼びかけを論じている。それは理解への、奉仕への、回復への（イスラム教徒が持つキリスト教徒への疑念を回復させる試み）、解釈への、そして忍耐への呼びかけである。

この本を読むうちに、特にふたつの強調点が私の心を打った。まず初めに、クラッグが「理解への大望」と呼んでいる主張についてである。[28]もし自分を理解してもらいたいのであれば、まず私たち自身が相手を理解しようと懸命でなければならない。主教が思い描く理解とは、単にイスラム教の研究によって得られる学術的な知識だけでなく、イスラム教徒との豊かな出会いから生み出される親密な気づきである。数々の本からだけでなく、まず人々との出会い、そこから理解する必要がある。キリスト者は「教えに忠実な信者、またひとりの人であるイスラム教徒の日々の生活の中に入っていくよう努めなければならない」[29]。

まず手始めにキリスト者は、イスラム教がイスラム教徒にとって何を意味するのかを理解すべきである。私たちは「できるかぎり、内側から知ろうとしなければならない。現代の何百万という人を日の出ごとに迎え、日没ごとに見送るミナレットでイスラム教とは何であるかを聞き、そして彼らと一緒にモスクの敷居をまたいでその世界に入ることができればどれほど良いことか」[30]。そして次に、キリスト者は、キリスト教がイスラム教徒をどのように見ているかを理解する必要がある。キリスト者は、十字軍と中世のイスラム教に対する辛辣な論争の不名誉さを感じるべきであり、またイスラム教徒が、西洋の帝国主義と世俗主義を憎悪し、また欧米諸国がアラブ諸国を踏みにじってまでイスラエルを支援したことに不信感を抱いていることを知らなければならない。キリスト者は、クラッグがイスラム教徒の持つキリスト教神学への「甚だしい誤解」と呼んでいることについてもまた、理解するよう努めなければならない。それは神と三位一体のキリスト教の教理、キリストと十字架の教理、そして救いの教理である[31]。

しかし、ミナレットがキリスト者に呼びかけることとは、理解だけにとどまらない。それは消極的にも積極的にも、行動への呼びかけである。クラッグは「回復」という言葉を、私たちキリスト者がとるべき償いの務めを指して用いている。「イスラム教の台頭をもたらした要因には」と始め、「キリスト教会の信徒たちの失敗があった。

それは愛、純潔さと熱心さにおいての失敗、その精神においての失敗であった。……イスラム教が発展したのは、キリスト教の不完全さの環境の中で」、さらには「キリスト教の怠慢」の中であったと述べている。[32] そのため、キリスト教徒は——

その断絶を元どおりにし、イスラム教徒にとって見知らぬ存在であるキリストをできるかぎり回復することによって、過去の償いをすることを熱望する。その目的とは、かつて十字軍が信じたようにキリスト教世界が失ったものを取り戻すことではなく、イスラム教徒がこれまで見過ごしてきたキリストを、彼らが回復することである。……

その回復とは、領土においてという意味ではないことを明確にしよう。……その回復とは霊的においてである。より多くのキリスト教徒があちらこちらに点在するためでなく、キリストがさらに広く知られることである。モスクから聖堂を奪い返すことではなく、キリストを取り戻すことこそ回復である。……キリストを取り戻すことは、他のすべてのことを超越する。[33]

クラッグの「回復」という概念は、すでに積極的なものとなっている。そして当然、次の呼びかけ、つまり解釈へと至る。

もしキリストがキリストであられるかぎり、この方は宣べ伝えられるべきである。もしイスラム教がイスラム教であるかぎり、この「べき」には抗えない。誤解があるところにはどこででも、証しが浸透しなければならない。十字架の麗しさを覆い隠すものは何であれ、取り除かれなければならない。人々からキリストのうちにある神がさえぎられている場所にはどこででも、ふたたびキリストをお連れしなければならない。……

キリストはご自身が宣べ伝えられることを願っておられる。この十分な理由から、私たちはキリストを伝えていく。[34]

クラッグはこの解釈の作業に身を投じることによって、神学の五つの重要な分野を詳しく考察している。それは聖書、キリストの人格、十字架、神の教理、そして教会である。クラッグは一貫して「忍耐」の重要性を訴えていた。それは、「何とかして取り除かれるべき途方もない誤解への忍耐」であり、実に「忍耐のある労苦こそがキリスト者の宣教」である。[35]

スティーヴン・ニール主教も、同様のことを心打つ言葉で述べている。

キリスト者は、何度でも人々を真の対話へと熱心に招くべきである。キリスト者は終わりなき忍耐を持ち、失望することがあってはならない。この招きの主題はつねに、「キリストを深く考えよう」でなければならない。……私たちには、ほかのメッセージはない。……イスラム教徒がナザレのイエスを見て拒んだというのは、真実ではない。彼らは一度もイエスを見たことがなく、いまだに誤解と偏見のベールがその顔を覆っているからだ。[36]

産業化したイギリスでの対話

三番目のキリスト者の対話の例は、キリスト教以後《ポスト・クリスチャン》のイギリスで、福音が届けられていない産業労働層に対するデヴィッド・シェパード主教の関心について見ていきたい。シェパードは、イスリントンで副司祭を務めた後、一九六九年にウールウィッチ、後年リバプールの主教となる前に、ロンドン西部の最貧地区のひとつであるカニング・タウンのメイフラワー・ファミリーセンターのセンター長を十一年間務めた。その著書『都市として築かれて』(*Built as a City*) から、彼にとっての最優先事項を引用する。[37]

これまで大都市の教会は地域に根ざすこともできず、キリスト者は社会に置き去りにされた声も力もない人々の間で存在感を示せずにきた。都市部や工業地帯において、多くの教会が何年にもわたって多大な努力をしてきた。……それにもかかわらず、地域でのリーダーシップを持った地元に根ざした教会を、ほとんど見ることができない。[38]

結果として、都市部での宣教は「キリスト者にとって些細なことではない」という以上に、「今日の神の業において優先事項のひとつである」。そして「教会と世との、特に産業界と肉体労働者との隔たりは、歴史的に広く、また今の時代には巨大である。」[39]　もしできることがあるとしたら、それは何だろうか。

慎み深いデヴィッド・シェパード主教は、劇的な成功物語を語らなかった。その代わり、ごく基本的な、地域に密着した原則を述べた。「イエス・キリストとその言葉を、重く成熟した命題と受けとめる教会は、少なくとも四つの特性を有する必要がある。地域のための、地域の教会。信じ、また礼拝する教会。さばき合わず、示唆に富んだ交わりを提供する共同体生活。そして、地域のリーダーであり判断を下す存在であること。」[40]　この後に、シェパード主教はどのように地域に根ざした労働者階級の教会を形成できるか、例を挙げて説明している。まず最初に「架け橋をつくる」必要性である。キリスト者は「地域で人々と協力する」ことを優先し、地域にある重要な課題を明らかにし、住民たちとともに取り組んでいくことを心がけなければならない。[41]

その架け橋づくりから、友情へと話題は移る。一九六〇年、主教と妻グレースはある決心をしたという。「毎週木曜日の夜、前はよく教会に来ていたのに、すっかり見えなくなったご夫婦たちと会おうじゃないか。」　隔週の木曜日ごとにシェパード夫妻は各家庭を訪ね、また自宅でも夫婦たちをもてなした。

私たちは招待する際、その晩の最後に話があることを告げた。教区牧師宅への訪問は、教会に来ていない人にとって神経を使う冒険でもある。ソファの端に座り、沈黙を避けようとする彼らのために、私たちのアパートにはいつも音楽が流れていた。一杯の紅茶、雑談、時には「ピット」と呼ばれる賑やかなゲーム、お茶とサンドウィッチ、そして三十分間の話。何人かが帰り、また家々を訪問してこのような夜を過ごすうちに、本題に入るのはたいてい夜の十時三十分からであった。[42]

架け橋づくりから、平日の晩に行われるリラックスした会話の友人関係を通して、夫妻はさらに踏み込んだ「探求グループ」を持つことにした。「五組の夫婦がやって来た。彼らはすでに、この場所ではどんな考えを話しても馬鹿にされないことがわかっていた。この『話し合いグループ』にただ来ることによって培われた〝学習する〟武器がどれほど力強いものか、私はその時学んだ。メンバーたちは、他のメンバーもまた人生について同じように感じていることを知るようになる。[43]」二年半の後、デヴィッド・シェパード主教は「地域の何組もの夫婦がキリスト者になった」と書けるまでになった。デヴィッド・エドワーズ聖堂参事会員はその本を評し、「この本は、実生活と真の愛における忍耐への招きである。持続するように、と彼は呼びかけている」と述べた。[44]

私が真の対話とは信頼、謙遜、誠実、また思いやりのしるしと呼んだように、このヒンズー教、イスラム教、そしてキリスト教以後《ポスト・クリスチャン》の欧米社会の三例は異なった背景からではあるが、すべてキリスト者の真の対話のしるしを描き出していると思う。対話はキリスト者の真の愛のしるしである。なぜならば、真の対話とは、他者への偏見や嘲笑を私たちから取り除き、なぜ福音とキリストに心を閉ざすのかを彼ら自身から聴こうと努め、疑問、恐れ、「悩みの種」すべてにおいて共感するという、私たちの決意を示すからである。共感することには聴くことが含まれる。そして、耳を傾けることとは対話を意味する。通り一遍のスローガンを掲げるような伝道をやめ、その代わりに人々の直面している課題に関わっていく、それは改めて受肉のチャレンジである。

6章　対話についての考察

クリス・ライト

聖書の真理と権威に従い通し、救い主、主また神なるイエス・キリストの「独自性と究極性」に生涯をささげたジョン・ストットは、そのどちらか一方を脅かすような神学やイデオロギーと闘わずにはいられなかった。宗教多元主義もまさにそのカテゴリーに入ってきた。しかしストットは、社会には数多くの宗教があるという現実と、相対主義的な宗教多元主義のイデオロギーとを慎重に区別した。[1] 一方では、この世界でさまざまな信仰を持った人たちがともに暮らし、多くの異なる背景の人々が隣り合って生活している。その現実を受けてストットは、少なくとも敬意と尊厳をもって互いに話し合い、理解し合う努力が必要だと言い切っている。その点では、五章で説明しているように、ストットは異教派間の対話に労を惜しまず、大いにそれを歓迎し、また奨励している。しかしもう一方で、宗教多元主義の神学またはイデオロギーの主張によると、あらゆる宗教に独自の「救いへの道」（定義が必要）があるが、いかなる宗教も究極の真実への絶対的な理解を持たず、また「神」（これも定義が必要）への唯一の道を提供することはない。そうなると、この枠組みを前提とした対話は、あらゆる宗教の教理にできるかぎり共通の土台を見いだそうとする混交主義《シンクレティズム》的な試みになるか（それぞれの特徴を放棄して）、あるいは相手の固い信念によって自分の信仰が覆されてしまうような〝無防備〟のどちらかに陥りかねない。このような相対主義的対話を、聖書が語るキリストの独自性とは異なるとして、ストットは批判した。

対話に関する私自身のごく限られた取り組みは、ストットと私の働きが交差したもうひとつの分野であった。私が初めてジョン・ストットと会ったのはローザンヌ会議直後の一九七八年、助言者《メンター》制度に興味を持った若い伝道者のひとりとしてであった。そして一九八二年、私がインドのプネーにあるユニオン・バイブルセミナリーで旧約聖書を教えるために家族と一緒に渡印した時、ストットは私を支援し、励ましてくれた。そこにいる間、神学生向けジャーナル『テメリオス』の元編集者であるデイヴィッド・ヴェンハムに、他宗教に対するキリスト者のアプローチについての論文を書くように依頼された。私はインドという他宗教国家で暮らしていたが、その国の他の信仰を持つ人たちに伝道をしたり、対話をしたりしていなかった（キリストに仕える働きを志す学生たちに日々教え、関わり合ってはいたが）。そのため私は、自分の知っていること、つまり聖書に終始して執筆した。その論文は「キリスト者と他宗教――聖書の証言」という題名で掲載された。[2] イギリスに帰省の際、その論文を読んだジョン・ストットは、一九八六年四月、当時設立したばかりの〝現代キリスト教ロンドン協会〟で「宗教多元主義におけるキリストの独自性」について講義をするよう私を招いてくれた。その後、その論文と講義内容はひとつにまとめられ、一九九〇年オール・ネイションズ・クリスチャン・カレッジから小冊子『イエスの何がそれほどまでに独特なのか』（*What's So Unique About Jesus?*）として出版された。[3] 最終的にはこれは増補改訂されて一冊の本になり、一九九七年に『イエスの独自性』（*The Uniqueness of Jesus*）として出版された。[4] ジョン・ストットは喜んで序文を書いてくれ、本の初めにこれに関する自身の見解を記した。「今日のキリスト教の最大の課題は、疑いようもなく、イエスの独自性と究極性を否定する宗教多元主義である。」

その後もストットが宗教多元主義を「最大の課題」と考えたかどうかはわからない。ストットは確かにキリスト教信仰を脅かす他の問題全般について、雑誌『今日キリスト者が直面している諸問題』（*Issues Facing Christians Today*）の中で取り組み、晩年には気候変動が地球そのものへの重大な脅威であり、キリスト者はそのことをより真剣にとらえていく必要があると確信するに至った。ストット自身の「課題」の分類がどのようであれ、興味深いことに、ストットが宗教多元主義の問題について取り上げた本は一冊もない。しかし、さまざまな論文が掲載されている前述の『今日キリスト者が直面している諸問題』で一九八四年から二〇〇六年の間、四回にわたる連載の中で、また『現代のキリスト者』（*The Contemporary Christian*）の中で、少なくとも二章は間接的に宗教多元主義について論じている。[5]

宗教的包括主義を明確にする

ストットが一九七五年に本書を著した時、今では馴染みのある「排他主義者」「包括主義者」「多元主義者」という他宗教へのキリスト者のアプローチは、少なくとも学者たちの間では分類されていなかった。おそらくこの分類は、一九八四年のアラン・レースに端を発すると思われる。ストットは『現代のキリスト者』の中で、この三つの立場についてまとめたレースの文献について言及している。[6] しかし、「〜主義」という名称がなくとも、ストットは本書の五章で相対主義的多元主義だけでなく、その後に包括主義と分類された見解についても扱っている。

しかし今では、その用語はむしろ曖昧なものとなった。実際に他の信仰を持つ人々の中で考え、対話し、宣教している多くの神学者たちは、「現場」での問題は単純に三つの分類で理解できるようなものではなく、もっと複雑なものだと言うはずだ。そうは言うものの、ここでのストットの論点を明確にし、考察するために、ハロルド・ネットランドによる、それぞれの立場の簡潔な定義を参照してみよう。

排他主義とは、キリスト教の中心的主張を真実であるとし、キリスト教と他宗教のそれぞれの主張が対立する際には、後者が偽りであり、否定されるべきことを支持するものである。キリスト教の排他主義者はまた、神はご自身を聖書の中で明確に啓示され、イエス・キリストこそ、唯一の主また救い主、神が肉体をとられた無二の存在としている。救いは他の宗教的伝統の中では見いだされることはない。

包括主義とは、排他主義と同様、キリスト教信仰の中心的主張を真実だとするが、排他主義より他宗教を肯定的に見ている。包括主義者は、神はご自身をイエス・キリストにおいて明らかに啓示され、イエスは神の救いの摂理の中心だとするが、神の救いはまた非キリスト教宗教においても備えられるとする。それでもイエスはある意味で、唯一の存在であり、あらゆる基準であり、最も信頼できる方であるが、神は他の宗教を通してもご自身を啓示され、救いを用意しておられる、と述べる。……

多元主義は、神はご自身をただイエス・キリストにおいてのみ、決定的に啓示されたという前提を否定することにより、排他主義とも包括主義とも一線を画している。反対に、神はあらゆる宗教的伝統において積極的にご自身を啓示されている。イエスの人格には独自性や規範となるものは一切ないと述べる。……キリスト教信仰は、同じ神的存在への、人間に平等に与えられた正当な応答のひとつにすぎない。[7]

さて、ストットの対話についての章を見ると、彼自身は一番目の立場に堅く立ち、三番目の立場を聖書的なキリスト教とは相容れないと否定していることは明らかである。しかしストットは、二番目の包括主義者の要素をいくつかは受け入れ、いくつかは否定している。彼の、「キリストは、非キリスト教世界に存在しているのであろうか」という問いには、ストット自身も賢明に指摘しているように、単純に「はい」か「いいえ」で答えることはできない。事実、いろいろな意味において、答えはこの両方でなければならない。なぜならキリストは、神の救いの仲介者であると同時に、神の真理の啓示であるからだ。

そのため、私たちが他の宗教体系に深く刻み込まれた「真理」を見いだすなら、それは神の一般啓示だと考えるべきである。その点では「はい」である。キリストは、一般啓示によって知られるようになった真理のうちにおられる。しかし、ある真理についての知識は救いに至るものではない。また他宗教は世を救うためにイエス・キリストを通して神がなされた出来事を語らないため、救いの手段とはなり得ない。だから「いいえ」である。つまり、先ほどの問い、「キリストは、非キリスト教世界に存在しているのであろうか」（他の諸宗教社会という意味）への答えは、一般啓示においては「はい」、救いにおいては「いいえ」であろう。

主流派のプロテスタントの神学者たちは、ストットのように、この微妙な答えに同意している。彼らは「すべての真理は神の真理である」から、「キリストにある真理」を支持する。このキリストこそ真理である。もしこの真理が、偽りを多く含む宗教体系において認められ、信じられたとしても、真理はなお真理であり続ける。その意味では、排他主義者と同様、包括主義の立場にとってもキリストは中心にあるのだ。しかし主流派の神学者たちは、ローマ・カトリックの第二バチカン公会議の公文書や、その会議で主導的な役割を果たしたカール・ラーナーの影響を受けた神学に見られる、より範囲の大きい救済包括主義は否定している。これは福音派のほとんどが否定している「包括主義」の形態である。この考え方では、キリストについて聞いたことのない人にとって、あらゆる宗教が救いの手段として機能し得る（神の摂理による許しの下で）。しかし、他宗教がとりなす救いはなお、キリストを通し、またキリストによって完成される救いである、と。

ストットはごく短く、ラーナーの「無名のキリスト教」神学について言及しているが、もう少し掘り下げるとわかりやすい。[8] 以下は拙著からの抜粋である。

ラーナーの見解を要約すると、神の普遍的な救いの恵みは強烈なまでに人々を捜し求めている。一度もキリスト教の福音と接触したことのない人々は、「神との正しい関係と救いを得る確実な手段」、つまり「神の救いの計画に招き入れられる確実な手段」を、自分たちの宗教の中で見いだすことを「許されている」。ラーナーは、キリスト者ではないが誠実な人を、無意識に自らの信仰においてキリストの恵みを受け取り、また応答している「無名のキリスト者」としてみなしている。そのため、実際に教会に属していなくても、人は神の恵みとキリストによって救われることができる。たとえば、誠実なヒンズー教徒はキリストによってやがて救われる。しかし、キリストの救いは、ヒンズー教の「聖礼典《サクラメント》」を通して与えられる。その人は事実「無名のキリスト者」なのである。

ラーナーの「無名のキリスト教」神学は、多くの議論と批判の的となっている。批判の多くが、そうであるならば私たちキリスト者は他宗教の人たちを「無名のキリスト者」と認めて、彼らに取り入ろうとしているとの印象を与え、他の信仰を奨励しているようなものだ、と言っている。……もし熱心なイスラム教徒が、私たちのことを「無名のイスラム教徒」だと言ったら、私たちキリスト者の反応がどのようなものであるか想像に難くない。[9]

ストットは救済包括主義に対して、使徒たちの例と教えをペテロ、パウロ、またヨハネから引き合いに出しつつ、このように結論づけている。

そのため、非キリスト教的な秩序の中にも真理、つまり自然における神の一般啓示の痕跡があることを否定はしない。私たちキリスト者が断固拒否することは、これらが救いに十分であること、またさらに頑なに拒否することは、キリスト教と非キリスト教の信仰は代替でき、どちらも神に至る確かな道であるという点である。

私は、救済包括主義に対するストットの意見に同意する。しかし、ストットはコルネリオの具体的な例を挙げているが、私はその点においてやや異なった考えを持っている。包括主義者の提言はこうだ。イエスに関する福音をペテロが伝える前に、すでにコルネリオは神に受け入れられていたため、ある意味「救われていた」。したがって、「神を恐れかしこみ、正義を行う」人たちは、イエスについて聞かなくても救われる。ストットは、そのような短絡的な結論に反対している。しかし、「コルネリオはすでに救われていたか否か」という単純な質問より、もう少し異なる見方をする必要があると思う。以下は別の拙著において、コルネリオについて論じた箇所である。

そのように問い尋ねることは、どこか見当違いである。第一に、使徒の働き一〇章三四、三五節においてペテロは言った。「これで私は、はっきりわかりました。神はかたよったことをなさらず、どの国の人であっても、神を恐れかしこみ、正義を行う人なら、神に受け入れられるのです。」全体の文脈からこの一節を見ると、だれでもどこでも救われるなどという、手放しの肯定ではないことは明らかである。むしろ、イエスの福音はユダヤ人と異邦人との間にある壁を取り払ったという……ペテロの認識を明らかにしている。……ペテロの要点は、神はすべての人を救うということではなく、神はすべての人を迎え入れるということである。……

第二に、その出来事特有の歴史背景を考慮する必要がある。コルネリオはある意味、イエスについて聞く前から、生ける神を信じて律法に従って生きるようになった旧約聖書の中の異邦人と同じ立場にいた。

しかし旧約聖書の信者と違って、コルネリオはすでにメシアが到来された時代に生きていた。……

そのためコルネリオは、「使徒の働き」において福音が異邦人にどのように届けられたかという物語の重要な転機となっている。……物語全体の要点は次のようだと思われる。今やメシアであるイエスが来られたので、この方の御名において救いは宣べ伝えられなければならない。……伝道される前のコルネリオの「旧約聖書的行動」を取り上げて、伝道は不要だと言うならば、この物語が伝えようとするメッセージの誤解となる。[10]

以上の「包括主義」に関する考察をまとめる。もし多少なりとも「排他主義者」「包括主義者」「多元主義者」という用語を使うのであれば（先述したように、キリスト教以外の信仰の問題に取り組む多くのキリスト教神学者たちは、この分類では複雑な現実をあまりにも単純化しすぎていると言うはずだ）、二番目の立場を先ほどの「救済包括主義」に差し替えるべきだと私は考える。つまり、他宗教の教えに見られる一般啓示のうちにもキリストはご自身をあらわされ、さらには他の諸信仰の「聖礼典《サクラメント》」を通しても、どのようにかキリストの救いは成し遂げられるという考えである。人々はキリストによって救われるが、自分たちの宗教の忠実な実践を通して救われると考える包括主義は、他の諸宗教にも救う力や救う機能、救いの正当性をある程度与える。このような包括主義の形態を、ストットも私も拒否する。

この形態は、ある福音派たちがとる見解とはきわめて異なる。彼らは「排他主義者」の枠組み（救いは、ただキリストの十字架と復活においてのみ）の全要素を固守する。しかし、地上の人生で一度も神について聞かなかったとしても、何らかの悔い改めと信仰をもって神に立ち返った人を、恵みによりキリストを通して神はお救いになるのか、という問いには、答えを保留にしたままでいる。

この問いについては次章で論じるが、ただ少なくとも、私はそのような福音派の立場を「包括主義者」（私自身このレッテルを貼られているが）と呼ぶことを好まない。

制限主義者（救いはイエス・キリストのことを聞いた人たち、つまり伝道された人たちにのみ制限されている）でないとしたら、むしろそれは「排他主義者」（救いはただキリストを通してのみ）である。そして、人は自分が信じる宗教を通して救われ得るという点から見ると、それは確実に「包括主義者」ではない。救いは宗教（どんな宗教）を通してもたらされるという考えこそ、聖書が徹底的かつ、くり返し否定してきたものだ。これについては次章にしよう。

対話するジョン・ストット

他者に心を開き、敬意を表しながらも、キリスト教信仰の独自性と真実を損なわない真の対話の特質を述べるため、ストットは信頼、謙遜、誠実、思いやりの四つの言葉を用いている。この四つの特質は、おそらく私がこのように言うことをストットは強く拒んだであろうが、間違いなく彼自身に当てはまっていた。ストットが他宗教の人たちと個人的に対話を持ち続けていたのかどうかはわからないが、キリスト教界全般のうちでは、よく福音派ではない見解（さらには何人かの福音派たちとも！）に、

（時として根本的な）異議を感じていた。ストットは時間が許すかぎり、自分を批判した人たちや、ストット自身が会議や論文で異論を唱えた人たちを招き、よく朝食やアフタヌーンティーをとりながら話し合っていた。ストットは、聴くこと、理解されるだけでなく理解しようと努めること、どこに重大な相違があり、どこで同意できるのかを明白にすることこそ重要である、と信じていた。また彼自身が異論を感じる人たちの論文を、幅広く念入りに、注釈をつけながら読むのがつねであった（かつて私に、それは時として疲弊するが必要な作業だと言っていた）。ストットの論を一蹴する人たちも多くいるが（たいていキリスト教指導者や評論家）、彼らはストットと同じようには問題を取り扱わないようだ。

ストットがどのように対話を持ったか、二つの例を挙げたい。敬意を持った対話の重要性を訴えたストットであったが、この二例の対話とも、相当な時間と労力を要し、また皮肉にも、一部の人たちからの敬意を失う結果ともなってしまった。

リベラル派・福音派の対話。これはデヴィッド・エドワーズとジョン・ストットの手紙を通しての、長期的な対話を記録した本の副題である。[11] デヴィッド・エドワーズは英国国教会の著名な指導者であり、教会史家、リベラルなカトリックの伝統を持つ著述家、またジョン・ストットの批評眼のある読者でもあった。両者とも国教会の聖職者として、しばらくの間ロンドンの違う教会で奉仕していた。エドワーズはストットより八歳ほど若かった。一九六〇年、七〇年代に高まりを見せた福音派運動の波は、ストットのリーダーシップに依るところが大きいことに気づいたエドワーズは、ストットの全著書（本書を含め）だけでなく、ローザンヌ誓約など、ストットが携わったあらゆる文献を読んだ。その後、エドワーズは歴史学者の興味から、ストットが提示した福音主義神学を追究し、批評することに着手した。また自著の各章に対する返答を、ストットに依頼した。なんとその本の初めには、かつて牧会していたオール・ソウルズ教会での働きや、福音主義界での多岐にわたるストットの業績への心温まる謝辞が、何頁にもわたって綴られている。

その本の各章のタイトルは、その主題の幅広さを示している――また、エドワーズがどれほどよく福音派信仰と実践の核心を見極めているかをも。

一章　福音の力

二章　聖書の権威

三章　キリストの十字架

四章　奇蹟を起こすキリスト
五章　聖書とふるまい
六章　世界のための福音

エドワーズは各章の主題について、典型的な自身のリベラルな見方（キリスト者として信仰の範囲内で）を提言した後、ストットを含め福音派たちによるこれらの主題への見解を抜本的に問いただしている。そして各章には、ストットが返答した要旨ごとの論述と聖書箇所の詳細な釈義の全文が掲載されている（それだけでも三万五千字〔訳注・英語で書いた字数〕ほどにも上る）。

この本の注目すべきところは、交流の精神である。それぞれの立場からの妥協しない試みに対して思いやりのある語調と、お互いの反論に対して敬意を持った感謝を両者ともに兼ね備えているからだ。福音派への批判をも、受けるべき時にはストットは喜んで受け入れている。たとえば、ある従来の考え方が、聖書の言わんとするところから離れてしまっていることへの批判である。また、はっきりした結論に至っていない議論や、何世紀にもわたって神学者たちが論議してきた教理について自分の心が定まっていない時など、ストットは謙遜をもって述べようとしている。両者ともに、相手の信仰とキリストへの誠実な献身を尊敬している。そして、ストットもエドワーズも、それぞれの神学的理解を言い表し、教え、弁明することに真剣である。

このような対話により、ストットは明らかに危険にさらされることになる。全章の主題が、まさに福音派が信じている核だからである——救いをもたらす福音の力、聖書、十字架、四福音書の史実性、キリスト者の社会との関わりにおける聖書の権威、そして世界宣教の緊急性。そして、福音派の核を決然と擁護するために、ストットはこの長期にわたる論証にも惜しみなく精根を尽くしている。そのうえ、自由主義神学の欠点と矛盾こそが、私たちの信仰の伝統的な聖書理解をゆがめ、逸脱させると言明している。しかしストットは、どの手紙でも「親愛なるデヴィッド」と書き出し、「いつまでもあなたのジョンより」と締めくくり、終始エドワーズを「あなた」と呼んでいる。たとえ根底には不一致があっても、その語調は優しく友好的である。またエドワーズのようなリベラル派の人が存在するかぎり（福音主義に対するリベラル派の批判には、好意や敬意も薄くなってきているが）、この本は、今なお正統的なキリスト教教理に向けられた数々の非難に対する、知的で完璧な、聖書的で説得力のある応答のモデルとして読むに値する。いわば、この対話こそが一九七五年にストットが提唱したものだった。それは、信頼、謙遜、誠実、また思いやりという特徴を持ち、かつ福音の真実を妥協することのない対話である。

「**共通の言葉**」。私たちは今、九・一一後の世界に生きている。そして、あれから十年以上経った今、ＩＳＩＳ〔訳注・Islamic State of Iraq and Syria, 通称「イスラム国」〕の脅威にさらされた世界に住んでいる。キリスト教徒とイスラム教徒との異教徒間で、信頼、謙遜、誠実、思いやりの特徴を持つ、敬意ある対話を想像することは、ますます難しくなっている――もちろん、そのような対話は今でも行われているが。

二〇〇七年、世界の注目を集めた文書が、イスラム教社会から出された。それは百三十八人の世界的に有名なイスラム教徒（学者、政治家、作家、聖職者）から、キリスト教会の指導者たちに宛てた公開書簡であった。そこには、ローマ教皇、ロシア・ギリシャ・シリア・コプト正教や他の正教会の主教たち、またルーテル派、聖公会、改革派、メソジスト派、バプテスト派、世界教会協議会などのプロテスタント諸派が含まれていた。その書簡は「私たちとあなたがたの共通の言葉」（*A Common Word Between Us and You*「コモン・ワード」）という題名で、互いの信仰の中心にある一対の命令、神への愛、隣人への愛を土台にし、平和と正義を求めて生きていこう、と世界中のキリスト教徒とイスラム教徒に迫った。この文書にはコーランはさることながら、旧約聖書と四福音書の引用もある。[12]

この文書に対するキリスト者の反応はさまざまであった。開けた対話への土台作りや平和構築への協力につながると熱烈に歓迎するものから、それはむしろキリスト者の態度を軟化させ、互いの信仰は本質的に違いがないとイスラム教を受け入れさせようとするイスラム教徒の「宣教」ではないかと疑う慎重なものまであった。手放しの歓迎とあからさまな拒絶の狭間で、「共通の言葉」という響きを歓迎し、平和と正義への共通の願いに賛同しながらも、世界福音同盟はよくまとめられた返答を発表した。そのなかで、イエス・キリストの独自性と神性へのキリスト者の献身を明確にし、イスラム教諸国内にいるキリスト教徒のさまざまな権利を認めるように求めた。[13]

ある特別な返答文が、イェール大学神学大学院の神学者グループによってまとめられた。それは「共通の言葉へのキリスト教徒の返答」（*A Common Word' Christian Response*）という題名の、きわめて長い返答書簡であった[14]（「イェール・レスポンス」）。そのなかで、彼らはイスラム教指導者らの申し入れを歓迎し、神と隣人への愛を説く「共通の土台」がある事実を認め、イスラム側からの書簡をある種の互いの握手として受け入れている。「私たちは、この公開書簡をイスラム教徒のみなさんの友好の手として、また世界中のキリスト教徒に伸ばされた協力の手として受け入れました。その返礼として、私たちキリスト教徒の手を差し出します。そして、神と隣人を愛することに努めるならば、私たちは世界中のすべての人とともに平和と正義に生きることでしょう。」

この返答書簡を公表する前、イェールのグループは世界中の多くのキリスト教指導者らに手紙を書き、この文書に署名するよう依頼した。依頼を受けたなかに、ジョン・ストットと私も含まれていた。しかし、この文書に署名する前に、私たちはともに三つのことを行った。

一番目に、イェール大学の神学者たちがまとめたこの文書が、キリスト教の重要な真理、たとえばイエス・キリストの神性、聖書における神の啓示の特殊性や究極性、またイスラム教徒に対するキリスト教徒の証しの正当性などが損なわれていないかを見るために、私たちは返答文を注意深く読んだ。そして、損なわれていないと結論づけた。私たちが感じとったのは、この返答文は謝罪行為でも、イスラム教教理への応答としてキリスト教信仰全体を定義づける試みでもなく、ただ単に友情への好意的な意思表示と、どのようなものであれ、築かれ得る共通の土台の上に平和と正義をより懸命に打ち立てていくことへの願いであった（共通の土台がひとつもない分野も多数あることは否めないが）。

二番目に、私たちはイェールの神学者の中の個人的に関わりのある仲間たちに手紙を書き、この「イェール・レスポンス」が言わんとするところは、イスラム社会での伝道が神学的にも実践面でも容認しがたいということか、と率直に尋ねた。私たちが懸念したのは、この文書が理解されないばかりか、イスラム社会において愛ある配慮や親切、敬意をもってイエスの良い知らせを伝えたいと願う人たち（時には相当な犠牲を払い、またそのほとんどが私たちの友人）の召しを揺るがしはしないか、ということであった。「イェール・レスポンス」を作成した神学者のうち数人から返事を受け取り、そのような意図はまったくなく、むしろこの文書にある平和をもたらす精神が、そのような人たちにとって証しの門戸が大きく開かれるということを、私たちに保証してくれた。この章の後半で、その返事のうちの二つを引用したい。

三番目に、私たちはイスラム教徒が大多数を占める文化圏で生活する友人たちにも手紙を書いた。そのほとんどがアラブ人キリスト者で、ランガムの奨学生であった。私たちは先と同じ質問をし、この「イェール・レスポンス」に署名するべきか否かアドバイスを求めた。というのは、これが礼節ある異教徒間の対話の問題ではなく、日々のストレスや日常に潜む危険の問題となって彼らを辱めたり、危険にさらしたりするような行動には一切したくなかったからだ。二つの返事を除いては、みな署名するように勧めてくれ、また、その中の何人かは自身も署名し、その文書の最後に名を連ねている。

このように安心を得たジョン・ストットと私は、署名者リストにサインした。その文書が後に公表された時、多くの名前の中に、生粋の福音主義者として、また福音主義の神学分野や宣教分野で世界的な「第一人者」として知られている人たちの署名があるのを見て、ほんとうに励まされた（また驚きは少しもなかった）。そして、私たちには良い仲間がいることを心から喜んだ！

その後、やはり批判の声がぽつりぽつりと上がってきた。「ぽつりぽつり」と言ったのは、実際にそう多くなかったからだ。しかし、その声は厳しいものだった。たいていの批判は、信じられないことに、ジョン・ストットは「キリスト教の神」と「アラー」を同等にした文書、イエスの神性を主張していない文書、十字架の贖いの必要性を説いていない文書、イスラム教徒を回心させようとしない文書などに署名した！というものだった。私はジョンに代わって、その批判にひとつひとつ返答していたが、最終的に私たちは以下の文書を作成した。

「コモン・ワード」（共通の言葉）と「イェール・レスポンス」

ジョン・ストットとクリス・ライトは、「コモン・ワード」に対する応答としての「イェール・レスポンス」に署名するよう依頼された時、両文書を注意深く検証しました。それは、署名すること自体が重要だったからでなく、依頼してくれた方々（そして、署名した多くの方々）が確固たる、また生涯にわたる福音主義の信条を持った、とても近しい友人だからです。その中には、イスラム諸国の中でも大胆に福音を証ししている方々や、イエス・キリストの良き知らせをイスラム教徒と分かち合うことに力を注いでいる活動や団体の指導者たちがいます。

私たちは説明を求めて、イェール・レスポンスを作成した方々に手紙を書きました。それは、イエス・キリストこそ唯一の主であり救い主であると言明することの文書の意図が、イスラム教徒への配慮ある証しの必要性を否定するものとして理解されるべきではないこと、また私たちにはキリストにおいてあらわされた神の真理を証しする責任があることを明確にするためでした。
次の引用文は、イェール・レスポンスの起草に携わり、キリスト教指導者らに署名を求めた方々からの返事です。

「私はいかなる時も、イスラム教徒に対して配慮をもってキリストを証しすることを約束します。私はそのような証しを全面的に支持し、またもしその文書が配慮ある伝道を禁じることをほのめかすのであれば、署名はしません。イスラム教徒から出された文書と、イスラム社会全体とに私が関わる第一の理由は、自由に証しし合う可能性を広げることにあります。事実、私はこの往復書簡全体を、神を信じない人々への、神の途方もない愛の現れ（唯一ではないにしても、非常に重要なもの）としてとらえています。

このような話し合いへと私を駆り立てる情熱とは、十三億人のイスラム教徒に、イエス・キリストの主張を意味あるものとして認めてほしいという切なる願いなのです。その言葉が変えられ、破棄され、または取って代えられてしまった預言者のひとりとしてではなく、人々を惹きつけてやまない救い主である主イエス・キリストとして、受け入れてもらいたいのです。私はまた、イスラム教徒がキリストの福音を、嫌悪する軍国主義の一形態としての〝キリスト教〟に結びつけている障壁を取り除きたいのです。

対話と伝道の問題に関するローザンヌ誓約の立場に、私は全面的に賛同します。『私たちキリスト者がこの世界の中に共在し、相手を理解するために同情的に耳を傾ける類の対話を持つことは、伝道にとって不可欠なことである。しかしながら、伝道それ自体は、あくまでも、人々が一人一人個人的にキリストのもとに来て、神との和解を受けるように説得する目的をもって、歴史的、聖書的キリストを救い主また主として告知することである。』私はまた、次のローザンヌ誓約に関するジョン・ストット氏の公式解説にも賛同しています。『非キリスト者との対話は適切であるだけでなく、(存在と同様) また不可欠である。対話は、その多くが誤用されている言葉である。ある人たちは、キリスト者が譲歩して自らの献身を放棄し、まるで福音の真偽を問うかのような状況を指す言葉として使っている！　そのような類の対話は「キリストと福音とに対する冒瀆」（第三項）として、私たちはすでに拒否している。しかし適切に定義すると、対話とは両者が真剣に向き合い、互いが相手に聴く準備のできた会話をいう。その目的とは、相手を理解するために配慮しながら耳を傾けることである。そのような傾聴は、伝道にきわめて大切な導入《プレリュード》である。相手の立場や問題を理解せずして、どのようにして私たちは良い知らせを伝えることができようか。』イスラム教徒への返答書簡の中で、私たちは福音のすべてを提示していませんが、彼らに配慮しつつイエス・キリストを証しすることに努め、さらにはイエスが『ご自身の生涯の最後』になさったことを通して罪の赦しがあることに言及しました。当然それは十字架でのキリストの贖いの死だとわかった、とイスラム教の読者の方々が教えてくれました。私自身、『コモン・ワード』に署名した著名なイスラム教指導者の多くの方々を個人的に知っています。そしてその方たちに、人間の肉体をとった永遠の神の言葉であり、神ご自身であるキリストの贖いの死と復活を通して与えられる、罪の赦しと永遠のいのちのメッセージを分かち合ったことを誓います。

『コモン・ワード』によって開かれた対話が、伝道する自由を含め、それぞれの国における信教の自由という重要な課題を、イスラム教指導者の方々に提起するようになると私は信じています。」

私たちストットとライトは、イェール・レスポンスがその詳細すべてにおいて「福音を宣べ伝える」ものではないと認識しています。この書簡は、キリスト者の全信条についての声明文としては意図されておらず、ただ単に「コモン・ワード」への返答だからです。それは手紙であって、トラクトではありません。イエスの「あなたの隣人を愛せよ」、そして実に「あなたの敵を愛せよ」という戒めの精神において、友情の手を差し伸ばしているのです。この書簡は、伝道による意義深いコミュニケーションへの土台づくりです。

イスラム教徒が述べたことや行ったことに猜疑的であれ、と私たちに強く勧めた方や、「コモン・ワード」の表層しか見ていない方が何人かいます。その方たちが正しいのか間違っているのかはわかりません。私たちは、多くの悲しむべき事実や、イェール・レスポンスに署名しなかった方々、あるいはその署名者への激しい批判を知らないわけでも、気づいていないわけでもありません。イスラム教徒の動機や信念が何であれ（それは多様で複雑です）、キリスト者である私たち は、十字架にかけられ、よみがえられた主の従順な弟子として、キリスト教の福音の核心、つまり私たちの隣人と敵を愛せよとの命令に応え、行動するように召されていることを確信しています。そのような愛の本分は、ただ唯一の方であるイエス・キリストへの全面的な献身、イエスにおける神の啓示の究極性、私たちを救う十字架の中心性と必要性、また伝道の責務をいかなる方法においても妥協することなく、しかし私たちとは根本的に異なる人々であっても、きょうだいとして、敬意をもって対話しようとすることをも含みます。私たちはあらんかぎりの福音主義信仰をもって、これらすべてのことを喜んで、また心から主張し続けます。

ジョン・ストットおよびクリス・ライト

この短い手紙の想いと内容は、ストットが考えていた、真実で敬意ある、だが妥協することのない対話の本質を描き、要約していると私は思う。

ケープタウン・コミットメントを数日にわたってじっくり聴いて以来、ストットはその中にある「対話」についての内容を評価していた。「他の信仰を持つ人々の中でキリストの愛を生きる」という題のパートⅡ・Cは、次のように始まっている。

「あなたの隣人をあなた自身のように愛しなさい」には他の信仰を持つ人々も含まれる。

……私たちはイエス・キリストの弟子として、他の信仰を持つ人々を、聖書的意味における私たちの隣人とみなすという崇高な召しに応答する。彼らは神のかたちに造られた人間であり、神が愛し、その罪のためにキリストが死なれた人々である。私たちは彼らを隣人とみなすことに努めるだけでなく、彼らの隣人になることによって、キリストの教えに従うことにも努める。私たちは、物腰は柔らかいが無批判ではなく、見分ける力を持ちつつ易々とだまされず、私たちが直面しうるどんな脅威にも注意を払いながら恐れに支配されないよう召されている。

私たちは宣教において良い知らせを分かち合うために召されているが、浅ましい改宗行為に従事することには召されていない。宣教は、使徒パウロの例にならって説得力のある筋の通った議論を展開することを含むが、それは「福音について正直で率直な表明を行うことであり、聞いた人たちがどのように決心するかは全く自由である。私たちは他の信仰を持つ人々に心を配る者でありたいと願い、彼らに回心を強要することを追求するどのような試みも退ける[15]。これに対して改宗行為は、他の人々に強要して、「自分たちの仲間」にならせること、「自分たちの宗教を受け入れさせる」こと、ひいては「自分たちの教派に加わらせる」という試みである。

Ⓐ私たちはあらゆる福音宣教の業において、細心の注意を払って倫理性を守ることを決意する。私たちの証しは、「穏やかさ、敬意、そして正しい良心の保持」を特徴とすべきなのだ。（Ⅰペテロ三・一五〜一六。使徒一九・三七と比較）……

Ⓔ私たちは他の信仰を持つ人々との対話のためにふさわしい場があることを確認する。それはちょうど、パウロが会堂や公共広場でユダヤ人や異邦人と議論を交わしたことにならうものである。そのような対話はキリスト教宣教の正当な一部分であり、キリストが唯一のお方であることと福音が真理であることに確信を抱きつつ、同時に敬意をもって他者に傾聴するのである。[16]

7章　救い

ジョン・ストット

宣教とは、神がご自身の贖われた民をなすべきことのために世に遣わされることを意味する。そして、この犠牲的な奉仕のうちにあって最も重要なものは伝道、つまりイエスについての良い知らせを他者と分かち合うことである。対話、すなわち話すと同時に私たちが耳を傾ける真剣な会話は、伝道と密接に関係する。対話自体の目的は、相互理解である。またその一方でキリスト者は、「キリストを証しせよ」との愛の迫りの中にあるので、対話は伝道への重要な足がかりでもある。実際、真に人間的でキリスト者らしい文脈において、伝道的な証しがなされるべきである。対話の誠実さを貶めることにはならないので率直に言うが、今や対話には下心があり、相手の回心を目的とする宣伝活動に変質してしまった。しかし、対話するキリスト者が誠実であろうとすることにより、対話の誠実さも保持される。対話において、もしキリスト者がイエスの永遠の支配を信じる自身の信仰を隠したり、あるいは相手にイエスを主と信じる信仰を持ってほしいという下心を潜めているならば、そのキリスト者は自分自身にも、相手にも誠実ではない。悔い改めと信仰という従順はまさに救いの道であり、これから見ていく四番目の言葉である。救いとは何を意味するのだろうか。

救いの中心性

おそらく、救いという言葉自体にいささか問題があるのではないか。この言葉に、居心地の悪さを覚える人たち、また古びた宗教用語の無用な遺産だと言い張る人たち。キリスト者がその言葉を使い続けていくかぎり、より今日的に言い換えられる必要がある。もし私たちが聖書啓示に忠実であり続けるならば、これは素晴らしく、また必要なことである。だが、旧来のメッセージを新しい言葉に言い換えることには、ひとつ言いたいことがある。これは、新しいメッセージの創出でも、別のメッセージの再構築でもない。そして私の懸念は、この言葉を現代的に解釈するなかには、神がキリストを通して人類に与えられたその救いの聖書描写とはかけ離れた、極端な再解釈があるということだ。

　これが死活問題だとすぐに認識されるようなら、言うことはない。キリスト教は救済の一宗教と言っても過言ではないからだ。聖書の神は、ご自身の民を救うために何度も訪れ、救いの主導権を取ってこられた神である。牧会書簡において六回、この方は「私たちの救い主なる神」と呼ばれている。「『神』と『救い主』は、旧約聖書全体を通して同義語である」と、マイケル・グリーンは述べている。[1] イエスの宣教は救済の宣教であったため、同様のことが新約聖書でも言えるだろう。イエスは「罪人を救うためにこの世に来られた」（Ⅰテモテ一・一五）。「御父が御子を世の救い主として遣わされた」（Ⅰヨハネ四・一四）。「イエス」という名は、「救い主なる神」または「神は救い」を意味し（マタイ一・二一参照）、まさしくその名前自体が、イエスの働きを表している。そしてこの方の完全な称号は、「私たちの主であり救い主であるイエス・キリスト」である（Ⅱペテロ三・一八ほか参照）。

　つまり、聖書全体が「救済史」であり、神の全能なる救いの業の歴史である。確かに聖書は、過去の年代記以上のものである。それは現代における救いの手引き書であり、「キリスト・イエスに対する信仰による救いを受けさせることができる」（Ⅱテモテ三・一五）。また福音は「あなたがたの救いの福音」（エペソ一・一三）、さらには「信じるすべての人にとって、救いを得させる神の力」（ローマ一・一六）と呼ばれている。「信というのも「ケリュグマ」を通してこそ、神は「信じる者を救おう」と決めておられるからである。聖書的なキリスト教においてこの卓越した救いのテーマは、神が働かれ、キリストが成し遂げられ、聖書が明らかにし、また福音が差し出すことが何であるかを尋ね求めよ、と私たちに命じている。まず、救いには含まれないふたつの面から見ていこう。

救いと身体的な健康

第一に、救いは心身の健康を指すものではない。特に体、心、霊を含む一種の「完全性」のようなものとして、救いと健康を同一視する人たちはつねにいる。[2] 身体面また精神面のいやしこそ、神の恵みの福音の最も重要なものとして、私たちは教えられる。体、心、霊の回復を含め、救いはひとりの人の全存在に向けられている。精神のレベルでは、救いはひとりの人として統合する、つまり完全に調和のとれた人格をもたらすと考える。

私がこのような見解に賛同しない点をはっきりさせよう。聖書によると病気は、神の素晴らしい世界への外からの侵入であること、またその多くはサタンの邪悪な働きによるものであること、神は自然治癒や時に超自然的にその病をいやされること（すべてのいやしは神から来る）、イエスの奇蹟的ないやしは御国のしるしであること、イエスは病気そのものに対しては憤りながらも、病人に対しては憐れみを示されたこと、また神がやがて創造される新しい体と世界においては、もはや病気、痛み、そして死はないこと、これらを否定するつもりはない。私は、以上すべてが真実であると信じ、みなの共通理解であることを願う。さらに言うと、救いを経験した後、体がより健康になることはたびたびある。今や精神医学はストレスを、社会医学は環境をたいていの病因と考えるなかで、時には神の救いによる体と心のいやしが期待される。確かに、救われたことでストレスが和らぎ、環境が改善される例も多い。さらに、すべてのキリスト者は、イエスのいのちが私たちの朽ちる体において現されること（II

コリント四・一〇〜一一)、その力が私たちの弱さにおいて完全に現れること(Ⅱコリント一二・九〜一〇と同四・七と比較)を、パウロとともに喜びあふれて告白していく者となるべきである。なぜなら、キリストにある新しいいのちは、まったく新しい心身と感情の健全さをもたらすからだ。

だが、私ははっきりと否定する。自然治癒であれ、超自然的ないやしであれ、心身のいやしは聖書が語る、今や福音を通してキリストによって人類に与えられたその救いではない。また、このいやしは救いには含まれない。もちろん、救いの完成において、神は私たち人間の体を含めて全被造物を贖われる。当然、これは完全であり、究極の救いと呼ばれるものである。しかし、救いと同じようにいやしが今日すぐにでも簡単に手に入る、そのようないやしは信仰によって神がキリストにおいて私たちに今日お与えになる救いの一部分である、もしくはキリスト者は病気とは無縁だ、などの主張は、私たちの体の復活と贖いへの待望感を危うくする。その時が来るまでは、病気と死は人間の現実だ。

救いといやしの混乱は、医者と牧師の役割の混乱さえもたらす。医者が牧師に取って代わり、また牧師自身がアマチュアの医者や精神科医に変貌している始末である。

『病院は教会に取って代わるか？』（*Will Hospital Replace the Church?*）という、実態をよくとらえた小冊子の中で、顧問医を辞して牧師となったマーティン・ロイドジョンズ博士は、病院が確かに病気の治療を一手に引き受けてきたことを認めている。そして、このように言っている。「病院は、教会の働きを引き継がなかった、そうできなかったのだ。そして、これからも決して引き継ぐことはないであろう！　病院が教会のようになることは不可能である。……教会の真の務めとは、まず人々を健康にすることではない。……その重要な務めとは、人々を神との正しい関係へと回復させることである。……人の真の問題は、ただ単に病気だというものではなく、神に反抗していることにある。[3]」

ここまでの議論で新約聖書、特に四福音書の中で、救いは身体的な苦難からの解放を指して使われている、と言う人があるかもしれない。なるほど、少なくとも言葉上では間違っていない。しかし、その点について検証する必要がある。ギリシャ語の「ソーゾー」は、盲目（目が見えないバルトロマイの記事、マルコ一〇・五二）、皮膚病（ルカ一七・一九）、また血の病（マルコ五・三四）からの解放の際に使われている。各場面において、イエスは苦しんでいる人に対して「あなたの信仰があなたを救ったのです」と言っておられる。英欽定訳ではこれを「あなたの信仰が、あなたを完全にしたのです」と表現している。群がる病人たちにも同じことを言われた。私たちはこう教えられる。キリストの衣に触れた人はみな、「いやされた」、また英欽定訳では「完全にされた」（マルコ六・五六と使徒一四・九、ヤコブ五・一五と比較）。しかしまた「ソーゾー」は、すんでの溺死から（「主よ。お助けください。私たちはおぼれそうです」、マタイ八・二五と同一四・三〇、使徒二七・二〇、三一、三四、四三～二八・四とを比較）、また死からの解放にも使われている（「十字架から降りて来て、自分を救ってみろ。……他人は救ったが、自分は救えない」、マルコ一五・三〇～三一とヨハネ一一・二七、ヘブル五・七とを比較）。

聖書に記されているすべてが真実である。しかし、それは何を示すのか。救いは、信じる人を罪から解放するだけでなく、病気、溺水、さらには死を含め、あらゆる身体の不調へのある種の総合保険になるのか。いや、違う。ひとつひとつの状況を検証し、救いの聖書的教理を再構築することは不可能であろう。十字架につけられ復活したキリストへの信仰による救いは、道義的であって物質的なものではなく、罪からの救出であって危険からではない。そしてイエスが罪人にも病人にも「あなたの信仰があなたを救ったのです」と言われたのはなぜか。それは、病気や溺水や死からの身体的な救出の業が、イエスのもたらす救いの明白なしるしだったからである。初代教会もまた、そのように理解していた。

覚えておくべきは、イエスの奇蹟はつねに「セーメイオン」、つまりイエスの御国のしるし、イエスの救いのしるし、と呼ばれていることだ。さらに、使徒たちはイエスの奇蹟を御国と救いのしるしとして認識しており、疑いようもなく、これらの奇蹟を日ごろからよく教え説いていた。イエスの「あなたの信仰があなたを救ったのです」という有名な言葉は、その足に香油を塗り、イエスによって赦された罪深い女性に向けて語られた（ルカ七・四八～五〇）。またこの言葉が目の見えない男性や、皮膚病の患者、血の病を患った女性に語られたのは、治癒こそが彼らの救いだったからではなく、治癒によって救いがドラマのように、だれの目にも明らかになる「たとえ」だったからである。

様式史に基づく解釈によれば、当時はよく知られていたこれらの出来事を、四福音書の記者たちはこのような福音伝道を目的として記した。たとえばこうだ。罪はだれにも治すことのできない心の中の慢性的な倫理上の病だ。もし私たちが人間的な治療法に頼るなら、良くなるばかりか悪化の一途をたどる。だから、この罪深い女性は手を伸ばし、キリストの衣の裾に触れた。すると彼女は完全にいやされた。そう、救われたのだ。さあ、私たちの中に罪の嵐と神の怒りの嵐とに巻き込まれそうになっている人がいるのなら、イエス・キリストに向かって、「主よ。お助けください。私たちはおぼれそうです」と叫ぼう。たちまちイエスは嵐を静め、私たちは滅びることなく、イエスの救いの平和と静けさを味わうだろう。初代教会はこのように、身体的ないやしの物語を用いた。イエスはこの物語を通して安全や健康の「約束」ではなく、救いの「身体」を示そうとしておられた、と彼らは信じていたのである。

同様に、宮の門の外にいた生まれつき足の不自由な人をいやした後、使徒ペテロは「その人は救われた」（セソータイ、英欽定訳では「いやされた」）と言うや否や、「この方以外には、だれによっても救い〔ソーテーリア〕はありません。天の下でこの御名のほかに、私たちが救われるべき〔ソーテーナイ〕名は人に与えられていないからです」と公言した（使徒四・一二）。この人のいやしは、イエスの救いの「著しいしるし」であった（同一六節）。

救いと政治的な解放

第二に、救いは社会政治的な解放を意味しない。ある神学者たちの救いの教理は、私たち人間の窮状は身体や精神的な病気のうちにあるのではない、この社会や政治の中にこそある、と考える。そのため、彼らは救いを、貧しく恵まれない人々の飢えや貧困、戦争、植民地支配、圧政、人種差別や経済搾取、ゲットー（スラム街）、政治的な理由による投獄、また現代社会の味気ないテクノロジーからの解放として再解釈する。この救いの再構築は、一九六〇年代と七〇年代の世界教会協議会を占有した。

この救いの再解釈の強調点は、人道化、発展、完全性、解放、正義といったキーワードにある。ここで言わせてもらいたいのは、これらのことや人々の抑圧からの解放は、創造主である神を喜ばせる望ましい目標であり、キリスト者もまたこの目標達成のために、同情心や良い志を持った人々と積極的に手を取り合っていくべきである。人類を創造された神は、すべての人に心を配っておられるからだ。神は、人類が平和と自由、尊厳と正義の中にあってともに生きていくことを望んでおられる。どの社会にあっても神がこのように望んでおられるのは、聖書の神は罪を赦す神であると同時に、正義の神だからである。そして、不正と圧政を憎んでおられるからだ。さらに私たち福音派は、自分たちの社会や政治に対する責任から目を背けてきたところに罪がある。私たちはこの無関心さを非難すべきである。この社会の政治学、経済学、社会学、人種問題、地域保健、開発、またほかの分野へと、神はより多くのキリスト者を召しておられるはずだ。私たちは以前の無関心さを悔い改め、互いに励まし合って、キリストのために恐れることなく、これらの課題に取り組んでいこうではないか。

解放の神学

救いを政治的解放として強調するのは、「解放の神学」の支持者たちだ。この神学の初期の提唱者は、少なくとも西洋キリスト教界が認識するには、グスタボ・グティエレスである。スペイン語の原書『解放の神学』は、一九七一年にペルーで出版され、その後、何年かして英訳が出版された。[4] 副題は『歴史、政治、そして救い』(*History, Politics and Salvation*)である。抑圧されている人々の解放という視点から、これほどまでに徹底して聖書の救いの解釈を試みた本はいまだかつてない。[5] この本には三つの背景がある。ラテン・アメリカという「抑圧された大陸」、ローマ・カトリック教会とその「現代化《アジョルナメント》」〔訳注・一九六〇年代、教皇ヨハネス二三世が提唱。世界の情勢に合わせてローマ・カトリック教会全体を刷新しようとする動き〕、そしてマルクス主義の経済論だ。私がグティエレスを称賛したいのは、搾取された人たちに対する深い同情心、貧しい人たちとの連帯の勧め、机上の空論より社会での「実践」の強調、そして教会に向けた「より福音的で真正な、より具体的・効果的な解放への関わり」[6] への呼びかけなどである。彼はマルクスの言葉に共鳴しながら、何回かその言葉を引用している。「哲学者たちは世界をさまざまに解釈してきただけである。肝心なのはそれを変えることである。」

グティエレスの定めた目標に、私たちは反論するつもりはない。その目標とは「人間に制約を加え、自己の充実から遠ざける全てのもの、自由の行使を妨げる全ての障害からの解放」である。これは完全に聖書的である。神は人をご自身のかたちに造られた。私たちは、神のかたちから人間性を剝奪するすべてのものに反対しなければならない。さらに「その目標は、生活条件の改善、体制の根本的変革、社会革命にとどまらず、人間の自己完成をめざす新しい道を継続的に――やむことなく――つくり出すこと、『たえざる文化的革命』なのである」[7]（傍点筆者）。

この目標を達成するための手段とは何か。歴史とは、人類が自己意識の中で成長し、「自己の運命に対する責任を自覚して……段階的に」勝利を獲得し、それによって新しい社会を造り上げるプロセスである。これが、その本に繰り返し出てくるテーマのひとつだ[8]。社会構造や科学技術の面では、人類はまさに「十分に発展した」。今や神が創造の初めに人間に与えた「支配権」を最大限に行使している（創世一・二六～二八）。

このすべて――人が自由になり、自己を達成させ、自分たちの社会の構造改革に責任を持つことの必要性――は聖書的、かつ適切である。その目的と手段がともに、この本の中ではよく定義されている。しかし著者が神学し始め、まるで社会的解放が聖書の意味する救いだと提示しようと試み、また政治行動のために伝道を二の次にしている時点で、残念ながら、だが断固として、私はグティエレスと意見を異にする。

グティエレスはごく初歩的な質問をしている。「救いと人間解放の歴史的過程との間には、どういう関係があるのだろうか？」続けて、それは「信仰と政治行動の関係、言いかえれば神の国と世界の建設との関係という、典型的課題」である[9]。彼はこの二点をうやむやにしているが、その課題に近づき、また近づこうとするがために、きわめて曖昧な釈義をしている。

おそらく、すべての人に神の救いの業に関する聖書の教えを適用させるためだろうが、グティエレスは教会と世界（社会）、キリスト者と非キリスト者をほとんど区別していない。人が聖書の教えに気づいていようがいまいが、「あらゆる人間は、キリストの内に、神との交わりに豊かに招かれている」と述べている。そして、あえて付け加えているように、これこそが「パウロが示した、『万物は主においてあり、主において救われた』という万物の主なるキリスト、という主題」だという。[10] それはまた「キリスト者、非キリスト者を問わず全ての人間の歴史的行為に、全く新しい仕方で宗教的価値を与えることになろう。公正な社会の建設とは、神の国の言葉にふさわしい、もっと身近な言い方をすれば、解放の過程に参加することが、ある意味で、すでに救いの業なのである」。[11]

「歴史における神との出会い」という章では、再び神の働きと存在がありとあらゆる人に適用されている。グティエレスは聖書の「神殿」のイメージで始めているが、聖書とはかけ離れた自分の解釈を展開する。「聖霊は、救いの業を完成に導くべく父と子に遣わされて、人間ひとりひとりの中に住むのである。」さらに、「神が人となって以来、人類と個々の人間、そして歴史は生ける神殿なのである」。そしてキリストの「解放は……新しく選ばれた民——今度はそれは全人類に及ぶのであるが——を生み出す」[12]。このような発言には、聖書的な根拠はまったくない。新約聖書の記者たちは、キリストのうちにある人とそうでない人、御霊を持つ人とそうでない人をつねに区別することにより、この見解を退けている（ローマ八・九、Ⅰヨハネ五・一二ほか、参照）。

それでは、グティエレスの神学体系の中には「回心」の文字がないのであろうか。いや、ある。だがそれは、根本的には「隣人への回心」だ[13]。彼はすでに「人がもし、自らを神と隣人に開いた状態にあるなら、たとえ自分ではそれを意識していなくても、救われる」と言い切る。関わりのある人たちがキリストを主として明白に告白しようとしまいと、自分が無私となり、また「人間同士の真の愛を築こうと努める」、この葛藤自体が神の恵みへの応答である[14]。実に、神を愛する唯一の道は自分の隣人を愛することであり、神を知る唯一の道は正義を行うことである[15]。さて、確かに神の真の愛と知識は、私たちの隣人への愛と正義によって表出されるべきである。しかし、これを逆さにして義を行った結果として神を知ったとするなら、あるいは神の知識と義の行為を同等にするなら、それは行いによる救いの教理にきわめて似通っている。

著者は、「悲惨や不正、搾取に対する闘い」を越えて、またそれを通して、「我々の目標は『新しい人の創造』であること」と力説し続けている[16]（傍点筆者）。グティエレスは、これがマルクス主義的でありながら聖書的な表現であることを承知している。言葉は同じだが、その意味合いが異なるようであっても、彼はまったく気後れしていない。パウロの言う「新しいひとりの人」もしくは「新しく造られた者」は、キリストの死による神の新創造、またキリストのうちにある人たちへの神の賜物である（エペソ二・一五〜一六、Ⅱコリント五・一七）。キリスト者であろうとなかろうと、これがマルクス主義によるすべての人に対する新しい社会秩序と生き方の「創造」と同じものである、とグティエレスが真剣に考えていたとは、とうてい思えない。

確かに抑圧からの解放と、より良い新しい社会の創造は、人類に対する神の素晴らしいご意思であるが、これらは、イエス・キリストにあって、またその方を通して神が世にお与えになっているその「救い」の要素ではないことを付言する必要がある。これまで見てきたように、キリスト者が献身的にこれらの分野で仕えるかぎり、政治的解放と社会変革は「神の宣教」に含まれるだろう。しかし、社会政治的な解放を「救い」と呼び、社会活動家を「伝道者」と呼ぶことは、「神学の混乱」という甚だしい罪になりかねない。それは聖書が明瞭にしている、創造主なる神と贖い主なる神、秩序の神と契約の神、世と教会、一般恩寵と救いの恵み、正義と義認、社会の改善と人間性の刷新の取り違えである。なぜなら、キリストの福音にあって与えられる救いは、社会の構造よりもひとりひとりの人間に関わっているからである。それは政治や経済の抑圧とは異なる類のくびきからの解放である。

解釈学上の問題

エキュメニカル運動内で支持されている「解放の神学」に対する私の憂慮は、基本的には解釈学上のものである。それは聖書、つまり旧約聖書と新約聖書の扱い方に関係し、その提示者の理論が適切か否かを判別する試みである。私以外の批評家たちは、エキュメニカル派の諸集会での聖書の誤用にそれとなく触れてきた。その誤用は時として恣意的であり（不都合なものを省く）、また時にはきわめて軽率である（結果ありきの説を擁護するため、都合よく聖書の言葉を歪曲する)。たとえば一九七三年の〝今日の救済バンコク会議〟(Salvation Today Bangkok conference)では、「救い」についてて多く討議されたにもかかわらず、使徒パウロが語っていることにはまるで耳を傾けなかった、とあるローマ・カトリックの参加者が嘆いていた。だれひとりとして、信仰による義認や永遠のいのちについて触れることはなかったのである。

社会政治的な救いの解釈への聖書的根拠には、旧約聖書の、特にエジプトの抑圧者からのイスラエルの解放が引用されている。グスタボ・グティエレスの『解放の神学』は、この出エジプトの解釈に強く依拠している。奴隷であるイスラエルの民は、経済搾取と残忍な抑圧に苦しんでいた。その束縛の中で彼らは「うめき」、神に叫んだ。そして、神は彼らの虐げを知り、「わたしが下って来たのは、彼らをエジプトの手から救い出し(または解放し)」とモーセに語られた(出エジプト三・八)。その数年後、紅海において、「しっかり立って、きょう、あなたがたのために行われる主の救いを見なさい」と告げられた。救出が完了すると、「こうして、主は……イスラエルを……救われ」、またイスラエルは「あなたが贖われたこの民」として知られるようになった(出エジプト一四・一三、三〇、一五・一三)。

しかし私たちが尋ねるべきは、この聖書の物語《ナラティヴ》が、抑圧された人たちの一集団、またはいずれの集団にも適用し得るかという点と、これがすべての被抑圧者に対して神が意図し、また約束された解放とみなされ得るのかという点である。当然、答えは「否」である。

確かに、神はいかなる抑圧も憎まれる。また、あらゆる国民の歴史の中にも確かに働いておられる。アモスを通しての神の言葉では、一方でイスラエルに、他方でペリシテ人とシリア人（アラム人）に神が同様に働いておられることは明らかだ。「わたしはイスラエルをエジプトの国から、ペリシテ人をカフトルから、アラムをキルから連れ上ったではないか」（アモス九・七）。これは、神がご自身とその民イスラエルとの間に築かれた特別な関係を否定するものでないが、ヤハウェがまるでイスラエル部族だけの神であるかのように、彼らがヤハウェを独占できないことを教えるものであった。一方、神がイスラエルとの関係の独自性を、またしたがって道義的な示唆を現されたのは、再びアモスを通してであった。

わたしは地上のすべての部族の中から、

あなたがただけを選び出した。
それゆえ、わたしはあなたがたのすべての咎を
あなたがたに報いる。

（アモス三・二〔詩篇一四七・二〇とを比較〕）

これと同じ特別な関係こそ、出エジプトに横たわっているものであった。神はアブラハム、イサク、またヤコブとの契約の成就として、またシナイ山での契約の更新をすでに計画しながら、ご自身の民をエジプトから救出された（出エジプト二・二四、一九・四〜六）。神はシリア人やペリシテ人とは契約を結ぶことはなく、それらの国で摂理によって働かれたにもかかわらず、彼らをご自身の契約の民とはされなかった。聖書において、「救い」と「契約」はつねに対をなす。したがって新約聖書では、出エジプトはキリストによる罪からの私たちの贖いを描写するものとなっている。だが、政治的に抑圧されている少数派への解放を約束するものでは決してない。

もし私たちがキリストにある、またキリストを通した神の救いについて神学的に論じ合っていないのであれば、政治的な意味合いで救いという言葉を使うことに抵抗はないであろう。新約聖書が旧約聖書の救いの約束に触れる際、その約束は物質的より

も倫理的な観点で解釈されている。おそらくその顕著な例は、ザカリヤの歌であろう。預言者たちを通して語られた「われらの敵からの……救い」との約束によれば、神が立てられた「救いの角」は「きよく、正しく」神に仕える者と理解され、一方、バプテスマのヨハネは「主の御前に先立って行き、その道を備え、神の民に、罪の赦しによる救いの知識を与える」者と理解されている(ルカ一・六七～七九)。

社会政治的観点から救いを定義できると主張する人たちが扱う、もうひとつの聖書箇所は、私たちの主がナザレの会堂でイザヤ書から引用された箇所である。

わたしの上に主の御霊がおられる。
主が、貧しい人々に福音を伝えるようにと、わたしに油をそそがれたのだから。
主はわたしを遣わされた。捕らわれ人には赦免を、
盲人には目の開かれることを告げるために。
しいたげられている人々を自由にし……。

(ルカ四・一八)

ここでは、おもに「貧しい人々」「捕らわれ人」「盲人」という三つのカテゴリーに

属する人が挙げられている。解放の神学は、この箇所を字義どおり身体的状況の描写であるとしている。しかし、私たちはこれをいともたやすく是認できるであろうか。公生涯において、イエスが目の見えない人たちの目を開かれたことは事実である。また確かに目の不自由さは、今日においても私たちキリスト者の心に訴えかける。しかし、キリストの奇蹟による視力の回復は、キリストが世の光であるというしるしであった。そのためこの箇所を、現代においても同じことを行えとの命令であるとは受けとめられない。イエスはまた貧しい人には仕え、裕福な人には難題をもちかけられた。しかしよく知られているように、旧約聖書において「貧しい人々」とは困窮している人だけでなく、希望と信頼を神に置く敬虔な人たちのことを指す。山上の説教の最初の教えにおいて、私たちが福音をあべこべにする覚悟がないかぎり、物質的な貧しさこそが神の国に受け入れられるための前提だ、などと理解することはできない。それでは、捕らわれ人や抑圧された人たちについてはどうか。イエスが文字どおり、パレスチナの牢獄を空にしたという証拠はどこにもない。むしろ、私たちが知っている囚人（バプテスマのヨハネ）は牢から一度も釈放されることなく、しかも処刑された。イエスがなさったことは、罪とサタンの霊的束縛から人々を解放し、真理こそがイエスの弟子たちを自由にすると約束することであった。

どうか私のことを誤解しないでもらいたい。物質的な貧困、目の不自由さ、また不正な投獄などはすべて、程度は異なるものの、ひとりの人から人間性を剝奪する。私たちキリスト者はそのような人たちを見て、心が激しく動かされ、その苦しみから彼らを助けようと行動せずにはいられなくなる。しかし、私は言いたい。さまざまな苦しみからの解放は、キリストが死なれ、私たちに救いをもたらすためによみがえられた、その救いではない。

社会的抑圧からの解放という観点から救いを解釈する試みについて、私は釈義学からもうひとつ述べたい。それは新約聖書に記されている、奴隷についての使徒たちの命令である。彼らは直接的には奴隷制度に抗議しているわけではないが、パウロは奴隷が「正義と公正」による待遇を受けるべきだと主張している（コロサイ四・一）。これは革命的な主張であった。それというのも、ローマ帝国においては、奴隷に対する「正義」という概念は皆無だったからだ。実際、この正義の要求こそ、奴隷制度を揺るがし、ついにはその崩壊へと至らせた。さらにパウロは、奴隷たちを、暴動や義務の放棄、主人からの脱走などへと煽《あお》り立ててはいないが、彼らに対して、もし自由を獲得できる機会があるなら、それを活かすように勧めている。このようにパウロは、奴隷制度は人間の尊厳に対する犯罪行為だと認識している。「人間の奴隷となってはいけません」とあるが、非常に重要な言葉も付け加えている。

奴隷も、主にあって召された者は、主に属する自由人であり……。兄弟たち。おのおの召されたときのままの状態で、神の御前にいなさい。

（Ⅰコリント七・二二〜二四）

この教えは意義深い。社会的自由が得られる奴隷たちは、それが神のご意思であるからそのようにしたらいい。しかし、もしそれが可能でなければ、どのような状況にあれ、それでも彼らはキリストにあって自由である！　これをしっかり覚えておきなさい、と。イエス・キリストによってすでに自由にされた者としての真の自由、また神が受け入れてくださった者としての尊厳は、奴隷という身分によって妨げられることも奪われることもない。彼らは「神とともに」奴隷の身分にとどまることができる。だからこそ私は、宗教という「民衆への阿片」を売りつけている、という過去の非難を真摯に受けとめている（「宗教は民衆の阿片である」というマルクスの警句を思い起こしながら）。しかし、そのような非難は公平ではない。「神とともに」という言葉を使って、抑圧を許したり、現状を黙認することなど道理にかなうはずもない。むしろ、この言葉はあらゆる状況を変革させることができる。それは、最も圧政的で、独裁的な国ですら奪うことのできない、イエス・キリストのお与えになった内なる御霊の自由について語っているからだ。獄中のパウロを考えてみよう。彼は自由ではなかったか。

　これまで、かなり否定的なことを述べてきた。私が聖書から論じようとしてきたのは、かつてキリストが勝利するために死なれたこと、また今や世界にお与えになっているその「救い」は、精神的・身体的ないやしでもなく、社会政治的な解放でもない、ということである。また、このような救いのメッセージの再構築を否定する中で、誤解されることがないよう自分を弁明してきた。これまでの否定と、次の三つの肯定とのバランスをとることが必要だと思う。第一に、神はこの両分野、つまり私たちの体とこの社会に大きく心を配っておられる。第二に、いずれの日かこの体も社会も贖われるであろう。私たちには新しい体が与えられ、新しい社会に生きる日が来る。第三に、愛は否が応でも私たちに迫りくる。身体の健康の増進（治療や予防法によって）、また人々に自由、尊厳、正義、平和をもたらすような根底から異なる社会秩序の構築、この両分野においても労せよ、と。神にとって、また私たちにとって確かにこれらは重要だが、それでもやはり、身体的・精神的ないやしと社会政治的な解放は、今やキリストにおいて人々に神がお与えになっている救いでないことを訴えたい。

ローザンヌ誓約は、このことを明確にしている。

私たちは、神がすべての人の創造者であるとともに、審判者でもあられることを確認する。それゆえに、私たちは、人間社会全体における正義と和解、また、あらゆる種類の抑圧からの人間解放のための主のみ旨に責任をもって関与すべきである。人間は神の像に似せて造られているので、一人一人は、人種、宗教、皮膚の色、文化、階級、性別、年齢にかかわりなく、それぞれ本有的尊厳性を有すものであり、それゆえに、人は互いに利己的に利用し合うのでなく、尊敬し合い、仕え合うべきである。私たちは、これらの点をなおざりにしたり、時には伝道と社会的責任とを互いに相容れないものとみなしてきたことに対し、ざんげの意を表明する。たしかに人間同士の和解即神との和解ではない。社会的行動即伝道ではない。政治的解放即救いではない。しかしながら、私たちは、伝道と社会的政治的参与の両方が、ともに私たちキリスト者のつとめであることを確認する。なぜなら、それらはともに、私たちの神観、人間観、隣人愛の教理、イエス・キリストへの従順から発する当然の表現にほかならないからである。救いの使信は、同時に、あらゆる形の疎外と抑圧と差別を断罪する審きの使信でもある。私たちは、罪と不義の存在するところでは、いずこにおいても、勇断をもってそれらを告発しなければならない。[17]

救いと個人的な自由

それでは、救いとは何か。それはひとりの人としての自由である。確かに、これまで見てきたように、時として救いには身体や精神的ないやしが伴うこともある。また、「私たちが主張する救いは、私たちの個人的責任と社会的責任の全領域において、私たち自身を変革して行くものである[18]」とローザンヌ誓約にあるように、確かに救いには社会広範における結果が伴う。しかし、救いそれ自体、つまりキリストがご自分の民にお与えになるその救いは、あらゆる罪の醜さからの自由であり、最終的に「神の子どもたちの栄光の自由」を私たちが得るまでの、新しい奉仕の生活の中への解放である。ゲーアハルト・キッテルの『新約聖書神学辞典』の中でゲオルク・フォーラーは、救いの単語はもともと否定的な意味合いのもので、私たちが何から救われたかに強調点があると言っている。したがって、ギリシャ文化での救いはまず第一に、戦争、海難、裁判の有罪宣告、あるいは病気など危機が何であれ、「神々または人々が深刻な危機から他者を力ずくで奪回する非常にダイナミックな行為」(訳者私訳)であった。[19]そのためギリシャ文学では、医者、哲学者、裁判官、役人、支配者、また特に皇帝が、人的存在の「救い主」として挙げられている。

旧約聖書でよく見られる救いの動詞には、抑圧などの窮屈さとは対照的に、幅広さや広大さなどの基本観念がある。したがって囚人の釈放は、「被抑圧者の味方となり、抑圧者に抵抗する第三者の救済的介入を通して」(訳者私訳)ゆとりのある広い所への解放を意味した。フォーラーは続ける。「この考え方は、自力の脱出や被抑圧者との協力のようなものではない。その助けなくしては被抑圧者が死ぬ可能性のあるものである」[20]（訳者私訳）。それは、包囲軍や他国の支配から解放された都市や国、不正から救い出された貧しい人たち、あるいは災難からの救出かもしれない。

これらすべては、私たちが神の救いを理解するために重要な背景となっている。私たちを救う方は生ける神、救い主である。偶像には命がなく、救うことはできない。そして神がご自分の民をお救いになる時、彼らをただ抑圧者から救出するだけでなく、神ご自身のためにお救いになる。

「あなたがたは、わたしがエジプトにしたこと、また、あなたがたを鷲の翼に載せ、わたしのもとに連れて来たことを見た。」（出エジプト一九・四）

これこそがすでに述べたテーマである。「救い」と「契約」は一対なのだ。同様に、天にあるキリストへの賛美の「新しい歌」は、「あなたは、ほふられて、その血により……神のために人々を贖い」と宣言している（黙示録五・九）。

今日、自由（freedom）は一般的な言葉である。しかし不幸にも、自由についての良い話はあまり聞かない。多くの辞書も「自由」という言葉を否定形で定義している。ある辞書には「妨害、拘束、制限、抑制のないこと」とある。他の辞書には、自由であることは「隷属していない、投獄されていない、制限されていない、抑制されていない、妨害されていない」こととある。また辞書は、一般的な用法だけにしか言及していない。しかし私たちは、自由を単に否定的な観点から定義することがあってはならない。このような状況で、キリスト者こそ「自由」の肯定的な理解を社会に広められるはずだ。マイケル・ラムゼイは言っている。「私たちは、人が何から自由となりたいかを知っている。だが、人が何のために自由となりたいかを知っているだろうか。」続けて、「私たちの感情を最も揺り動かす」自由（つまり、迫害、不正な投獄、人種差別、人を不自由にする飢餓や貧困からの自由）への私たちの奮闘は、つねに「人を自己から解放し、また神の栄光のために自由にするという、より根本的で革命的な文脈において」なされるべきだと主張している。ラムゼイによると、そのような自由は、イエスにおいてのみ見ることができる。「その方はだれからも自由であり、だれかのために自由である。その方は自己から解放され、神のために自由である。[21]」

それでは、今から新約における救いの教理を、聖書にある三つの段階もしくは時制（過去、現在、未来）によって検証していこう。各段階において、どのように否定的・肯定的側面が互いに補完し合っているかを注目していきたい。「解放」(liberation)が救いの適切な表現であるのは、とりわけ解放された者が導き入れられる特権(liberty)を示唆するからである。

さばきから子とされることへの自由

まず第一に、過去の段階において、「救い」は罪に対する神のさばきからの解放である。それは私たちが罪悪感や良心の呵責を持っていただけでなく、イエス・キリストにこのような思いからの救済(relief)をも見いだしたということである。私たちは実際に、また客観的に見ても、神の前で有罪であったが、悪い感情や歪んだ良心の根源であった罪からの、無代価の赦しを今や受け取っている。福音が「救いを得させる神の力」であるのは、そのうちに「神の義が啓示されて」いるからである(つまり、不義の者を義と宣言する神の義なる方法)。そして、この福音のうちに神の義があらわされているのは、「不義をもって真理をはばんでいる人々のあらゆる不敬虔と不正に対して、神の怒りが天から」啓示されているためである。このように、ローマ人への手紙一章一六～一八節は、神の力、神の義、そして神の怒りという順番で展開されている。神の怒りが罪に対して示されたため、神の義が福音のうちに、また神の力が福音を通して信じる人たちにあらわされた。

この過去の段階において、救いは義認――有罪宣告と正反対のもの――に相当する。すべて「キリストにある」人は「セソースメノイ」〝救われた〟人たちである（エペソ二・八）。同様に、彼らは「ディカイオーセンテス」〝義とされた〟人たちである（ローマ五・一）。双方とも過去分詞形であるから、キリストにあって信仰を通してすでに起こった出来事を示している。実際、ローマ人への手紙一〇章一〇節はこのふたつの言葉を同等としている。「人は心に信じて義と認められ、口で告白して救われるのです」（傍点筆者）。この義認は、キリストという「なだめの供え物」によってのみ可能とされた（ローマ三・二四～二六）。「キリスト・イエスにある者が罪に定められることは決してありません」と言えるのは、ただ神がご自身の御子を「罪のために、罪深い肉と同じような形で」遣わされ、「肉において罪を処罰された」、つまり、イエスの肉体においてそのようになさったからである（同八・一～三）。当然ながら神の怒りは人間とは別のものであり、キリストのなだめの供え物は異教徒の供え物とは違う。しかし、不適切な要素――人間の取るに足りないささげ物によって、復讐心に燃えた神の横暴な怒りが鎮まるという概念――が取り除かれれば、罪に対するご自身の聖なる怒りを和らげるために御子を遣わされるという、愛をもっての聖書的なだめの供え物だけが私たちに残る（Ⅰヨハネ二・二、四・一〇）。

しかし、救いの第一段階を明らかにするなかで、使徒たちは、神の怒りのなだめの供え物よりもさらに一歩踏み込む。そして、罪人を義として受け入れる、神による義認よりもさらに先を行く。パウロは、私たちは怒りから救われ、子とされるために救われたと強調している。神が御子を遣わされたのは、私たちを贖うためだけでなく、ご自身の家族として私たちを養子にするためでもある。私たちをさばく神が父となり、また聖霊によって私たちは「アバ、父よ」と神に向かって叫ぶことができるようになる。したがって、「私たちはまさしく神の子どもです」と信仰を表明していくのである。そして私たちはもはや奴隷ではなく、子どもである（ローマ八・一四～一七、ガラテヤ四・四～七）。男性であれ、女性であれ、今、私たちは自由な者として、自由に生きることができる。

自己から奉仕への自由

第二に、救いの現在の段階に目を向けよう。新約聖書における救いは、現在というプロセスにほとんどの焦点が合わせられている。私たちの「今」という時は、過去に神からいただいた賜物だからである。もし私が救われたかどうか尋ねられ、返答する前に聖書に照らし合わせて考え、正確に答えるとしたら、「はい」であり「いいえ」だろう。はい、私は神の怒りから、また自分の罪責や有罪宣告から純然たる神の恵みによって救われている。いいえ、私はまだ救われていない。私のうちにはまだ罪が住んでいて、この体はまだ贖われていないからである。これが新約聖書の、「今」と「いまだ」との間にある緊張感である。

よく知られているが、新約聖書で使われる動詞「ソーゾー」は、不定過去形《アオリスト》や完了形と同じく、現在形でも使われている。キリスト者は「ホイ・ソーゾメノイ」(「救いを受ける人々」)である。これは、私たちの救いはまだ完成には至っていない、という認識に基づく。そして「ホイ・ソーゾメノイ」(「救いを受ける人々」)は、「ホイ・

アポリュメノイ」(「滅びに至る人々」)と対比されている。彼らはまだ滅んでおらず、私たちもまだ新天地に至っていない(Ⅰコリント一・一八、Ⅱコリント二・一五、使徒二・四七を比較)。現在形であるもうひとつの理由は、義認と栄化の合間に、私たちが最終的に神の御子のかたちとまったく同じにされるその時まで、キリストの御霊により信じた者が「栄光から栄光へと」キリストのかたちへと変えられる「聖化」と呼ばれるプロセスが来ることである(ローマ八・二九、Ⅰヨハネ三・二)。

さらに、私たちがその似姿に変えられつつあるイエス・キリストは、「第二の人」もしくは「第二のアダム」(ローマ五章、Ⅰコリント一五章)、すなわち新しい人類の先駆けである。だから、キリストにある私たちは、この新しい人類の共同相続人なのだ。キリスト者になることは、真の意味において人となることである。なぜなら、神への反逆以上に人間性を剥奪するものはほかになく、神との和解と神との交わり以上に人間性を与えるものはほかにないからである。しかし、救いには人間化が伴うといっても、救いと人間化(現代社会の非人間化するプロセスからの救出)は決して同等ではない。

エキュメニカル派の論議はこう進んではいまいか。新約聖書による救いは、ヒトを人間にさせる。したがって、ヒトを人間にさせることは何であれ救いである。このような論法は、論理的にも神学的にも不十分である。同様にこう言えるからだ。「アスピリンは痛みを緩和させる。したがって、痛みを緩和させるものは何であれ、アスピリンである。」

現在というプロセスとしての救いは、使徒たちのふたつの驚くべき命令で表現されている。パウロはピリピの人たちに「自分の救いの達成に努めなさい」と言って、神が彼らのうちに働いておられるその救いを、日常生活において実践するように要求している（ピリピ二・一二～一三）。一方、使徒ペテロは読者たちが「成長し、救いを得る」必要性を強調している（Ⅰペテロ二・二）。ペテロはすでに前節であらゆる悪意、ごまかし、不誠実、ねたみ、中傷を捨て去るように教えている。これらが幼稚であるからにほかならない。ペテロが手紙の読者に望んでいる「救い」の成長とは、その振る舞いがキリストのようになることである。

この現在の救いにおいてもまた、肯定面を主張すべきである。私たちは自己中心性の束縛から、仕える自由へと解き放たれている。イエスは、私たちが罪の奴隷であると言われた。事実、自分にがんじがらめになることほど、ひどい奴隷の有様はない。

ルターはこのみじめな人間性を「自分の殻の中へと捩《ね》じ曲げられた人間」と描写した。この監獄から、イエス・キリストは私たちを解放してくださる。イエスが警告しておられるように、もし身勝手さを握りしめたまま自分自身を「救おう」とするなら、私たちは自分自身を失う。その反対に、神と他者への奉仕に自らをささげることによって自分を失う用意ができてこそ、私たちは真の自分を見いだしていく(マルコ八・三五)。私たちは自分に死ぬことによって初めて生きるようになり、仕えることで初めて自由になる。

この現在の救いという、自己中心性の枷から仕える自由への解放は、私たちが考える以上により徹底した要求をもたらす。ローザンヌ誓約から再び引用すると、「伝道は、キリストへの従順、ご自身の教会への加入、この世界内での責任ある奉仕などの結果を含むものである」[22]。私たちが奴隷のようにとらわれている伝統、慣習、また世俗文化の中産階級による物質主義から真に解放されないかぎり、また私たちの弟子としてのあり方が既成組織の体制批判に向かい、あらゆる抑圧に憤りを覚えさせるほど徹底的でないかぎり、また今こそ無私無欲となって惜しみなくキリストや教会、社会に献身しないかぎり、私たちは救われた、さらには救いを受ける過程にあると主張することはできない。救いと神の国とは同義語であり（マルコ一〇・二三〜二七を比較）、御国におけるイエスの権威は絶対的である。

今日のキリスト教の失敗の数々を恥じることなくしては、新約聖書に描写されているような、この現段階の救いの豊かさを理解することはできない。私たちは無代価の賜物として受けた過去の救いで満足しやすく、「成長し、救いを得る」ことや、仲間とともに神と人への奉仕に自らをささげる召しを見過ごしがちである。「救いを受ける」という現在形のプロセスが、救いの成長や達成への神からのチャレンジだと考えるなら、教会自体が解放を必要としていることを認識しなければならない。それは、あらゆる偽りを捨てて、主イエス・キリストの弟子として生きることへの解放、古きものすべてを一新する福音の力への解放である。

腐朽から栄光への解放

第三に、未来の段階に移ると、賜物であり、継続中である神の救いはまた、私たちキリスト者の希望でもある。私たちは、「やがて救われる」という希望のうちに救われている。「救いの望み」とは、キリストの兵士が身に着けるかぶとだ（Ⅰテサロニケ五・八とローマ八・二四とを比較）。私たちは日々、この救いに近づいている。なぜなら「あなたがたは、今がどのような時か知っているのですから、このように行いなさい。あなたがたが眠りからさめるべき時刻がもう来ています。というのは、私たちが信じたころよりも、今は救いが私たちにもっと近づいているからです」とあるからだ（ローマ一三・一一とⅠペテロ一・五、九とを比較）。しかし私たちは、グスタボ・グティエレスが「終末論と政治」という章で述べている、ユートピアのようなビジョンを抱いてはいない。むしろ反対に、「私たちは、人間がこの地上に楽園を建設できるという考えを、高慢な自己過信に基づく夢想として拒否する。私たちキリスト者の確信は、あくまでも神がみ国を完成なさるということである。ゆえに、私たちは、正義が住み、神が永遠に支配されるところの新天新地の出現するかの日の到来を熱心に待ち望む」[23]。

この最終的な究極の救いとは、どのようなものであろうか。まず、それはやがて来る怒りからの解放であろう（ローマ五・九、Ⅰテサロニケ一・一〇、五・九）。それ以上に、「私たちのからだの贖われること」が含まれるであろう。私たちの体は全被造物とともに「朽ちる束縛」を共有しているため、まるで産みの苦しみのように被造物はうめき、同様に私たちも心の中でうめいている。私たちは新しい体（身体的弱さ、堕落した性質、そして死の必然から解放されるであろう）、そして新しい天地（そこに抑圧はなく、義のみがあるであろう）を切望している。新約聖書が描き出すこの展望は、嘆きではなくむしろ希望だ。私たちの内なるうめきは「子にしていただくこと」への切望であるから、私たちは完全なかたちで子とされるであろう。同様に、「被造物自体も、滅びの束縛から解放され」るだけでなく、「神の子どもたちの栄光の自由の中に入れられます」（ローマ八・一八～二五、Ⅱペテロ三・一三参照）。

個人の救いの各段階において、聖書の強調点は私たちの救出（怒りから、自己から、滅びと死から）にはさほどなく、むしろ救出によってもたらされる自由にある。父である神とともに生きる自由、他者に仕えるために自分をささげる自由、そして最終的には、私たちの現在の罪ある性質がすべて取り除かれた時の、神と他者に自らを無条件でささげることのできる「栄光の自由」である。

私たちは救いを受けているか。はい、そして「私たちは喜んでいます」（ローマ五・二、三、一一）。私たちは救いを受けているか。いいえ、全被造物とともにこの体にあって、「私たち自身も、心の中でうめき」、その完成を待ち望んでいる。私たちは喜び、私たちはうめく。これこそが、すでに救いを受け、また同時にまだ完全に救われていないキリスト者の葛藤である。

このように、福音は救いの良い知らせである。だから、パウロのように福音を恥とはしない、と私たちも宣言できるようになろうではないか。それというのもマイケル・グリーンの著書『救いの意義』（*The Meaning of Salvation*）の最後にあるように、今日の世界において「救いへの飢え渇きがいまだある」からだ。[24] そして神の良い知らせは今なお、信じる人にとって救いを得させる神の力である。神は今でも「ケリュグマ」、イエス・キリストの告知を通して、信じる人たちを救われる。

最後に、私たちが何を宣言するかを示さなければならない。ヒンズー教の哲学者でありインドの前大統領ラダクリシュナン博士は、あるキリスト者たちにこのように述べたという。「あなたがたは、イエス・キリストがご自分の救い主だとおっしゃいます。けれども、他の人より『救いを受けている』というふうには見えませんね。」もし私たちが、変えられた人生と生き方によって救いの証しを立てないなら、間違いなく私たちの救いのメッセージは無意味である。これはほかでもない、福音の説教者に直ちにあてはまる。ジョン・プルトンは述べている。

最も効果的な説教とは、自分で言っていることを体現する人たちから来る。彼ら自身こそ、そのメッセージである。……キリスト者は……つねに言行一致でなければならない。伝えるものは第一に人々であって、言葉や考えではない。……本物は人々の心の奥深くに通じる。……今伝えることは、その人が本物のキリスト者かどうかである。[25]

そして、本物のキリスト者とは、救いを真に体験した人である。

8章　救いについての考察

クリス・ライト

「キリスト教は救済の一宗教と言っても過言ではない」と、ジョン・ストットは断言している。その後、聖書の神こそまさに救いの神だと続けているから、ストットは「一宗教」(a religion)というより、「これぞ宗教」(the religion)とも言えたはずである。他のあらゆる神々が救い得ないなかで、この方こそが救う神である、これ以上によく使われ、また聖書が示す神を網羅する定義はない。「救いは……私たちの神にあり」と、贖われた人たちの大合唱がほめたたえている(黙示録七・一〇)。確かに、この方以外に救いはない。これについては、ストットはこの特有の聖書信仰を、本書でさらに述べてもよかったのではないかと思う。拙著『救いは我らの神にあり』(*Salvation*

Belongs to Our God）では、救いについて一章全体をあてた（ストットが「グローバル・クリスチャン・ライブラリー」の連載記事の編集顧問だった時、彼の要望で書いたもの）。まず、ストットの七章初めの論旨について考えてみよう。[1]

聖書によれば救いとは、聖書の神の特殊性と独自性を定義するだけでなく、まさしく神のアイデンティティをも定義する。時に旧約聖書の記者は簡潔に、「ヤハウェは救いです」と述べている（出エジプト一五・二、申命三二・五ほか参照）。詩篇においては、ヤハウェこそすべてにまさる救いの神だということがわかる。ヘブル語の語根「yasha」（「救うこと」）は、詩篇の中に百三十六回出てくる（旧約聖書全体を見ると、この単語の使用回数の四〇パーセントにものぼる）。ヤハウェはこのような方である。

- まさに私の救いの神、あるいは私の救い主なる神（一八・四六、二五・五、五一・一四ほか）
- 私の救いの角（一八・二）
- 私の救いの岩（八九・二六、九五・一）
- 私の救い、また私の栄光（六二・六～七）

● 私の救い主、また私の神（詩四二・五）

新約聖書を見ると、ヨセフに現れた御使いがマリヤの息子をイェホシュア（Joshua, Jeshua. もしくはギリシャ語で Jesus）と名づけるように指示している。なぜなら「この方こそ、ご自分の民をその罪から救ってくださる方」だからである（マタイ一・二一）。イエスという名前には「ヤハウェは救いです」との意味がある。信者がイエスの御名にひれ伏すごとに、聖書の救いの神こそ神であると宣言している。パウロはこのテーマについて、きわめて短い書簡、テトスへの手紙の中で述べている。この手紙には救いの言葉が驚くほど集中して使われている。たった三章の中に、パウロは七回も「私たちの救い主なる神」や「私たちの救い主なるキリスト」という言葉を重ねている。

旧約聖書ではヤハウェとして、また新約聖書ではナザレのイエスとしてご自身をあらわされた神は、すべてにまさる救いの神である。これこそが、この方の独自性の際立った特徴であり、この方のアイデンティティを定義するものである。

救いの範囲——何が含まれるのか？

ストットは「明確であること」に徹底して情熱を傾け、鋭く識別し、また定義した。キリスト教の救いの言葉の行き過ぎた再解釈、たとえば病からのいやし（普及している考えだが）、一九六〇年代、七〇年代のエキュメニカル運動の自由主義神学に強い影響を与えた、経済的また政治的抑圧からの解放などに対して、ストットは異を唱えながら、聖書が語る救いはこのどちらでもないと主張している。より正確に言うと、身体のいやしや被抑圧者への正義自体は素晴らしいこととして、ストットは積極的に受け入れている。これらは神が望まれ、またキリスト者が心を配るべきこととして聖書は示している。しかしこれらが、「神が働かれ、キリストが成し遂げられ、聖書が明らかにし、また福音が差し出す」その救い（the salvation）に含まれるとは考えていない（この一文は、ストットの典型的な表現方法）。

　この定冠詞（the）は非常に重要である。ストットは慎重に、範囲を限定した定義を繰り返し提言している（以下の各ケースにおいて。傍点付加）。

● 神がキリストを通して人類に与えられたその救い（the salvation）
● 今や福音を通してキリストによって人類に与えられたその救い
● これらは、イエス・キリストにあって、またその方を通して神が世にお与えになっているその「救い」の要素ではない
● さまざまな苦しみからの解放は、キリストが死なれ、私たちに救いをもたらすためによみがえられた、その救いではない
● 今や世界にお与えになっているその「救い」は、精神的・身体的ないやしでもなく、社会政治的な解放でもない

ストットは前記の二点について強く論じ、さらに誤解されることがないように、もう一点述べながら弁明している。しかしバランスをとることで、かえってその議論全体においてある種の問題や緊張感を生み出しているように見える。

まず、一章で論じたキリスト者の宣教の全人的性質にしたがって、キリスト者は貧しい人たちや抑圧された人たちのためにいやしの働きや、社会政治的行動に参与す

べきだと言う。「愛は否が応でも私たちに迫りくる。身体の健康の増進（治療や予防法によって）、また人々に自由、尊厳、正義、平和をもたらすような根底から異なる社会秩序の構築、この両分野においても労せよ、と。」さらに、「抑圧からの解放と、より良い新しい社会の創造は……これまで見てきたように、キリスト者が献身的にこれらの分野で仕えるかぎり、政治的解放と社会変革は『神の宣教』に含まれるだろう」と、キリスト者が取り組むべきことを論じている。しかしストットの中では（少なくとも七章にかぎり）、そのような働きは神の救いの要素でもなく、また救いにつながることでもない。聖書における宣教と救いとのきわめて密接な関係を見る時、ストットの論では、福音派の宣教の神学と救いの神学との間にわずかな乖離を造り出すのではないかと私は思う。私たちの宣教の一部（ストットが聖書からの命令と確信していた社会的側面）を、聖書が語る神の救う働きから切り離すことには違和感がある。

次に、ストット自身がその違和感に気づき、最終的に（終末論的に）神の救いの、また贖いの働きにはあらゆる苦しみ、病気、死の終焉とともに体の完全ないやしが含まれるであろうし、また新天地においてはすべての抑圧と暴力の終焉とともに正義と平和の完全な確立が含まれるであろう、と何度か言及している。「神がやがて創造される新しい体と世界においては、もはや病気、痛み、そして死はない」ことをストットは否定していない。それどころか、三つのことを肯定している。

第一に、神はこの両分野、つまり私たちの体とこの社会に大きく心を配っておられる。第二に、いずれの日かこの体も社会も贖われるであろう。私たちには新しい体が与えられ、新しい社会に生きる日が来る。第三に、愛は否が応でも私たちに迫りくる。身体の健康の増進（治療や予防法によって）、また人々に自由、尊厳、正義、平和をもたらすような根底から異なる社会秩序の構築、この両分野においても労せよ、と。

繰り返すと、この論には違和感はある。そして聖書から見ると、間違いなく救いにはこれらの素晴らしい終末的祝福が含まれるであろう。だが、ストットが言うとおり、「今や福音を通してキリストによって人類に与えられたその救い」には含まれない。

この乖離（救いを差し出す伝道と、神を喜ばせ、神の命令に従うものだが、救いにはつながらない社会的参与との間の）は、ローザンヌ誓約での関連項目の構成にも影響している。

私たちは、神がすべての人の創造者であるとともに、審判者でもあられることを確認する。それゆえに、私たちは、人間社会全体における正義と和解、また、あらゆる種類の抑圧からの人間解放のための主のみ旨に責任をもって関与すべきである。人間は神の像に似せて造られているので、一人一人は、人種、宗教、皮膚の色、文化、階級、性別、年齢にかかわりなく、それぞれ本有的尊厳性を有すものであり、それゆえに、人は互いに利己的に利用し合うのでなく、尊敬し合い、仕え合うべきである。私たちは、これらの点をなおざりにしたり、時には伝道と社会的責任とを互いに相容れないものとみなしてきたことに対し、ざんげの意を表明する。たしかに人間同士の和解即神との和解ではない。社会的行動即伝道ではない。政治的解放即救いではない。しかしながら、私たちは、伝道と社会的政治的参与の両方が、ともに私たちキリスト者のつとめであることを確認する。なぜなら、それらはともに、私たちの神観、人間観、隣人愛の教理、イエス・キリストへの従順から発する当然の表現にほかならないからである。救いの使信は、同時に、あらゆる形の疎外と抑圧と差別を断罪する審きの使信でもある。私たちは、罪と不義の存在するところでは、いずこにおいても、勇断をもってそれらを告発しなければならない。[2]

この項目では明らかに、キリスト者の社会関与は、救いにおける神の働きよりも、創造主なる神の教理に根ざしている。しかし、それは最後の興味深い言葉、「救いの使信」の前までであり、ストットはおそらく、神の救いが最終的に「罪と不義の存在するところでは、いずこにおいても」すべてを取り除くであろう、という自身の聖書認識を忘れなかったためだと思う。

第三に、いやしや政治的解放などを含め、聖書は「救う」や「救い」という言葉を非常に幅広い意味で使っていることを、ストットは一歩譲って認めている。[3]しかし、「救いの聖書的教理」は「病気、溺水、さらには死を含め、あらゆる身体の不調へのある種の総合保険」にはなり得ないと再度くり返すことで、ストットが聖書の「救い」の幅広さを認めたその衝撃が、幾分和らいでいる。そのような奇蹟は「救いのしるし」であり、救い自体ではない。

それでは、これらについて私たちはどのように応答すべきか。明らかに、ストットは次のふたつの点において、救いの聖書的意味を守ろうと必死だ。まず、救いが単に物質的、身体的、社会的、または政治的な意味においての「解放」(liberation) と取り違えられてはならないとの主張である。そのような「解放」は、根底にある罪と悪の問題と、それらが引き起こす永遠の結果に触れずじまいだ。そのため、伝道の必要性や、キリストによる個々人の新生の必要性を奪い去る。さらにストットは、聖書が語る新天地での救いの究極的な祝福が地上の今の生活にも約束され、また味わえるなどという行き過ぎた終末論に反論している。

しかし私が思うに、単に身体的や政治的な解釈を避けながら、救いの聖書的概念を保持するという同じ目的に到達するために、より良い方法があるのではないか。それは、その「内容《コンテンツ》」で救いを「細分化」し、ある部分を括弧でくくり出し、これこれは「神がキリストを通して人類に与えられたその救い」に含まれない、ということではない(聖書は旧新約ともに豊かな内容であり、あらゆる神の救いの業に関する言葉で溢れているためだ)。今を生きる私たちと聖書の救いを関連させるには、救いの内容そのものより、むしろストットの二番目の直観に従って、私たちが体験する救いの、全内容のタイミングに集中させたらどうか。言い換えると、救いの完全性（そのすべてが完全に神の業であり、最終的にキリストを通して完成される）のうちには、私たちが今ここで確信できるものがあり、またこの地上の人生ではかならずしも体験しないこともあり、だが新天地においては現実として壮麗に喜び祝うこともある。つまり、すでにキリストが成し遂げられたことと、福音が与えるものというひとつの「パッケージ」のうちに現在的局面と終末的局面を同時に保ちながらも、この両局面を区別することができる。

そうであれば、悔い改めと信仰によって神に立ち返る人に、私たちはいったい何を約束できるだろうか。聖書の一貫した主張は、もし罪人が悔い改めてキリストの救いを信じるなら、その人は罪の赦しを知り、終わりの日に神の怒りから救い出され、また永遠のいのちの賜物をすでに受けたと確信することができる。神は保証される。罪とその永遠の結果については、ただイエス・キリストの十字架と復活により、私たちはすでに救われ、今救われており、またいずれ救われる、と。このことを私たちは堅く信じることができ、また神ご自身の約束に立って、ほかの人にも約束することができる。

それでは救いの言葉において、聖書が語る身体のいやし、解放、危険や死からの救出などについてはどうか。この世の生活で起こり得ることばかりである。そして、神はある時、ある場所で、ある人をいやし、解放し、救い出すことがおできになる。またそうなさることを聖書は示している。しかし、神を求める人、神を信頼する人にはみな、神はつねにそうなさると保証できるのか。

ある牧師たちはこのように言う。「今ここで、あなたが貧しさから救われて裕福になることは、つねに神の御心です。あなたの病がいやされ、健康になることは、つねに神の御心です。信じなさい。もっと信じなさい。信じ切りなさい。そうすれば神の救いのすべての良きものは、今ここであなたのものになります。」七章でストットは繁栄の福音の教えに触れていないが、間違いなく救いを歪めるものとして、このような教えを非難していたであろう。

それでは信仰は、聖書に記されているすべての救いを保証するのであろうか。ヘブル人への手紙一一章によれば、そうではない。この箇所は、旧約聖書の人々にあらわされた神の救いの業が列挙されている。みなに信仰が共通していた。ヘブル人への手紙一一章三二～三五節によると、その多くが物質的、身体的、また軍事的な面において、神の救いを体験した（ギデオン、バラク、サムソン、エフタ、ダビデ、サムエル、また「預言者たち」）。

しかし「ほかの人たち」は、このような即時的方法での救いを体験しなかった。その代わりに彼らは「釈放されることを願わないで拷問を受け……あざけられ、むちで打たれ、さらに鎖につながれ、牢に入れられるめに会い……石で打たれ……のこぎりで引かれ、剣で切り殺され、羊ややぎの皮を着て歩き回り、乏しくなり、悩まされ、苦しめられ……荒野と山とほら穴と地の穴とをさまよいました」（ヘブル一一・三五〜三八）。それから手紙の記者は、「約束されたものは得ませんでした」、しかし「みな、その信仰によってあかしされました」と語っている。

この聖書箇所は、信仰の産物として健康や富を約束する誤った、また行き過ぎた教えを退ける。これらの人たちの相違は信仰の有無にあったのではなく、むしろ神の計り知れない方法にあった。神が間違いなく約束しておられること（悔い改めて神に信頼する人への永遠の救い、また新天地におけるすべての病、死、抑圧からの解放）を、私たちは約束することができる。しかし私たちは、神が約束しておられないこと（この世の生活でのあらゆる問題や苦難からの解放）を約束すべきではない。愛、同情心、平和構築、または正義の追求などの私たちの宣教的参与を通して（そのような努力は不完全で、一時的なものであったとしても）、この世の生活で神が人々にもたらすいやしや正義がどのようなものであれ、それは神が新天地でご自身の贖われた民のためにキリストを通して成就される救いの先取りとなる。

ストットは、救いの聖書的理解のうちでの時制の区別、つまり、過去・現在・未来をよくとらえている。そして七章の重要な項、「救いと個人的な自由」では、これを非常に効果的に用いている。見出しからわかるように、その強調点は、神を信じる者ひとりひとりが味わう救いの祝福や恵みに置かれている。しかしこの章では、共同体の、また宇宙大の（もしくは創造的）局面が十分に述べられていない。だが、これは単なる見落としではない。ストットはこれらの局面について後の著書で多く論じているからである。また私の序文を思い出してもらいたいが、本書はそのすべてを語り尽くすことのできない五つの講義に基づき書かれている。教会の、また社会の成熟、そして新天地での究極の完成を含めて、聖書が語る救いの広大な局面に関するジョン・ストットのより幅広い、練られた考察については、『キリストの十字架』（*The Cross of Christ*）や『現代のキリスト者』（*The Contemporary Christian*）を読み、有益な時間を持つことを勧めたい。[4]

近年の福音派の見解や著述は幸いにも、全時制（過去、現在、未来）や、全局面（個人的、社会的、創造的）において、聖書が語る救いの完全さを少しずつ取り戻してきた。私の確信では、巻末注に挙げられている、聖書的に調和がとれ、かつ大いに希望に満ちた各書を、ストットは称賛したことであろう。それらの本は、ストット自身がそうであったように、救いは聖書において私たちに示された神の業であり、神はその救いをイエス・キリストの受肉、死と復活――天地創造から新天地にまで及ぶ、神の救いの業の壮大な聖書の物語《ナラティヴ》の完成――を通して成し遂げられた、と忠実に述べている。[5]

救いの解釈学――どのように旧約聖書を用いるべきか

多くの人に影響を与えたグスタボ・グティエレスの著書『解放の神学』英訳は、出版とともに英語圏のキリスト教神学界を席巻した。この突如として現れたラテン・アメリカの解放の神学に、いち早く応答したイギリス福音派のひとりにジョン・ストットがいた。[6]　一九七五年執筆の本書でのストットの応答は、特徴的であった。第一に、大きな関心と徹底さをもってその本を明確に分析している。第二に、自身が肯定し、また福音派が認め、学ぶべきだと感じた点はすべて称賛しようと努めている。しかしその後、第三として、グティエレスが聖書から離れてしまった箇所、あるいは区別されるべきをグティエレスが混同している箇所を指摘しながら、ストットは鋭く、聖書に基づいた批判を繰り広げている。それからの数年間、さまざまな背景を持つ人たちがさまざまな切り口から、解放の神学と論じ合うことを試みた。[7]　中には、福音主義神学に近い見解の人たちもいた。

ストットが七章で主張するには、グティエレスや他の人によって提唱された解放の神学のおもな問題点は、その解釈、つまり彼らの聖書のとらえ方にある。そしてストットはとりわけ、出エジプト記の物語《ナラティヴ》の著しい用い方に異議を唱えた。聖書全体の、また特にその物語《ストーリー》は、「いかなる抑圧も神は憎まれる」こと、そしてキリスト者は率先して抑圧を暴き、抵抗していかなければならないと教えていることに、ストットは心の底から同意している。だが、その一方で、解放の神学の出エジプト記の解釈に対して、ふたつの点で反論している。ストットは否定的に尋ねている。「この聖書の物語《ナラティヴ》が、抑圧された人たちの一集団、またはいずれの集団にも適用し得るかという点と、これがすべての被抑圧者に対して神が意図し、また約束された解放とみなされ得るのかという点である。当然、答えは『否』である。」またストットによれば、新約聖書では、出エジプトの出来事は、「キリストによる罪からの私たちの贖いを描写するものとなり、政治的に抑圧されている少数派へ解放を約束するものでは決してない」。

私自身はこの二点において、ある部分は賛同し、ある部分は支持しない。

まず私は、神がイスラエルになされた歴史的事実をもって、神は堕落したこの世界の抑圧された人たちに同じことをなさる、という期待感や約束に取り違えてはならない点に賛同する。そのような主張は結果として、神を信じれば身体的ないやし、物質的な豊かさが保証されるという繁栄の福音に見られる、歪められた「実現された終末論」と同じ類になるであろう。しかしこれについては、ほかの見解と比較検討する必要がある。

第一に、明らかにイスラエルの民自身、エジプトから解放してくださった神は「再びそれができる、そうするであろう」という強い期待を持っていた。この期待は個人レベル（詩篇では抑圧からの解放を求める神への懇願がよく見られる）や、また国家レベル（各預言書にある強烈な「新たな出エジプト」というテーマ）の証言に及ぶ。しかしそれ以上に忘れてならないのは、イスラエルはあらゆる国々に祝福をもたらし、また契約の関係を拡大するという神の究極の目的のために存在するよう召された民である、ということだ。当然、これは終末的な希望であって、現在の保証や即時的な地政学上の問題ではない。しかし、出エジプトの物語《ナラティヴ》はただ単に「イスラエルのためだけ」ではなく（確かに神の民としての彼ら独自のアイデンティティという面はあったが）、型となる目的があることも明らかであった。イスラエルをエジプトから解放されたこの神は、旧約聖書全体を見ると実に、外国人や被抑圧者にご自身の愛を注がれる神である（申命一〇・一七〜一九）。

つまり解放の神学の学者たちは、この物語《ナラティヴ》において、神が優先されることや関心を向けられることを理解する点では間違っていなかった。聖書の物語《ナラティブ》から、不正と抑圧からの解放を求めて、貧しい人々とともに、また彼らのために社会に関わるという根拠を導き出す解釈学上の方法はもちろんある。しかし、ストットや他の学者たちの批判が正しいのは、解放の神学が、たとえ人々をイエス・キリストによる神との関係へと導くことがなくても、社会の不正に挑む人間の行為を救いと同等とみなしている点である。出エジプトは旧約聖書の中で、その全書巻の根底に流れる神の贖いの偉大な業として、くり返し描かれている。「贖い主」である神を語る時、だれもがイスラエルの「出エジプト」を思い浮かべたであろう。しかし出エジプトの目的は、単にイスラエルをエジプトから連れ出すことではなかった（単純に地理的、政治的意味においての「解放」ではない）。むしろ、イスラエルを神との契約関係に入れるためにシナイ山へと連れて行くためであり、また神がやがてお与えになる地にあって、イスラエルがその贖いの契約関係にしたがって生きるためであった。以上の理由から、この物語の一部がたとえそうであったとしても、出エジプトを単なる社会政治的な解放ととらえることは、聖書の用い方においてきわめて不適切である。

第二の点として、新約聖書は明らかに出エジプトの物語《ナラティヴ》を、十字架と復活においてキリストが成し遂げた業を理解するものとして扱っている。これは聖書にある救いの物語《ナラティヴ》的本質の特徴である。四福音書での救いの中心的物語は、先のイスラエルの物語にある神の業すべてをまとめ上げ、「再現」し（パウロが述べているように、「キリストは、聖書の示すとおりに、私たちの罪のために死なれたこと、また、葬られたこと、また、聖書の示すとおりに、三日目によみがえられたこと」〔Ⅰコリント一五・

三〜四〕）、さらにもう一度旧約聖書を強調し、ヨハネの黙示録二一〜二二章にある新天地のクライマックスへとまっしぐらに向かっている。しかし出エジプトは、将来における霊的贖いの単なる「描写」ではない。出エジプトは実際に起こった。すなわち神は、政治的、経済的、社会的、同様に霊的にも、実際に虐げられている人々を救出された。そして旧約聖書は、出エジプトという出来事全体に対して、くり返し贖いの言葉を用いている。

そのため私が思うに、出エジプトのあらゆる聖書的重要性を、罪からの贖いという霊的理解だけにとどめてはならないし、また出エジプトに見られる典型的な暴力の側面を見逃してはならない。それ以上に、出エジプトを単に社会政治的な領域に閉じ込めてしまい、その本質である霊的な意義を見過ごしてはならない。どちらの両極端も、出エジプトの物語《ナラティヴ》は、救い（また宣教）の十分な聖書理解のために機能している事実を歪める結果となる。これに関しては、拙著『神の宣教――聖書の壮大な物語を読み解く』（邦訳、東京ミッション研究所）の中で一章全体をあててさらに詳しく論じ、出エジプト記の全局面に真価を与える、この書巻の統合された解釈への提唱で締めくくられている。[8]

救いの物語――他の物語に道備えができるのか？

ここまで、聖書における救いの物語《ナラティヴ》的性質を強調してきた。すなわち聖書においては、救いはある方程式、テクニック、もしくは秘儀などではない。救いはつねにイエス・キリストを中心とし、イエス・キリストにおいて頂点に達する数々の約束や出来事を通して、神が歴史の中ですでに成し遂げられた業として記されている。これから述べることは、ストットの異教徒間の対話についての章と関連していたのかもしれないが、さらに論じたいことがある。

聖書における救いの物語《ナラティヴ》的性質の中心は、その独自性にある。聖書が救いについて語る際、他の宗教も信じている共通点を語るのではない。聖書はまったく異なる仕方で語る。聖書においては、私たちが救いについて語るうえで、どうしてもその物語を語らずにはいられない。つまりこの物語であって、他の物語ではない。他の宗教のあらゆる救いの概念は、間違ったところから始まっている。神々や教祖たちから少しばかりの助けを借りて、最終的には自力で達成できる、というような救いである。聖書では、神は救いの主体であり、救いの客体ではない。神がお救いになる。そして、神は活動する主体である。私たちは、救いを得るために神を説得したり、へつらったりする必要などない。そして聖書によれば、神の救いの完成は、この物語的歴史《ナラティヴ・ヒストリー》に記された数々の出来事を通してである。

聖書において救いとは、神が人と被造物を救うために働いてこられた歴史の中で「すでに起こったこと」に根ざしている。それは神が過去においてすでになされ、またその結果として、ある結果が未来において保証されているということだ。これにより、私たちは現在、変えられた生活を送っている。この物語を語ることのない他の宗教には、救いはない。したがって他の宗教は、人々をこの物語と救い主とに「結びつける」ことはできない。この救い主こそ、この物語の最大の中心テーマである。また、他の宗教には福音がない。良い知らせが成り立つ、真の物語がないからだ。

救いの広さ——だれが含まれるのか？

本書の救いに関する章の中では触れていないが、ストットが後になって取り組んだ問題は、救いの広さへの問いであり、おそらくより正確には、救いの及ぶ範囲の限界についてであった。ストットは七章で、キリストの福音を通して神が人々にお与えになる救いについて繰り返し述べている。しかし、福音を一度も聞いたことのなかった人たちはどうなるのか。イエス・キリストの良い知らせを、一度も知ることのない人たちはどうなるのか。つまり、伝道されていない人たちの運命はどのようなものであるのか。

『現代のキリスト者』の「イエス・キリストの独自性」という章の中で、ストットはいつものように明確に、イエスだけが主であり救い主であるとは何を意味するかを詳述している。しかしその最後に、読者が先ほどとまったく同じ質問を持つことを予期している。答えを模索しながら、ストットはこのように言っている。「私たちは確信と不可知、自分が知っていること（聖書が簡潔にそう教えているため）と知らないこと（聖書が不明瞭であるか、そのことについて沈黙しているため）をあわせ持つ必要がある。」

それから「聖書から私たちが知ること」、つまり自力での救済はあり得ないこと、イエス・キリストこそ唯一の救い主であること、「そしてその救いは神の恵みによってのみ、キリストの十字架のみに基づき、信仰のみによってである」と述べている。さらに次のように続けている。[9]

しかし私たちが知らないのは、憐れみと救いを望んで神に叫び求めるようになるには、いったいどれほどの福音の知識と理解が人々に必要かという点である。旧約聖書では、人々は実際にキリストへの知識や予期をまったく持っていなくても、「信仰を通して恵みによって義とされた」。おそらく今日も似たような状況にある人たちがいる。神の前で自分が罪深く、罪を犯していると知り、そして自分が神の恩恵を勝ち得るためには何一つできないと知って、自暴自棄の中で何となく自分を救ってくれると感じた神に呼び求めるのである。そのような人たちを神がお救いになるのであれば、多くの福音派キリスト者がためらいがちに信じるように、救いはそれでもなおお恵みによってのみ、ただキリストを通して、信仰によってのみ、なのである。

こう見ると、ストットを「無制限な排他主義者」と呼ばれるような部類に含めてもよさそうだ。(もう少し響きの良い呼び方があっただろうに！) つまり、ストットはきわめて明確に、救いはもっぱらキリストにおいて、またキリストを通してのみであり、それ以外どこにおいてもないこと、救いは悔い改めと信仰を通して与えられる神の恵みの業であると確信していた。一方で、この地上の生活にあって福音を聞いた人に、またイエス・キリストへの信仰を持った人にだけ、救いは制限されるのか否かという点について教条的になることを好まなかった。むしろ、伝道されていようがいまいが、すべての人の運命を、公正で憐れみ深い神の御手に委ねる敬虔な人たちと団結した。救いの及ぶ範囲を述べる際、ストットが「おそらく……もし……仮に」などの言葉を用いていることから、その慎重さがうかがえる。

救いの広さや、伝道されていない人たちの運命をめぐっての論議は、福音派の神学者や宣教者の間でいまだに続いている。ごくわずかだが、両立場の主要な著書を巻末注に挙げている。[10]

この問題については、拙著『イエスの独自性』(*The Uniqueness of Jesus*) と『救いは我らの神にあり』(*Salvation Belongs to Our God*) で私の見解を述べている。この二冊をジョン・ストットに読んでもらい評価をもらった時、これから述べる論旨に心から賛同してくれた。しかしストットも私も、極端な教条主義にならずに自分の立場を表明したいと思っている。また、福音を聞き、その宣言が知らしめるイエスに自らの意志をもって信仰を表明する人のみ救われると提唱する学者たちに、敬意を払いつつ反対の意を表したい。

この地上の生活でキリストについて一度も聞いたことはないが、ある種の悔い改めと信仰をもって神に立ち返った人を、神はキリストを通して救うであろうとの見解を強く推す論議も出ている。そのひとつは、旧約聖書の信仰者を取り上げる。旧約聖書の中には、疑いもなく「救われた」と思われていても、史的イエスを知らなかった人たちがいる。彼らはまさしくキリストによって救われたが（イエスの死は全人類の歴史を包含する）、キリストを知ることを通してではなかった（イエスの生涯、死と復活、つまり新約聖書の福音を知るという意味において）。

たとえ旧約聖書の信仰者は、契約の民として特別な立場にあったと結論づけたとしても、また神がどれほど恵みをもって契約の民以外の人たち、たとえばラハブ（ヨシュア二章）、ルツ（ルツ一・一六～一七）、ツァレファテのやもめ（Ⅰ列王一七・二四）、ナアマン（Ⅱ列王五・一五～一八）などの「改宗者」に、またニネベの人々（ヨナ書）のような罪人にも応えられたことか。彼らはみな、イスラエルの民の証しを通して出会ったその神への信仰を実践するようになり、救われた人々の共同体へと加わったのだ。彼らは新約聖書の福音を聴きはしなかったが、ある意味「伝道された」と言うこともできる。

そして、エノクのように、イスラエルの歴史が始まるはるか昔、贖いの啓示がまだイスラエルに与えられていないアブラハム以前の時代に生き、救われた人たちもいる。エノクの信仰は、新約聖書にも模範として引き合いに出されるほどだ。そこで疑問に思うのが、エノクと似た状況にいる人、つまり神の存在を信じ、熱心に神を求める人がこれまで存在し、今なおいるのであろうか。そして、もしそうであれば、神は同じ方法で、同じようにその人たちの信仰により、またイエスの死という同じ原理でお救いになるのだろうか。それからもし、キリストを知ることが時間的に不可能であったキリスト以前の時代の人々が、実際にキリストを知ることなしにキリストによって救われたと聖書が語るのであれば、今日も同様に地理的や他の障壁のためにキリストを知ることがなくても、キリストによって人が救われることもあるのではないか。

ヨハネの黙示録は、救いの歌が「あらゆる国民、部族、民族、国語のうちから、だれにも数えきれぬほどの大ぜいの群衆」によって賛美されるであろうと言っている（七・九、傍点付加）。この傍点の言葉を、一般的な、漠然としたあるいは広い意味でとらえることもできる。しかしより聖書の意図を汲むのであれば、神は人類の歴史を通して、実際にあらゆる民族、文化、また言語グループをお救いになったことを示している。これがヨハネの黙示録七章九節の意味するところならば、贖われた人の最終的な数は、ペンテコステ後の何十世紀もの間に宣教者たちが実際に伝道した人数をはるかに超えるだろう。それは、新約時代以前の遠い昔に、多くの部族や言語が地球上から消えてしまった人を含むからだ。

私たちは、聖書が語ることと、そうではないことに慎重にならなければならない。第一に、私のこの見解は、人が何を信じようが、どのように生きようが、すべての人が救われるというような万人救済論ではない。この論は明らかに聖書と矛盾する。むしろ私が取る立場では、悔い改めと神の憐れみへの信頼を通して与えられる神の恵みによってのみ、私たちは救われる。

第二に、この見解では、いずれの信仰にある人たちも、善行や誠実さによって救われるとは言っていない。それとはまったく正反対だ。終わりの日に救われるであろう人たちは、神の恵みによって救われる。自分が罪人であると知り、罪と自己から神に立ち返る罪人こそ神はお救いになる。これこそが福音の中心である。

第三に、この見解は、他宗教の人が自分の信じている宗教を通して救われ得ることや、他の宗教が一時的な救いの方法であるとは言っていない。新約聖書は、キリストにおいて、またキリストを通して以外に救いはない、と強く語っている。

私自身について言えば、神の恵みの主権が教会の伝道行為だけに限定されるというのは、あまりに傲慢だと思う。たとえば私が、「人はみな、ただキリストによってのみ救われる。また神はたいていキリストをすでに知った人の、まだ知らない人への証しと、彼らの悔い改めと信仰を通して救いへとお導きになる」と、強く迫ったとする。その一方で、ひとりのキリスト者が彼らのもとに福音の物語とその明瞭な説き明かしを届けないかぎり、あるいはそうするまでは、神は人類の歴史のある一点においてもだれをも救うことはできない、それどころか、救うことは望んでおられない、などとは言えないからだ。

このような考え方の神学上の限界に迫るなら、終わりの日における神の選びは、私たちが面と向かって伝道した人たちのごく小さな集団となろう。そして、こう言っているに等しい。「すでに伝道された人のみ救われ得るが、実際に伝道されたすべての人が救われているわけではないので、救われた人たち（神によって）の総数は、伝道された人たち（私たちによって）の総数よりはるかに少なくなるだろう。」これでは神の恵みの働きを、人間の伝道努力の限界に制限しているようなものだ。

その逆こそが真実だと教えるため、聖書はその根拠を提示していると私は思う。つまり、キリスト者のはっきりとした伝道に応答した人こそ、最終的な選びに招かれ、贖われた群衆となる。神はご自身の恵みの主権において、世界の果てにまで、またあらゆる時代の人々のもとに訪れ、触れようとして働いておられる。キリスト者の宣教の歴史には、宣教者たちが訪れる以前に、すでに神の救いの恵みを体験し、またその啓示を受け、イエスの知らせを心から喜んで受け入れた人たちの例が数多くある。旧約聖書が私たちに待ち望めと語っていることが、まさに異文化宣教の歴史において再現されている。

福音を携えたキリスト者に生涯出会うことのない人（あるいはキリスト者が一度も訪れることなく亡くなった人）を神が主権的恵みにおいてお救いになるという可能性は、教会の伝道と宣教の責務を軽減するものではない。もし神が（ご自身の恵みの主権によるが、それとは別に人間の伝道活動の権限において）だれかの心に働かれ、キリストによる究極の救いに至らせる悔い改めと信仰の応答へと導かれるなら、私たちが今、あるいは新天地でその人たちと出会う時、それこそ大祝宴が開かれるであろう。この教理をもって、大宣教命令に従わないのはもってのほかだ。聖書の選びの教理が伝道意欲を削ぐと非難されてきたが、私たち福音主義の見解では、各人が忠実に証しすること、またキリストへの悔い改めと信仰をもって人々が応答するのを目の当たりにすること、これが救いを受けているかどうかを確かめる唯一の方法である。

9章 回心

ジョン・ストット

宣教とは、神がご自身の贖われた民を世にあって仕えさせるために派遣される、愛の奉仕である。そこに伝道と社会的行動の両方が含まれるのは、そのどちらもが愛の真実な現れであるからだ。他方を必要とせずとも、各々が正しい行為である。しかし、人間性が苛烈までに喪失された今、私たちキリスト者にとって、伝道はとにもかくにも急務である。伝道の本質とは、良い知らせの忠実な宣言である。対話とは、伝道への土台づくりであり、福音の宣言に先立つ傾聴である。また救いとは、キリストによるひとりの人の自由である。しかし、終末に神がすべてを一新される「栄光の自由」を待ち望みながら、その自由には社会的な変化が求められる。これらに続く五番目の言葉は、回心である。これは「良い知らせ」が求めるものであり、またこれなくしては救いを受けることができない応答の行為である。

今日の「回心」への嫌悪感

それにしても、回心もまた嫌厭される言葉のひとつだ。その理由は、ある伝道者たちが植えつけてしまった傲慢な帝国主義のイメージにある。もし私たちの伝道が「帝国の樹立」や「戦利品獲得」、「回心者の数の誇示」にまで身を落とすなら、回心という言葉が地に落ちるのも当然だろう。

そのような歪んだ伝道には、むしろ改宗の強要という用語をあてたほうがいいだろう。なぜなら、伝道と改宗はまったくの別ものだからだ。それぞれに納得のいく定義が見当たらないなかで、レスリー・ニュービギンはこう述べている。「やや偏った見方ではあるが、唯一使えそうな区別があるとしたら、『伝道は私たちのすること、改宗は他の人たちがすること』である。[1]」

ＷＣＣはわかりやすく両者を区別し、改宗について次のように語っている。

改宗の強要とは……証しが改悪されたものである。表面上の回心を勝ち取るために、時には暗に、また時には公然と甘言、収賄、過度の圧力、あるいは脅迫などが用いられる時、キリストの誉れより自分たちの教会の成功を前面に出す時、……個人や共同体の自己実現が、自分たちと関わりのある人々の魂への愛に取って代わる時、証しが改悪される。そのようなキリスト者の証しの改悪は、聖霊の力に対する疑い、人間の本質の軽視、また福音の真の意味を理解していないことを示している。[2]

ローザンヌ誓約にも似たような言及がある。そこでは私たちが「福音への応答を得たいという一念にかられて、時として、メッセージそのものを妥協させたり、押しつけがましい方策を取ろうとして聞き手をあおったりすることもしてきた。また、過度に統計に心を奪われたり、それを用いる場合に不誠実でさえあった」。このようにして、私たちキリスト者が「この世的なこと」に心を奪われ、罪を犯してきたことを告白している。[3]

宗教の強要や、キリスト者の勝利者意識の反論として、J・H・フーケンデイクはまったく別のキリスト者の品性を説いた。「伝道するとは、種を蒔き、謙遜に、望みを持って待つことである。謙遜とは、私たちが蒔いたその種が死ぬからであり、望みとは、神がその種を生き返らせ、ふさわしい体をお与えになるであろうことを私たちが期待するからである。[4]」

誤った伝道方法により回心に対する嫌悪感が増大するもうひとつの理由には、宗教的相対主義と万人救済論の普及が挙げられる。相対主義はいかなる宗教にも決定性などないと主張する一方、万人救済論はいかなる人間も失われてはいないと主張する。万民救済の神学によれば、全人類の救いはすでにイエス・キリストによって完成された。よって全人類は、すでにキリストによって神と和解している。もしこれが真実であるなら、伝道に残された唯一の役割とは、すでに受けている救いと和解の良い知らせに気づいていない人々に、それを知らせるだけになる。また回心は、いかなる生活の変化を伴うことなく、ただ自身の真の状態とアイデンティティへの「気づき」にすぎなくなる。

しかしながら、聖書はこの考えを支持していない。むしろ聖書は、神が十字架を通して実際に、かつ決定的なことをなさったと語っている。したがって「神は、キリストによって、私たちをご自分と和解させ」、また「キリストにあって、この世をご自分と和解させ」られた（Ⅱコリント五・一八〜一九）。だがこれは、すべての人が実際に神と和解したという意味ではない。神は今、この和解の務めとメッセージを私たちに託しておられるからである。そしてこの務めとメッセージとは、人がすでに神と和解していることを知らせるものではなく、むしろキリストに代わって「神の和解を受け入れなさい」と懇願することである。もしその懇願を聞いた人がすでに神と和解していて、単にそれを知らないだけであったら、そのような訴えにどんな効果があるというのか。神と和解すべき人に対して、今この時に神との和解が必要だと語らないまま、キリストにある、またキリストによる神の和解の業を伝えることがあってはならない。ジェームズ・デニーが述べているように、「これまでも、また今もキリストが神との和解を訴えかけ、その和解に必要な応答へと私たちを導くことがおできになるのは、ただこの方が十字架の上で完成された業のゆえである」[5]。

　そのため、もし私たちの理解が真に聖書的であるためには、ふたつの真実をしっかりと握っていなければならない。第一に、神はキリストにあってご自身と世とを和解されたこと。第二に、もし和解を受け取ろうとするなら、私たち自身がキリストのうちにあるべきこと（Ⅱコリント五・一八～二一とⅡコリント五・一七、ローマ五・一一とを比較）、この二点である。

それだけでなく、私たちには厳粛な務めがある。今、福音を熱心に伝えている人たちに向かって、「あなたは滅んでいく」と伝えることだ。イエスの良い知らせを宣言するのは、その人たちがすでに救われているからではなく、滅びから救われるためである。その意味では、私たちの務めは「平和を宣べ伝える」ことである。悔い改めて信じる人に、イエス・キリストによる神との平和を約束するからである。「平和がないのに、『平和だ、平和だ』」と偽りの預言者たちが言ったように、いまだ神に反逆している人たちに当たり障りのない言葉で平和を宣べ伝えるのであれば、私たちはイエス・キリストの真の伝道者ではない。福音は、罪の赦しを約束するだけでなく、「罪を持ったままでいる」ことへ警鐘をも鳴らす（ヨハネ二〇・二三）。「ですから……気をつけなさい」と使徒パウロは警告している。「預言者に言われているような事が、あなたがたの上に起こらないように気をつけなさい。『見よ。あざける者たち。驚け。そして滅びよ。わたしはおまえたちの時代に一つのことをする。それは、おまえたちに、どんなに説明しても、とうてい信じられないほどのことである』」（使徒一三・四〇〜四一）。滅びとは、なんと恐ろしい言葉か。地獄も然り。天国と地獄がどのような所か、わかりようもない。だからこそ、天国や地獄については、ある種の畏れ、また知らないものは知らないと言える謙遜な思いを持つべきだと、私は思う。天国と地獄、そのどちらも私たちの理解をはるかに超える。しかし地獄の凄まじい、また果てしない現実については、はっきり知っておかなければならない。誤った地獄を語るのは、教条主義とは言わない。むしろ無遠慮で軽率な行為だ。涙なくして、どのように地獄や滅びについて考え、かつ語ることができようか。

回心と新生

福音に応答する必要があるとするならば、この応答は回心と呼ばれるものである。それはどのような意味だろうか。新約聖書において動詞「エピストレフォー」は通常、中動態か受動態で使われ、「回心される」（be converted）と六回訳されている（たとえば英欽定訳で使徒三・一九）。しかし能動態で使われる場合、「回る」（turn）を意味する。この「エピストレフォー」は一般的に、「ふり向く」（turn around）としてよく使われる。たとえば、ご自分に触った人を見ようとして、イエスは群衆にふり向かれた（マルコ五・三〇）。ほかには「戻る」（return）の意味があり、ふさわしくない家からは挨拶した人に平安が戻って来る（マタイ一〇・一三）、きれいに掃除された家に悪霊が帰ろうとする（同一二・四四）などがある。ただ、「戻る」の、より一般的な動詞には「ヒュポストレフォー」があり、ベツレヘムの羊飼いたちが羊のもとへ帰って行った、ヨセフ一家がナザレへ帰った、などである（ルカ二・二〇、三九）。

　この「エピストレフォー」が神学的に用いられる場合、明らかにその基本的な意味は変わらない。やはり、ある方向から別の方向へ向かう、ある場所から別の場所へ戻る、という意味である。したがって、キリスト者は「偶像から神に立ち返って」いる者として（Ⅰテサロニケ一・九と使徒一四・一五とを比較）、また「羊のようにさまよって」いた後、「自分のたましいの牧者であり監督者である方のもとに帰った」者と言える（Ⅰペテロ二・二五）。偶像と罪から離れることは通常「悔い改め」と呼ばれ、また神とキリストに立ち返ることは「信仰」と呼ばれる。したがって、「悔い改め＋信仰＝回心」という、なんとも興味深い聖書の等式が導き出せる。

次に、回心と「新生」、もしくは「新たな誕生」との間にはどのような関係があるだろう。同じコインの裏表のように、回心と新生は一体である。間違いなく、すべて回心した者は新生しており、すべて新生した者は回心している。どちらか一方だけでは、回心や新生を思い描いたり、体験したりすることはできない。とはいっても、神学的には区別が必要だ。三つの相違点に言及しよう。

第一に、新生は神の業であり、回心は人間の行為である。新生とは、新しい誕生、「上からの」(アノーセン) 誕生、「御霊の」誕生である。それは死んだ者にご自身のいのちを吹き込まれる、聖霊ならではの業である。一方、回心は、悔い改めて信じる時、私たちが行うことである。確かに、悔い改めと信仰は神からの賜物であり、神の恵みなしには悔い改めることも信じることもできない(使徒一一・一八、一八・二七参照)。ただ神の恵みによって、私たちは闇と束縛から自由にされ、悔い改めて信じることができるようになる。さてここで、回心と新生、そのどちらが初めに起こるのか、という疑問が出てくる。聖書では、時には回心が先になり、また時には新生が先になっているようにも見える。どちらも切り離すことはできない、これがきわめて大切な真相である。

第二に、新生は無意識であるが、回心は通常、意識的である。後者はつねに記憶に残る意識的な行為だとはかぎらない。クリスチャンホームで育った人たちは、幼いころから神を愛し、イエスを信じてきた。そのため信じていなかったころや、初めて信じた時を思い出せないことが多い。そのような人にとっては、記憶に残る体験としての回心より、日々の生活の中に存在する「回心している状態（convertedness）」のほうがはるかに重要である。しかし大人になって入信する者にとっては、偶像から生ける神へ、また罪からキリストへの立ち返りは、悔い改めと信仰の意識的な行為である。回心した結果は、安心、解放、神との交わり、愛、喜び、平和などとして自覚することができる。しかし、死からいのちへと移されたことは体感できない。私たちの主がニコデモに語った言葉を見れば、その意味するところが理解できる。

「風はその思いのままに吹き、あなたはその音を聞くが、それがどこから来てどこへ行くかを知らない。御霊によって生まれる者もみな、そのとおりです。」

（ヨハネ三・八）

新生、それ自体が神秘的な業である。だが、新生が何をもたらすかについては、いたって明瞭である。身体的な誕生と比べてみよう。私たちは無意識のうちに生まれ、自意識はその後に成長していく。しかし、私たちが自覚的に生きているこの事実は、何よりも雄弁に過去のある時点において私たちが生まれたことを証明している！　同様に、自分が新しく生まれたとわかるのは、その瞬間に自分の内で起こっていることを身体で感じたからではない。私たちのキリスト者としての自覚、いやむしろ神の御旨の中にある霊的生活の現実こそ、霊的な誕生を証ししているのだ。

新生と回心の相違点の三番目は、前者は神の瞬時の、また完結した業である。一方、「回心」と呼ばれる悔い改めと信仰の立ち返りは、一回の出来事というよりプロセスである。新生は瞬時に起こる。これは間違いない。まさにそれは誕生のイメージである。誕生前の数か月は胎内に宿り、誕生後の数年間は成長していく。そのようなプロセスとは反対に、誕生という出来事は一生に一度しか起こらない。生きているか、死んでいるか。生まれたか、まだ生まれていないか。人はみな、そのどちらかである。誕生は二度と起こらない、一度かぎりの体験である。一度胎から出たら、ふたたび生まれることはできない。新生もそうである。この人はあの人よりも新生しているというような、程度の問題ではない。確かに他者との比較や、弟子の姿に変えられていく旅路において、聖いかどうか、従順であるかどうか、キリストや天の父に似ているかどうかなど、程度の多少はある。しかし新生に関して言えば、より多く新生していることもなければ、より少なく生まれているなどということもあり得ない。そのように言うことは、ナンセンスである。

しかし、回心に段階があることは明らかである。人はその良心において不安を覚え、悔い改めの必要性を感じるようになる。聖霊がその人の目を開き始めると、人は自分の必要とする救い主イエス・キリストを見るようになる。そして心の半分は抵抗し、もう半分は明け渡し、その狭間で葛藤することもある。アグリッパのように「もう少しで説得されそう」になるか、信心と不信心で揺れ動いた、あの霊に取りつかれた少年の父親のようになる可能性もある。歴史上、最も異彩を放つ突然の回心の例である、タルソのサウロでさえ多分にもれなかった。パウロのイエスとの最初の接触がダマスコ途上であったと思ってはならない。というのも、パウロは明らかにそれ以前から、イエスという「とげのついた棒」を蹴っていたからだ（使徒二六・一四）。

多くの人の体験の中で、回心と呼ばれる神への立ち返りが心の中で起こり、ぼんやりとした信仰がはっきりと救いの信仰となる瞬間は間違いなくある。また、時として人は、その瞬間をはっきりと自覚する。しかし、聖霊は穏やかな方である。ほとんどの場合、この方は、人を独善性からキリストに立ち返らせるために時間をおかけになる。さらに、私たちが「回心したキリスト者」と呼ばれるようになった後も、その業が終わることはない。なぜなら新生という体験には成長はないが、回心に至る悔い改めと信仰は成長するからである。いや、成長しなければならない。より深い悔い改めと、より強い信仰、このどちらも私たちには必要である。誤解を恐れずに言えば、回心はほんの始まりにすぎない。私たちは、キリストにある成熟に向かって生涯をかけて成長し、キリストのかたちへと生涯かけて変革していくのだ。

これまで、回心という言葉そのものと、回心と新生との関係から、この言葉の定義を試みてきた。それでは今から、回心がもたらす根本的な変化を探っていこう。

回心と悔い改め

まず回心とキリストの主権について考えよう。伝道についての章の中で、悔い改めと信仰は、ほかならぬ福音の要求であることを見た。また本章では、両者がともに回心に至らせることをすでに述べた。今日の伝道説教でほとんど語られないのは残念だが、この「悔い改め」という要素こそ、私たちの主のメッセージ（マルコ一・一五、ルカ一三・三、五参照）、また使徒たちのメッセージ（使徒二・三八、三・一九、一七・三〇参照）のモチーフであった。

今日、悔い改めを説くにあたって必要なもの、それは誠実さと現実感のふたつである。あらゆる伝道には、誠実さがなければならない。回心者を勝ち得たいと焦るばかりに、私たちはあえて悔い改めについて語らない時がある。しかし、私たちのメッセージに含まれるこの側面を意図的に隠すのであれば、それは目先のことしか考えていないばかりか、誠意に欠ける。キリストは弟子になる代償をうやむやにされたことはなく、むしろ弟子志願者に「まずすわって、完成に十分な金があるかどうか、その費用を計算」せよ、とお命じになった（ルカ一四・二八）。もしイエスに従おうとするなら、自分を捨て、自分の十字架を背負って死ぬこと、これをイエスは求めておられたからである。「決心至上主義」のように、数を優先するあまり、言葉巧みに救いの「決心」を迫るような愚かな伝道は、間違いなく「被害者」を出し、さまざまな問題を引き起こす。キリストにある新しいいのちは、かならずや新たな言動、志、基準が伴うことを教える、それは私たちの義務である。キリスト者の回心は、古いものが過ぎ去るだけでなく、その人のうちに新しいものがやって来るからである（Ⅱコリント五・一七）。

こうした誠実さに加え、私たちが伝える悔い改めとキリストの主権のメッセージには、現実感がなければならない。回心がまるで雲の上の話であるかのように、漠然とした言葉で悔い改めを呼びかけるだけではまったく不十分である。バプテスマのヨハネが悔い改めのバプテスマを説いた時、応答する人に向かって「悔い改めにふさわしい実を結びなさい」と命じた。しかしそれだけにとどまらず、その「実」を結ぶために取るべき行動を人々にはっきりと示した。裕福な人は自分の余っている富を貧しい者に分け与え、取税人は過剰に取り立てる代わりに正直になれ。また兵士は人から力ずくで奪うことなく、むしろ自分の給料で満足せよ、と（ルカ三・八、一〇～一四）。イエスもまた同じようになさった。ザアカイにとっては、不正に得た富の返済が、弟子になるためには必要であった。そしてザアカイはすぐに自分の財産の半分を貧しい人に与えると言った。もはや、だれから奪ったかさえわからなくなっていたのだと思う。今を生きる私たちにとって、悔い改め、回心、またイエス・キリストの主権がどのようなものか、迫真をもって具体的に詳細に語らなければならない。

回心と教会

回心が意味するふたつ目のこととは、教会籍《メンバーシップ》である。しかし、回心者はかならずしも教会に属する必要はない、という声も上がっている。たとえばインド人のキリスト教神学者、M・M・トーマス博士である。博士が論じているのは、彼自身の言葉によると、〝教会外でのキリストを中心とした非宗教的交わり〟(a Christ-centered secular fellowship outside the church)、またインドの文化において〝ヒンズー教社会におけるキリストを中心とした信仰と倫理の交わり〟(a Christ-centered fellowship of faith and ethics in the Hindu religious community)である。自分の立場を詳述するなかで、「キリストへの回心」にはかならずしも「キリスト者の共同体への回心」は含まれない、と言っている。そして、教会に加わらない代わりに、回心者は「自分の住んでいる社会、文化、また宗教の構造や価値観を内側から変革しながら、その内にあってキリストを中心とした信仰の交わり」を築き上げるべきだと言う。トーマス博士の考えでは、バプテスマも「おもにキリストに結び合わされたしるしではなく、社会政治的な宗教共同体への改宗のしるし」として、バプテスマ自体が否定されかねない。ヒンズー教からの回心者は、「社会的、法律的、また宗教的観念においてヒンズー教社会から」無理に離れる必要はない、という。[6]

トーマス博士の提唱は革命的にも聞こえるが、私は同情すべきだと思う。その論議の背景には、インドや各地で起こった通常「コミュナリズム」（宗派主義、もしくは宗団主義〔訳注・自分たちの宗派《コミュナル》の優位性を訴え、ほかの宗派を排斥する運動〕）と呼ばれる壊滅的な思想の展開がある。この運動こそ、塩や光として非キリスト教社会に散らされていく代わりに、独特の文化として社会から浮いてしまったキリスト者共同体が建てられたという、悲しむべき現実を造り出した。文化の問題については、後にもう少し述べたい。

トーマス博士の立場を理解し得るふたつ目の理由は、回心者が加入しようとする教会の状態にある。インドだけでなくあらゆる所において、教会はよくこう言われる。魅力的ではない、と。不一致、誠実さの欠如、権力追求、さらには腐敗や不道徳がある。自分自身が教会に幻滅していたら、「外から」人を連れて行きたいと願うはずがない。これを踏まえると、私たちキリスト者の責務は、まず教会を刷新することだ。それを避けたり、断念したりしてはならない。なぜなら、教会が啓示された神の真理を放棄しないかぎり、教会はなお「神の教会」であり続けるからだ。激しい党派争い、不道徳の容認、無秩序な礼拝、不確かな教理を持ったコリント教会でさえも、パウロは「コリントにある神の教会」と呼んだ（Ⅰコリント一・二）。

今、起こっているこの論争を離れ、私たちは聖書と、その一貫した証言に立ち返るべきである。神はこれまでの歴史を通してご自身の民を召し出しておられ、今もなおそうしておられることを聖書は証ししている。神の民とは、世にあり続けながらも、自分たちの信条と道徳規範とにおいて、世から分かたれるべき人々のことである。エペソ人への手紙によると、この贖われた共同体こそ、福音と歴史の中心である。さらにペンテコステの日、神の民が聖霊に満たされたキリストのからだとなったその時から、使徒たちは回心者にその共同体に加わることを求めた。その日のペテロの勧めは、回心が個人間で行われる取り引きであるかのように、悔い改めて信じて終わるのではなく、さらにはバプテスマを受け、「この曲がった時代から」「自分自身を救うために」聖霊の新しい共同体に「加えられ」ることであった（使徒二・四〇～四七）。このように、一共同体から他の共同体への住み替え（後に「住み替え」の意味を明確にする）は初めから想定されていた。新約聖書のバプテスマには、礼拝、教え、教会という共同体での奉仕への、回心者の参与が含まれていた。

確かにキリストのからだ以外の「人間の共同体」も間違いなく存在している。そして今日、西欧にはびこる人格をまったく軽視した技術至上主義《テクノクラシー》社会にあって、数百万人という人が「人間の共同体」を探し求めている。だが、そのようななかにあっても、なお私たちは、「キリスト者の交わり」がほかの共同体とは本質的に異なるものとして訴え続けるべきである。キリストの共同体は超自然的に誕生し、世との交わりとは特性が異なる。この共同体には神との交わりがあり、また同時に神の民との交わりがあるからだ。世に向かって回心と教会への加入を呼びかけるキリスト者の群れは、見えるかたちで「主イエス・キリストの恵み、神の愛、聖霊の交わり」を示していかなければならない。

回心と社会

三つ目に、回心と社会的責任との関係について考えたい。回心は、その人を社会的行動に向かわせる。いや、向かわせるべきである。というのも、イエス・キリストへの回心者は、教会の中だけでなく世にあっても生活し、また教会に対してだけでなく世に対しても責任があるからだ。私が思うに、教会員たちを「教会漬けにする」傾向にある現代において、多くのキリスト者が回心や教会加入に慎重になるのは当然のことである。回心とは、その回心者を世から取り出すのではなく、むしろ同じ人を同じ場所に、だが新たな信条と道徳規範を持った新しい人として世へと送り返す。もしイエスの最初の命令が「来なさい」に続いて「行きなさい」であるなら、キリストの使節として私たちは分かたれた世へと戻って行くべきである。

逆説的に言うと、回心は、世から顔をそむけること（世の罪と神への反逆）と、聖書の語る希望、また世に対する神の最終的な贖いのご計画を心に留めながら、世に顔をしっかりと向けることとをあわせ持つ。

マイケル・ラムゼイ大主教は、牧会の働きに叙任される人たちに向かって、ある選択肢について、いつものように端的にあいさつを述べた。

まったく異なる三つの伝道法を提案します。社会的文脈を一切無視して、回心の福音を宣べ伝えることができます。キリストへの回心に伴う現実を除外した、いわゆる社会的福音を宣べ伝えることもできます。しかし、ぜひ次のことをみなさんが回心の福音を宣べ伝えるための知恵としていただきたい。それは、イエスに回心する者のあらゆる関係は、その人の存在と行動のすべてに及ぶということです。[7]

キリストへの献身は、キリストが来られた「この世」、さらにはご自身の働きをするために遣わされたこの世への献身を伴う。

一九七三年十月、ダルエスサラーム大学での働きの間に、私は光栄にも、短い時間だが、ジュリウス・ニエレレ大統領と会見する機会が与えられた。私たちは、タンザニアの国家開発における、キリスト者の関与について話し合った。そしてニエレレ大統領は強調した。「私自身、積極的に関与しています。キリスト者はみな、関与しなければなりません。時々私は『献身的なキリスト者』と自称する人たちに対して、いったい何に身を投じているのかを尋ねます。キリストは人々に身を投じました。私たちもまたそうでなければなりません。」

回心と文化

四つ目に、回心と人類文化の問題がある。文化については、教会籍の項ですでに触れた。ここではその主題を別の仕方で提起したい。回心をこのように考える人たちがいる。回心しても人生は変わらない。生き方も以前と同じだ。変わったとしても、回心前の文化の「汚染浄化」や「しみ抜き」程度だ。しかし、実際には、そのようなものは存在しない。回心は、自分たちの生まれ育った文化すべてを自動的に放棄することではない。確かに回心は悔い改めを伴い、また悔い改めは何かを放棄することである。しかし回心は、以前の文化から直ちに離れ、きわめて特異なキリスト教的サブカルチャーに入ることを要求していない。時に私たちは回心者に向かって、「世捨て人」になれ！　と言っているようにさえ見える。

洋の東西にかぎらず、私たちキリスト者は、聖書と文化との間を見分けることが大切だ。また文化の中で本質的に悪であるから、キリストのために絶つべき事柄と、良い、あるいは良くも悪くもないため保たれ、さらに良いものとするべき事柄とを見分ける力も大切だ。西側教会では、回心がまるで一昔前の「退行」とさえ思われている節がある。

私たち教会の集まりでは、新しい教会員全員に対して、回心するだけでなく文化をすっかり変えることさえも要求する。その人は現在の習慣を捨て、多くの会衆と同じように古風な生活を送らなければならない。その新しいキリスト者は喜んで昔の賛美歌を覚えなければならない。説教の古めかしい言葉を習わなければならない。保守的な政治的見解を持たなければならない。少しばかり流行遅れの服を着なければならない。……つまり、その人は二世代前に戻って、「痛みを伴う文化的割礼」などと呼ばれる経験をしなければならない。[8]

第三世界であったり、キリスト教以外の宗教が主流文化である所はどこにあっても、キリスト者には、残すべきものと絶つべきものとを見分けるための知恵が必要である。これは、よくあることだが、新しい回心者は以前いた文化を過剰に否定しがちである。これは、いくつかの深刻な結果を招き得る。これには私も危惧している。もし、キリスト者が自分の育った社会から完全に離れ去ってしまうと、社会から浮いてしまい、不安になりはしまいか。これまで従ってきた「慣習」という枠組みが外れ、度を越した行動に出はしまいか。新しい心の拠りどころを得ても、これまでの友人や親類との関わりを一切断つならば、キリスト教的「コミュナリズム」ができはしまいか。さらには、社会と対立してはしまいか。キリスト者が社会の伝統基盤への脅威とみなされると、周囲から「危険な狂信者」として扱われて、社会に対して憎悪をあらわにすることさえ考えられる。

このような例は初代教会のころから存在していた。ユダヤ人はステパノの教えを「あのナザレ人イエスは……モーセが私たちに伝えた慣例を変えてしまう」と糾弾し、またピリピのある商人たちはパウロとシラスを「ローマ人である私たちが、採用も実行もしてはならない風習を宣伝しております」と告発している（使徒六・一四、一六・

二〇〜二二)。一方はユダヤ文化、他方はローマ文化ではあるが、どちらもその問題点は「慣習」であり、旧来の慣習を捨てるか、あるいは新たな慣習を取り入れるか、であった。驚くことでもないが、ある意味、イエスはいつの時代も「秩序の攪乱《かくらん》者」である。というのも、この方は代々の慣習、しきたりや伝統のすべてに挑み、またすべての人がご自分の目とさばきの下に来ることを要求されるためである。しかし、ただの因習打破主義者になり、単にそれが旧来の、あるいは回心前のものだからという理由で過去の文化を破棄することは、私たちキリスト者として忠実に生きることにはならない。人間自身に相反性があるため、文化にもまた相反性がある。ローザンヌ誓約が述べているように、「人間は神の被造者であるゆえに、彼が織り成す文化のあるものは、美と徳性とを豊かに示している。とともに、人間は罪に堕落しているゆえに、その文化のすべては罪によって汚染されており、その中のあるものは悪魔的でさえある」[9]。そのため「文化は、常に聖書によって精査され、かつ判定されなければならない」。また私たちには、それを評価する識別力が必要とされる。

イスラム教の背景を批判しながら、ケネス・クラッグ主教は回心と文化との関係を簡潔に述べている。

バプテスマは、教会へと人々を招きつつ、信仰によるキリストの超自然的な交わりへの加入を意味する。適切に言えば、それは新しい信者から文化を奪うことではない。彼を教会に囲い込むのである。その影響力が大きくなるほど、「教会への囲い込み」(enchurchment)は全分野にまで創造的に及んでいく。その新しいキリスト者はキリストのために、新たな真理にあって旧来の環境に対して責任を持つようになる。しかし、彼はそのことで「異質になる」のではない。キリストと一緒に歩めるすべてのものは、彼とともにバプテスマを受ける。回心は「住み替え」ではない。それは人種、言語、また旧来の伝統という枠組みのうちにあって、キリストの普遍的な意義をその人自身が発見することである。[10]

回心と聖霊

展開すべき五つ目の、また最後の回心の側面は、聖霊の業との関わりである。これまで述べてきたものは、おもに私たちの側から見た人間の確信であったので、締めくくるにあたってふさわしい重要な点である。私が強く勧めてきた宣教とは、私たちがなすべきことのために世に遣わされることである。伝道では私たちがその宣言をし、対話にあっては私たちが傾聴する。救いとは、友人が受け取ってほしいと私たちが切望するものである。そして回心は（新約聖書においても）、自分自身がキリストに立ち返る時も、他者をキリストに立ち返らせる時も、私たちがなすことを表す。したがって使徒の働きの中では、人々は「主に立ち返った」と言われ（使徒九・三五、一一・二一参照）、またイエスご自身も、「立ち返る」ことと、もし神の国に入ろうとするのであれば、子どものように自分を低くすることの必要性を語られた（マタイ一八・三〜四）。バプテスマのヨハネもまた、「イスラエルの多くの子らを、彼らの神である主に立ち返らせ」（ルカ一・一六）、その一方で使徒パウロは多くの「異邦人」を「サタンの支配から神に立ち返らせ」るべき人であった（使徒二六・一七〜一八と使徒二六・二〇とヤコブ五・一九〜二〇とを比較）。しかし、これら人間の行為に関する言葉により、宣教が結局は人間の業で、回心は人間によって達成されるものと理解されてしまうと深刻な誤解を招きかねない。

　しかしながら、これが私たちの与えてしまう印象であることも事実である。この実用主義の時代にあって、教会は容易にこの世の考え方に陥り、「任務の効率性」こそ、伝道成功の鍵だと思い込んでしまう。そのため自分たちで伝道マニュアルを作り、その教会独自の方法論を作り上げる。言っておくが、私自身、効率性の良さを認めているし、キリスト者は非効率的であるべきだ、などという理由はどこにも見当たらない！ それと同時に、伝道を単なる習得すべきテクニックや、暗記すべき公式へと貶めるようなことがあっては決してならない。教会の伝道の働きがデジタル化され、あらゆる務めが人手ではなく機械で行われ、世界の伝道活動が人間のテクノロジーの最終的勝利となるその時を、心待ちにしている人たちがいるようだが、見当違いも甚だしい！

現代のおごり高ぶった自信過剰な雰囲気とは対照的に、聖霊の力に謙遜により頼む使徒たちの姿が色濃く浮き彫りにされている。彼らが確信していたのは（私たちも確信すべきだが）、人は違反行為と罪にあって死んでおり、霊的真理に目がさえぎられ、罪とサタンの奴隷であるということであった。結果、人は自分自身で「立ち返る」こともも、救うこともできない。私たちのだれひとりとして他者を「立ち返らせる」ことも、救うこともできない。ただ聖霊のみが人々の目を開き、闇を明らかにし、束縛から解放し、神に立ち返らせ、死からいのちへと人を連れ出すことができる。確かに、悔い改めと信仰は、新約聖書において人間の義務であると明白に告げられている（使徒二・三八、一六・三一、一七・三〇）。しかしこれまで見てきたように、悔い改めと信仰はまた、神の賜物でもある（たとえば、使徒一一・一八、エペソ二・八、ピリピ一・二九）。このような二律背反に戸惑うかもしれないが、このように告白することが人間中心の世にあって必要である。そうすれば、私たちは神の前で自分自身を低くすることができるだろう。

私たちはみな、この社会の心理トリックをよく知っている。広告（あからさまなものからサブリミナル効果まで）、政府のプロパガンダ、意図的に扇動された集団ヒステリー、そして「洗脳」と呼ばれる人間の個性に対する最も邪悪な攻撃の中にあるもの。しかし私たちキリスト者は疑うことなく、伝道はそのようなテクニックとは完全に異なることを明確にしなければならない。人に神の国を無理やり押しつける、それは絶対にしてはならないことだ。その試みこそ、人間の尊厳に対する侮辱であり、また「聖霊の特権を奪う」という罪である。人間の手によるそのような強制はまた、無益なものである。不正な手段による伝道では（パウロは「恥ずべき隠された事」と呼んでいる。Ⅱコリント四・一二)、当然の結果、回心するように「操られた」人たちは教会から去って行く。

伝道における聖霊の業の必要性を述べてきたが、そこから根拠のない拡大解釈を導き出さないように、警告として、四つの聖霊への誤った信頼について短く述べたい。

第一に、聖霊への信頼は、手を抜くための言い訳であってはならない。ある人たちはこう言う。「説教の準備は私には必要ない」、「言葉を頂けるように聖霊に信頼しよう。言うべきことはその時に与えられる。イエスご自身がそう約束された」。このような言葉は最もらしく聞こえるが、誤った聖書の引用は悪魔の仕業だということを覚えておこう。イエスがそのように語られたのは、迫害や裁判の被告人席でのことを引き合いに出したのであって、福音の宣言や教会の講壇についてのことではない。聖霊への信頼は、私たちが準備の手間を省くことでは決してない。準備する間もなく、その場で話すように求められたら、聖霊は確かに言葉をお与えになることもある。しかし聖霊はまた、学びの中で私たちの考えを明確にし、導かれることもある。実は講壇に立つ時よりも、学んでいるその最中にこそ、聖霊は素晴らしい働きをしてくださるのだ。

第二に、聖霊への信頼は、一般的な反知性主義を正当化しない。パウロの放棄した「説得力のある知恵の言葉」とは、教義的な福音宣教や自分の考えではなく、当時の世間一般の知恵やギリシャ人の巧みな修辞法《レトリック》のことを指している。人の知恵とは対照的に、パウロは十字架の愚かなメッセージに忠実であることを決心し、また巧みな言葉とは対照的に、自分の人間的弱さにあって「御霊と御力の現れ」に信頼した（Ｉコリント二・四）。しかし、パウロは知性を否定したわけではなかった。その説教は教義的な要旨と論理に満ちていたし、パウロと仲間の使徒たちは、良い知らせを告知するだけの「使者」ではなく、ひとつの事実を主張する「提唱者」であった。ヴォルフハルト・パネンベルクは述べている。

ただ聖霊に祈り求めるだけでは、説得力に欠けたメッセージは説得力のないままである。……キリスト者のメッセージの説得力は、その内容からのみ生じ得る。これが事実でないところでは、聖霊への祈りはその説教者にとって何の助けにもならない。……弁証と聖霊の働きとは、互いに競合しない。聖霊に信頼しながらも、パウロは労を惜しむことなく自分で考え、あるいは論じた。[11]

第三に、まとまりのない話は、聖霊への信頼によっては釈明できない。信心深くこう言う人がいる。聖霊ご自身こそ、その場の言葉ややり取りを完璧に取り仕切ってくださり、この方がおられ、働かれるなら、コミュニケーションはもはや問題でなくなる。そのような発想は、いったいどこから来るのだろうか。私たちが好き放題にのべつ話し、たとえまとまりのないことを言ったとしても、聖霊がすべてを明瞭にしてくださるとでも言うのか。私たちの怠惰を釈明しようと聖霊を引き合いに出すのは、信心深さとは言わない。もはや冒瀆だ。聖霊なくしては、私たちの説教のすべては意味をなさない。もちろん、聖霊が伴っても、そのような説教は意味をなさない、などとは言っていない。なぜなら聖霊は、私たちの語る言葉を通して働くよう望んでおられるからである。聖霊への信頼を理由に、私たちが聖書の研鑽や情勢の分析を怠るための方便としてはならない。

第四に、聖霊への信頼は、個々人の個性が奪われることを正当化しない。もしすべてが聖霊のご支配にあるなら、人は完全に自分を殺さなければならない、と思う人がいる。さて、私たちの福音主義の聖霊の教理は、いったいどこに行ってしまったのか。

聖書の霊感説という理解は、このような誤解から私たちを守ってきてくれたはずである。「霊感《インスピレーション》」と呼ばれる過程において、御霊はその人本来の個性を失くすようなことはせず、むしろ人それぞれの個性を築き上げ、その後、その人を十分にお用いになった。福音を今日伝える人たちはその時とまったく同じ霊感を主張することはできない。だが、同じ御霊がその個性を消すことなど望んでおられない。その点は確かであろう。

私たちに禁じられているのは、大げさな情感、効果を狙った小細工、わざとらしさ、偽善、また見せかけ。さらには上手な演出のために、身振り手振りを練習したり、しかめ面をして鏡の前に立つこと。そして自分を売り込むことや、自分頼みである。私たちはより肯定的に自分らしく、自然体で、神が与えてくださった賜物を伸ばし、また用いていくべきである。それと同時に、その確信を自分自身にではなく、私たちを通して働くように計画しておられる聖霊に置くべきである。

キリスト教会の全歴史を見ると、教会は極端から極端へと、振り子のように行ったり来たりしてきたように思えてならない。時には世的になり、伝道がただ任務を効率的にこなすための人間のテクニックであるかのように、極端な傲慢へと走る。また時には隔世的や厭世的になり、伝道は完全に聖霊の業であり、私たちには何も貢献できることがないかのように、自己卑下という別の極端へと走る。しかし、他者を回心に導くために聖霊は、人々を通して働かれる、という聖書のこの目的を真に理解するなら、自分頼みや自己卑下、おごりや怠惰といった両極端から私たちは解放されるであろう。

その代わりに聖書は、謙遜さと人間性を適切に兼ね備える必要性を説く。それは、神だけが目の見えない人に視力を与え、死んだ人にいのちを与えることができることを認めつつ、聖書の神だけを神とする謙遜さ。また個人の個性を抑えることなく、むしろ神から与えられた賜物を用い、また御手の中で義の器として自分を神にささげつつ、神によって創造された者である「私」としての人間性である。聖霊の力により頼み、謙遜と人間性が完全に融け合った宣教。今日におけるキリスト者の宣教にとって、これほど必要なものはほかにあろうか。

10章　回心についての考察

クリス・ライト

「彼は死にましたが……今もなお語っています。」

（ヘブル一一・四、原書では英欽定訳）

キリスト教の著名な説教者や著述家の墓碑にさまざまな銘が刻まれているが、ジョン・ストットの墓碑もそのひとつである。[1] 何度も何度もこの薄い本を読み返しながら、私はただただ驚嘆するばかりだ。というのも、キリスト教の神学者たち（とりわけ宣教学者たち）がその後何十年間と論議してきた種々の問題を、ストットがそこかしこで予期しているからである。九章では、際立った三つの問題をストットが提起している。

回心と「インサイダー運動」

「回心と教会」のセクションで、ストットは自分より二、三歳年長の著名なインド人学者、M・M・トーマス博士を引用している。[2]

M・M・トーマス博士である。博士が論じているのは、彼自身の言葉よると、〝教会外でのキリストを中心とした非宗教的交わり〟(a Christ-centered secular fellowship outside the church)、またインドの文化において〝ヒンズー教社会におけるキリストを中心とした信仰と倫理の交わり〟(a Christ-centered fellowship of faith and ethics in the Hindu religious community)である。自分の立場を詳述するなかで、「キリストへの回心」にはかならずしも「キリスト者の共同体への回心」は含まれない、と言っている。そして、教会に加わらない代わりに、回心者は「自分の住んでいる社会、文化、また宗教の構造や価値観を内側から変革しながら、その内にあってキリストを中心とした信仰の交わり」を築き上げるべきだと言う。トーマス博士の考えでは、バプテスマも「おもにキリストに結び合わされたしるしではなく、社会政治的な宗教共同体への改宗のしるし」として、バプテスマ自体が否定されかねない。ヒンズー教からの回心者は、「社会的、法律的、また宗教的観念においてヒンズー教社会から」無理に離れる必要はない、という。

M・M・トーマス博士が「論じている」ことが、ヒンズー教文化内で生活しているインドの人々の間だけでなく、主要なイスラム諸国でも、実際にここ何十年の間に驚くような規模で起こっている。その現象は「インサイダー運動」と呼ばれるようになった。救い主また主であるイエスへの信仰を持った人々が、自分がかつて信仰していた出身宗教の「内側に」とどまり続けたり、少なくとも目に見えるかたちで政府公認のキリスト教教会に出席したりする（または伝統にのっとった教会をつくる）ことによって、これまでの環境から離れずにいる運動である。驚くまでもなく、この運動はキリスト教宣教の神学者や実際の宣教者の間でかなりの論争を引き起こしている。

ストットは明らかに、さまざまな点でM・M・トーマス博士に反対していた（またほかの著書でもそう述べていた）。しかし特筆すべきことに、その最初の応答は反論とはほど遠いものだった。「トーマス博士の提唱は革命的にも聞こえるが、私は同情すべきだと思う」と述べ、「同情」への二つの理由を示している。まず、周囲の社会から事実上孤立し、塩や光としての役目をなさないキリスト教教会とその共同体の中へと、回心者をそれまでの文化的環境から引き離してしまう「壊滅的な」結果である。そして次に、回心者が加わろうとする教会の「魅力的ではない」という性質である。これらの悲しい現実のほかにもまだある。ある国々では、キリスト者（Christian）という言葉自体、歴史上のさまざまなむごい過去を想起させる。たとえば、十字軍の残《ざん》滓《し》や植民地政策であったり、キリスト教は宣教師や帝国主義者らによって強要された異質な「西洋の宗教」という感情などである。（それが当然の結果であれ、現実とは物事のとらえ方次第だ。）　もともとキリスト者という言葉そのものがニックネームであったが、新約聖書にはたった三回しか出てこないために、抗議の声さえ上がっている。なぜイエスを信じるようになった人たちは、思い込みや偏見、敵意を招きかねない名前を名乗るように要求されるのか。このような状況のなか、本物の「十字架のつまずき」、つまり弟子であること自体の代償と、宗教や文化、また制度としてのキリスト教の、過去の醜い「汚点」との間を、しっかりと見分けねばならない。

「インサイダー運動」に関する論争は、真に迫る問題の数々を露呈することもある。たとえば、イエスへの信仰を告白しながら、多少であれ深くであれ、周囲の文化社会と関わり続けるのであれば、それは混交主義《シンクレティズム》であって、事実上イエスの独自性を否定しているのではないか。仮に、その取捨選択（公にキリストへの信仰告白をして、家と社会の宗教上の慣習を一切放棄する）によって、拒絶されたり追放されたり、さらには（まるでよくあるかのように）死ぬことがあったとしても、そこまでひどいはずはない。いや、新約聖書によると、このようなことは殉教も含めて、キリストを告白することの代償として予期されていたはずだ。

宣教学界において、この論議はいまだ激しく続いている。一例を挙げると、ご自身の業を起こす時と場所をお定めになる神の御霊の主権を謙遜に受け入れつつ、（「アウトサイダー」にも明らかな）インサイダー運動をそのまま認めるべきではないか。宣教方策のひとつとして、そのようなインサイダー運動を実際に促進し、推奨するべきではないか。あるいは、福音に背く行為や真実の救いへの脅威として断固反対するべきではないか、などである。[3] また私たち福音派のある人たちは、別の疑問を提起している。西側社会で暮らし、有史以来、最も混交主義化《シンクレティズム》したキリスト教信仰に息づいている私たちが、いったい何の権限をもって、神の働いておられるさまざまな文化において、これはキリストへの「真の」忠実さとして「数えられる、数えられない」などと決めることができるのか。支配したい、戦略化したいという昔も今も変わらぬ、西側キリスト者の支配欲や方法論によって、このようにラベルを貼ったり、基準を設けたりする立場にはない、などである。

ここでの私の論点は、宣教学の論議全体の精査ではない。単に、ストットが回心の意味すべきこと、すべきでないことを考察するなかで、どれほどこのような運動を察知していたかを指摘したいのだ。M・M・トーマス博士の、インド特有のイエスへの信仰表現への呼びかけに「同情」をもって反応したストットについて言えば、彼自身、その運動が混交主義《シンクレティズム》に陥る危険性を感じていたのだろう。そしてまた、キリストへの回心者がどれだけ「内側に」いようといまいと、ストットはキリスト者全員がキリストにあって成長し、聖書だけが語る真理と唯一の贖いの物語を学び、またイエスを信じ従う共同体として、自己のアイデンティティを確立することを願っていた。たとえこのようなことが、その文化では外来の、制度化したキリスト教や伝統的な教会構造という飾りを外して起こるべきであっても……。私は信じて疑わない。ストットとこの宣教学的問題（インサイダー問題）について話し合う機会は一度もなかったが、ストットはその独特のバランスと洞察力とをもってこの問題を取り扱ったはずだ。その情景を思い浮かべると、多種多様な宗教を持った多くの人が実際にイエス・キリストの従者となっていき（その結果、教会制度があるなしにかかわらず、みな神の教会のメンバーだ）、この神の御霊の燦然たる業をストットは大いに喜んだに違いない。だが同時に、聖書の中にもあるように、そのような弟子たちが生ける神の礼拝と、既存の文化的世界観から当然のごとく導き出された偶像礼拝を混交することがないように、案じたに違いない。

ケープタウン・コミットメントを朗読してもらうと、ストットが心から賛同したのを私は目の当たりにした。そのためストットは、この表明文にある「インサイダー運動」に関する、実に簡潔なパラグラフを確かに支持していたはずだ。それはパートⅡ・C「他の信仰を持つ人々の中でキリストの愛を生きる」にある。

愛は弟子としての生き方の多様性を尊重する

いわゆる「インサイダー運動」が、複数の宗教の中に見られる。この運動は、イエスを自分の神及び救い主として従うようになった人々の群れである。彼らはイエスと聖書を中心とした交わり、教え、礼拝、祈りのために小グループで集まり、その一方で、出身宗教の儀式の一部の要素を守ることも含めて、社会的、文化的には出身共同体の内部で生活し続ける。これは複雑な現象であり、これにどう応答するべきかについては多くの異なる意見がある。このような運動を称賛する人もあるが、混合主義《シンクレティズム》の危険性を警告する人もある。しかし、混合主義《シンクレティズム》は、どこにいるクリスチャンであっても、自分の属する文化の中で自分の信仰を表現するにあたって直面する危険である。神が想定外の方法、または馴染みのない方法で働いておられるのを目にする時、私たちは次のようにする傾向を避けるべきである。すなわち、①それを新たな宣教方策だと性急に分類して、推進すること、あるいは②その方法が出現した文脈に配慮して理解することなく、それを性急に糾弾することを避けるべきである。

Ⓐバルナバはアンテオケに着くと、「神の恵みが与えられた証拠を見」て「喜び、そして、主に忠実であり続けるようにと、皆に勧めた」（使徒一一・二〇〜

二四）。このバルナバの精神にのっとり、私たちこの問題に関心を持つすべての人々に以下を実践するよう訴える。

①「神に立ち帰る異邦人を悩ませてはいけません」という使徒の決定と実践を、第一の指針とすること（使徒一五・一九）。

②謙遜と忍耐と礼節をもって視点の多様性を認識し、声を張り上げたり非難の応酬に陥ることなしに対話をすること[4]（ローマ一四・一～三）。

回心、教会、そして福音

さらに「回心と教会」というセクションでストットは聖書に戻り、教会は建物や制度ではなく、人々——神がこれまで、そして今なおご自身のために召され、お造りになっているその人々——だということを、私たちに思い起こさせている。ストットは旧約聖書だけに限定することをせず、むしろ聖書を「一貫した証言」また「これまでの歴史」と呼んでいる。これによって、神の民とは聖書全体の物語を通して旧新約の全時代にまで及ぶことを理解させようとしている。その後、驚くほどに凝縮された、しかも真理を「宿した」言葉を続けている。「エペソ人への手紙によると、この贖われた共同体こそ、福音と歴史の中心である。」

当然、ストットは正しいだけでなく、近年の福音主義神学において急激に関心を集めるようになった二つのことを予期している。まず、その存在自体によって、教会は福音を伝える手段として不可欠なもの、という点である。また、教会は本質的に宣教的である（そのため「歴史にとって」もまた中心である）、という点だ。厳密に言うなら、私たち福音主義の教会論を救済論から引き離してはならないし、また宣教論を教会論から引き離すことがあってはならない、ということだ。

しかしなぜストットは、エペソ人への手紙を選んだのだろうか。直接の理由として、当時ストットが、その書簡の研究に没頭していたことにある。一九七九年、彼がエペソ人への手紙の解説書『神の新しい社会』（*God' New Society*）を出版した時、序文にこう記している。「過去五年以上、私はエペソ人への手紙のテキストを研究し続け、そのメッセージを汲み取り続け、そのインパクトを感じ続け、寝ている時さえその夢を見続けてきた。[5]」そのため、先に引用した一文が、エペソ人への手紙三章の注解の二つの見出しに反映されているのは言わずもがなである。「エペソ人への手紙三章前半の大切な教えは、聖書における教会の中心性である」と述べた後、いかに「教会は歴史の中心である」か、また「教会は福音の中心である」かを概略している。

歴史に関して言うと、パウロが語っているのは、神の永遠の目的、歴史と永遠における神の計画、ユダヤ人と異邦人の和解により「もはや国境もなく、全世界はキリストのものだと告白する」ひとつの多国籍共同体の創造、また「キリストご自身の新しい社会、つまり新天地の始まり」についてである。まさにこれが教会自体の宣教的理解である。なぜならこの理解によると、教会こそ、キリストの下に全被造物をひとつとする、神の究極の宣教にとって欠かせないものだからである（エペソ一・一〇）。

福音に関して言うと、パウロはエペソ人への手紙一章において、天地万物をひとつに集めるという神の目的は、ユダヤ人と異邦人との民族的和解にあって起こったと論じる（エペソ二・一一～三・一二）。またパウロによれば、その和解は、十字架によりキリストが成し遂げられた平和を造る業であり（同二・一四～一八）、また福音そのものである「奥義」の成就である。福音とは、神がすでになさったことの良い知らせであり、またそこには和解した共同体、すなわちキリストにあって神と和解し、また互いに和解した共同体を神が造られた、という事実が含まれている。

パウロが説いた、測り知れないキリストの富の良い知らせとは何か。それは、私のような罪人を救うためだけでなく（そうなさったが）、ただひとりの新しい人類を造るため。私たちを罪から贖うためだけでなく、神の家族として受け入れるため。さらには私たちを神と和解させるためだけでなく、互いに和解させるため。そのためにキリストは死なれ、よみがえられた。したがって教会こそ、福音をひとつに統合するものである。福音は、ひとつの新しいいのちと同様、ひとつの新しい社会の良き知らせである。[6]

「福音と宣教の中心としての教会」というこの概念は、パウロの他の書簡にも認められる。コロサイ人への手紙一章一五〜二〇節では、教会、つまりキリストを頭《かしら》とするからだは、創造、贖い、また御国の相続のゆえに、「天にあるもの、地にあるもの……すべて」の上にあるキリストの主権によって治められている。また「キリストの手紙」として（Ⅱコリント三・二〜三）、パウロは使徒たちの伝えた福音の真実と真正性を示しながら、コリントの信徒たちが犯したすべての過ちを戒めている。彼らが飢饉に襲われたエルサレムの貧しい人たち（ユダヤ人信者）に献金した際、異邦人としてのその貢献を、「キリストの福音の告白に対して従順」であるとパウロは称賛している（Ⅱコリント九・一三）。またガラテヤの異邦人信者には、救い主イエスへの信仰により、彼らがアブラハムの霊的子孫へとかならず加えられることを約束した。またそれ自体が、アブラハムとの約束に対して神が忠実であられることの証しであり、パウロはそれを福音の言葉で表している。

「聖書は、神が異邦人をその信仰によって義と認めてくださることを、前から知っていたので、アブラハムに対し、『あなたによってすべての国民が祝福される』と前もって福音を告げたのです。」（ガラテヤ三・八）

パウロにとって、福音（神が世に約束された良い知らせ）は創世記に始まり、今や教会において目に見えるものとなった。そして、目で見ることができるのは地上だけではない。エペソ人への手紙三章によれば、教会（文脈からすると、十字架を通して和解したユダヤ人と異邦人からなる「新しいひとりの人」としての教会）は、天にある諸々の霊的力に対する神からの布告である。教会が「キリストの奥義」の真性と、神の偉大なる贖いの宣教の完成を証しするからだ。

「これは、今、天にある支配と権威とに対して、教会を通して、神の豊かな知恵が示されるためであって、私たちの主キリスト・イエスにおいて成し遂げられた神の永遠のご計画によることです。」（エペソ三・一〇〜一一）

そして教会は福音の中心であるため、パウロが繰り返し訴えているように、日々を生きるにも、愛するにも、ともに礼拝することにも、どのように教会は振る舞えばいいのか。この振る舞いこそ、世にある教会の、証しと宣教の中心となる。教会は、単にそのメッセージを届ける配達人ではない。むしろその存在自体が、メッセージそのものなのだ（堕落したこの世にあって不完全に、ではあるが）。

この福音を中心とし、宣教を中心とした教会の性質は、最近の研究でよく取り上げられるようになった。たとえば、N・T・ライトはその筆頭者だ（あまりにもそれが顕著なので、まったくの誤解だと思っているが、ライトは時に教会論と救済論を取り違えていると非難される）。[7] またスコット・マクナイトもさまざまな著述や近著『王国の謀議』（*Kingdom Conspiracy*）の中で、このような教会論について大きな関心を寄せている。[8] 拙著『神の民の宣教――教会の宣教の聖書的神学』（*The Mission of God's People: A Biblical Theology of the Church's Mission*）では、創世記から始まって聖書全体を貫く神の民の歴史的連続性、また歴史における私たちの存在理由が強調されている。神の民（私たち）は、聖書的福音の良い知らせをその生き方で表す者、また私たちの宣教の実体として言葉と行いで福音を証しする者となるべく招かれている。[9] また、同じく「最近」好まれているさまざまな宣教論のテーマのように、教会こそ福音と宣教の中心だとするこの理解は、「福音の解釈である会衆」について語ったレスリー・ニュービギンによってすでに提唱されていた。ニュービギンは力強く、宣教的な語り口でこう述べている。「いかにして福音は信頼できる、福音には人生を決定づける力がある、と信じてもらえるようになるか。しかもこの力は、十字架にかけられたひとりの男のうちにあるのだ。この問いへの唯一の回答を、つまり唯一の福音の解釈を提唱しよう。それは、福音を信じ、福音によって生きる、男女からなる会衆である。[10]」

先に述べたように、一九七〇年代のストットには、このテーマが絶えず頭の中にあった。それはまた一九七四年のローザンヌ誓約でも明らかである。このような言葉が第六項「教会と伝道」にある。「教会は、神の宇宙大の目的の中心点であり、福音伝播のために神が定められた手段である。だが、十字架を宣べ伝える教会は、それ自身が十字架のしるしを帯びているものでなければならない。」第六項はさらに、教会に対する倫理規範へと続く。このような展開は、パウロの話法を想起させる。福音を信じ、従う人たちに対してパウロは、まず福音とは何かを伝え、また福音に従うようにと命じている。「教会は、福音を裏切ったり、神への生き生きとした信仰、人々に対する純粋な愛、事業の振興と資金の調達を含むあらゆる面での誠実さを欠くならば、自らが伝道に対するつまずきの石となる[11]。」

　これと同じ教会的、宣教的、また倫理的局面の統合は、ローザンヌ運動自体にも、ケープタウン・コミットメントの中にも受け継がれている。興味深いことに、教会に関するセクション（パートI・九「私たちは神の民を愛する」）では、宣教における教会の役割、またそこで生じてくる倫理的要求が急テンポに語られる一方、宣教に関するセクション（パートI・一〇「私たちは神の宣教を愛する」）では、教会のアイデンティティと役割、また世にあっての生き方が間髪をいれずに語られている。要するに、教会論と宣教論は切り離すことができないのである。

神の民とは、神が新創造の一員としてキリストの栄光を分かち合うために、ご自身のものとするための一つの民として、キリストにあって愛し、選び、召し、救い、聖められた、あらゆる時代のあらゆる国々の人々である。したがって、神が永遠から永遠に至るまで、また騒乱と反逆に満ちた私たちの歴史を通じて愛してくださっている者として、私たちは互いに愛し合うよう命じられている。「神がこのようにして私たちを愛されたのだから、私たちも互いに愛し合うべき」であり、その結果「神にならう者となり、……キリストが私たちを愛して私たちのためにご自分を献げてくださったように、愛の生活を生きる」べきである。神の家族におけるお互いに対する愛は、単なる好ましい選択肢ではなく、逃れようのない命令である。このような愛は、福音に対する服従の第一の証拠であり、キリストの支配に対する私たちの服従の必然的な表現であり、世界宣教の力強い原動力である（Ⅱテサロニケ二・一三～一四、Ⅰヨハネ四・一一、エペソ五・二、Ⅰテサロニケ一・三、四・九～一〇、ヨハネ一三・三五）。

Ⓐ愛は一体であることを求める。イエスの弟子たちは互いに愛し合うべきであるというイエスの命令は、弟子たちが一つとなるようにというイエスの祈りと結びついている。この命令と祈りはどちらも宣教的である。「あなたがたがわたしの弟子であることを世が知るようになるため」、そして「あなた（父）がわたしをつかわしたことを世が知るようになるため」である（ヨハネ一三・三四～三五、一七・二一）。福音が真理であることの最も説得力に満ちたしるしは、世界の根深い分断の障壁を越え、人種、肌の色、性別、社会階級、経済的特権、政治的連帯といった障壁を越えて、キリストを信じる者たちが愛によって一つとなる時である。しかし、クリスチャンどうしの間で、まさにこの同じ分断が出現し、それが増幅するなら、これほど私たちの証しを台無しにするものは他にまずない。私たちは、全大陸にわたるキリストのからだの内に、差し迫った思いで新たな世界的パートナーシップを追い求める。それは、温情主義も不健康な依存もなく、深い相互愛と相互服従と思い切った経済的分かち合いに根ざすものである。そして私たちがこれを追い求めるのは、全世界において、福音にあっての私たちの一体性を実際に示すためだけではなく、キリストの御名と

神の宣教とのためである。[12]（傍点筆者）

神の宣教を「神、聖書、人間の歴史、究極的な未来に関する私たちの理解にとって中心的なもの」として要約した後、宣教に関するセクションはさらに続ける。

神の宣教への私たちの参画。神はその民を、神の宣教を共に担うために召している。すべての諸国の教会は、救い主イエスを通して、旧約聖書における神の民から連続するものとして立っている。旧約の神の民と共に私たちはアブラハムを通して召されており、諸国民の祝福と光となるという任務を与えられている。旧約の民と共に、私たちは律法と預言者とを通して形成され、また教えられ、罪と苦難の世にあって聖さと思いやりと正義に満ちた共同体となる。私たちはイエス・キリストの十字架と復活を通してあがなわれ、神がキリストにおいて成された業を証しするために聖霊によって力を与えられる。教会は永遠に神を礼拝し、神に栄光を帰するために、また歴史の中で世を変革する神の宣教に参画するために存在する。私たちの宣教は全面的に神の宣教に由来し、神の全被造物をその対象とし、その中心は十字架のあがないの勝利に根ざしている。これが私たちの属する民であり、その民の信仰を私たちは告白し、その民の宣教を私たちは共に担うのである。[13]（傍点筆者）

さらに、ストットの章のテーマに付け加えると、回心者が悔い改め、信じ、従順なイエスの弟子となったその時、神の民へと接ぎ木される。回心者が今置かれている文化や歴史的状況にあって、たとえどんな「教会」に加わり、また加わるまいと、その接ぎ木は確かに起こる。

回心、文化そして文化脈化

九章の「回心と文化」というセクションで、ストットは教会史に横たわる根深い問題を挙げ（これらの問題は旧約聖書にまでさかのぼる）、さらには宣教学の神学者、宣教の計画者、また実際の宣教者に向けて、知恵や体を使い、また心を遣うように勧めている。

「文化脈化」（ローマ・カトリック教会では「文化化」と呼ばれる）の討議が本格的になるなかで、キリスト教の宣教史において（近代だけでなく、インドや中国などで奮闘したイエズス会運動を含め）、神の民とその民が必然的に住まう文化（文化のない人間生活は存在しない）との関係は、まさに聖書の中にある問題であることを覚えておきたい。新約聖書を見ると、最初期のイエスの弟子たちは、その信仰の主張と挑戦を、まず一世紀のユダヤ教に、それからギリシャ、ローマ文化に結びつけようと必死であった。しかしまた旧約聖書においても、イスラエルは周囲の文化（古代メソポタミア、エジプト、カナン、バビロニア、ペルシャ、ギリシャ）から日々絶え間なく試みを受けた。そこには、「神の民」という比類なき特殊性と、「屈伏」というみじめな和平とが入り混じる、人間臭がそこかしこに漂っていた。モーセ五書と預言書の大部分のメッセージは、この葛藤、根底では宣教的なこの葛藤を理解することによって明白になる。国々の間での一国家（数ある文化の中での一文化）として、神が造られ、またそうであるようにと召された特殊な（「聖なる」）民として彼らは歩んでいるか。これこそ、申命記として知られる大「説教」の主眼である。[14]

たとえ、回心がどんな意味であろうと、それは文化のうちで起こらなければならない。この文化との関わりは絶えず生じるもので、決して避けては通れない。この出来事（回心）について聖書を見れば、それは一目瞭然だ。たとえば、イスラエルに「立ち返れ」（他の神々から離れること、生ける神に返ることなど、あらゆる意味においてて）と絶えず訴えかけている旧約聖書や、バプテスマのヨハネやイエスがユダヤ人へ「悔い改めて福音を信じなさい」と神の国を命じ、パウロが異邦人改宗者へ「偶像から……生けるまことの神に仕える」（Iテサロニケ一・九）ために立ち返るよう訴えている新約聖書を見てほしい。[15]

このような回心と文化の相関関係については、『国際宣教研究誌』のある号で、「キリスト者の回心と宣教」という題で取り上げられた。アンドリュー・ウォールズは、一世紀ユダヤ教によるユダヤ人の改宗活動とキリスト教伝道の性質との間の相違点を述べ、またパウロが体験した回心と、異邦人の間で他の使徒たちが体験した回心との間の重大な相違点を研究した。[16] 私はその号の中で、旧新約聖書にある回心のテーマを調べ、回心には他のすべての神々の排除、倫理的変革、そして国々の祝福につながる重要な宣教的示唆が含まれていたことに言及した。[17]

この章においてもやはり、ストットの先見の明が見てとれる。

回心は、自分たちの生まれ育った文化すべてを自動的に放棄することではない。確かに回心は悔い改めを伴い、また悔い改めは何かを放棄することである。しかし回心は、以前の文化から直ちに離れ、きわめて特異なキリスト教的サブカルチャーに入ることを要求していない。……

もし、キリスト者が自分の育った社会から完全に離れ去ってしまうと、社会から浮いてしまい、不安になりはしまいか。これまで従ってきた「慣習」という枠組みが外れ、度を越した行動に出はしまいか。新しい心の拠りどころを得ても、これまでの友人や親類との関わりを一切断つならば、キリスト教的「コミュナリズム」ができはしまいか。さらには、社会と対立してはしまいか。キリスト者が社会の伝統基盤への脅威とみなされると、周囲から「危険な狂信者」として扱われて、社会に対して憎悪をあらわにすることさえ考えられる。

先に見たように、これは「インサイダー運動」をめぐる論争に向けた言明である。当然ストットは、このような短い所見が複雑なこの問題に対する解決だとは少しも考えていなかったであろう。しかしこの文には、「インサイダー運動」が乗り越えるべきさまざまな問題を、ストットが認識していたことが表れている。しかしながらこのような問題は、いずれ神学者や宣教学者の間で物議を醸しだすこととなる。ストットは述べている。

私たちキリスト者は、聖書と文化との間を見分けることが大切だ。また文化の中で本質的に悪であるから、キリストのために絶つべき事柄と、良い、あるいは良くも悪くもないため保たれ、さらに良いものとするべき事柄とを見分ける力も大切だ。……

ただの因習打破主義者になり、単にそれが旧来の、あるいは回心前のものだからという理由で過去の文化を破棄することは、私たちキリスト者として忠実に生きることにはならない。人間自身に相反性があるため、文化にもまた相反性がある。ローザンヌ誓約が述べているように、「人間は神の被造者であるゆえに、彼が織り成す文化のあるものは、美と徳性とを豊かに示している。とともに、人間は罪に堕落しているゆえに、その文化のすべては罪によって汚染されており、その中のあるものは悪魔的でさえある」[18]。そのため「文化は、常に聖書によって精査され、かつ判定されなければならない」。また私たちには、それを評価する識別力が必要とされる。

たった今述べたように、そのこのような文化を識別するプロセスは、やはり聖書の中にある。初期の拙著で取り上げたことは（この一冊は間違いなく一九七五年に出版された本書に影響を受けた）、イスラエルと周辺文化との複雑な関係に対する旧約聖書の証言であった。それはまるで、上記のストットの最初の一文を繰り返すかのようだった。そこでは、イスラエルの応答（特にモーセ五書で顕著）が、「条件付きの自由」による全般的な「拒絶と禁止」（一夫多妻制、離婚、奴隷制度など）から「決定的約束」（血族・家族の団結の重要性、生き方の重要性など）にまで及んだことがわかる[19]。

一九七四年のローザンヌ会議、一九七五年の本書出版の直後、類いまれなる起草能力や議長役としての才能、また会議を招集する権限をもって、ストットはこの差し迫る福音と文化の問題を協議する会合に全力を尽くした。一九七八年一月、バミューダのウィローバンクで会議は開催され、「ウィローバンク報告書――福音と文化」が作成された。これは今なお、並外れた明確な定義、相違点、神学的考察、実践的勧告を提供する、三十六ページからなる傑出した文書である。それはこのように始まっている。

福音を伝達するプロセスについて言えば、福音が成り立っている人間文化と切り離すことはできず、また福音が宣言されるべき人間文化とも切り離すことはできない。この事実こそ、一九七四年一月ローザンヌ世界伝道会議で協議された大きな関心事のひとつであった。そのためローザンヌ委員会の神学・教育グループはこの論題を討議するため、一九七八年一月に協議会を招集した。そこには「福音と文化」を研究するため、六大陸から三十三人の神学者、文化人類学者、言語学者、宣教師、また牧師が集まった。さらにローザンヌ委員会の方策作業部会と協同し、四つの目標を掲げた。

1　福音と文化の相関関係について私たちの理解を深めること。その理解とは、特に神の啓示について、その啓示に対する私たちの解釈と伝達について、また啓示を聞いた人たちの回心や教会、生き方における応答についてである。

2　異文化間での福音伝達の意味を批評的に熟考すること。

3　より十分な福音伝達にとって必要とされる手段を見極めること。

4　教会と宣教の務めにあるキリスト教指導者たちと、本協議会の成果を分かち合うこと。

以前は、「宣教の現場」であり、宣教師の帰郷後、その土地の文化との関係という問題を克服しようと努めていた各国の多くの宣教団体やキリスト教教会が、初期のローザンヌ臨時論文（Lausanne Occasional Papers）のひとつであるこの文書に、きわめて有用なガイドラインを見いだした。[20] 文化脈化と、福音・宣教・文化との関係についての文献は、その複雑な問題に取り組むために開催された会議や協議会の数が増えるにつれ、一九七〇年代以降、少しずつ増えてきた。ごくわずかだが巻末注にはいくつかの文献を挙げた。その中には、より詳細な参考文献を掲載している本もある。[21]

さて、ストット自身に本書最後の言葉を語ってもらおう。彼は実によく、あらゆる類の人間の問い、方法、課題、思いをいったん脇に置き、神の前にへりくだるようにと私たちに呼びかけた。私たちにとって宣教が何を意味しようとも、まさに神の宣教を担うべく私たちは召されている。救いに何が含まれようとも、神だけがお救いになる。回心に何が伴おうとも、神だけが人を立ち返らせることがおできになる。

現代のおごり高ぶった自信過剰な雰囲気とは対照的に、聖霊の力に謙遜により頼む使徒たちの姿が色濃く浮き彫りにされている。彼らが確信していたのは（私たちも確信すべきだが）、人は違反行為と罪にあって死んでおり、霊的真理に目がさえぎられ、罪とサタンの奴隷であるということであった。結果、人は自分自身で「立ち返る」ことも、救うこともできない。私たちのだれひとりとして他者を「立ち返らせる」ことも、救うこともできない。ただ聖霊のみが人々の目を開き、闇を明らかにし、束縛から解放し、神に立ち返らせ、死からいのちへと人を連れ出すことができる。確かに、悔い改めと信仰は、新約聖書において人間の義務であると明白に告げられている（使徒二・三八、一六・三一、一七・三〇）。しかしこれまで見てきたように、悔い改めと信仰はまた、神の賜物でもある（たとえば、使徒一一・一八、エペソ二・八、ピリピ一・二九）。このような二律背反に戸惑うかもしれないが、このように告白することが人間中心の世にあって必要である。そうすれば、私たちは神の前で自分自身を低くすることができるだろう。

注

1章　宣教

1　ローザンヌ誓約、第五項。※日本語訳はローザンヌ運動のウェブサイト（The Lausanne Movement in Japan）から引用、http://www.lausanne-japan.org.

2　『連続と変革（ウプサラ・レポート六八）』竹中正夫編訳、日本キリスト教団出版局、一九六九年。

3　ローザンヌ誓約、第六項。

2章　宣教についての考察

1　この宣教の局面についての詳述は、拙著を参照 J. H. Wright, "People Who Send and Are Sent" in *The Mission of God's People: A Biblical Theology of the Church's Mission* (Grand Rapids: Zondervan, 2010), 201-21.

2　ケープタウン・コミットメント、I・10。聖書の引用箇所は、表明文のテキストにもともとあったもの。※日本語訳の引用は以下から。日本ローザンヌ委員会訳『ケープタウン決意表明《コミットメント》』いのちのことば社、二〇一二年。

3　思い起こすと、私が初めてジョン・ストットの前で「missional」という言葉を使った時、ストットは「それは本当に言葉か?」と、眉根を少し寄せて怪訝な顔で尋ねた。彼は生き字引きであった。実を言うと、「missional」は近年の新語である（二〇〇八年の『クリスチャニティ・トゥデイ』では、ここ十年くらいで出てきた言葉だと言っている）。

拙著『神の宣教――聖書の壮大な物語を読み解く』（東京ミッション研究所訳、東京ミッション研究所）で述べているように、「missionary」という単語は多義にわたりすぎ、また「missiological」は宣教における神学的考察を意味するため、それは必要から生まれた言葉である。「Missional」は、宣教に伴う、あるいはその一助となる、あるいは適用される、あるいは宣教によって特徴づけられる、ある性質や一局面を意味する。

4　J. Andrew Kirk, *What Is Mission? Theological Explorations* (London: Darton, Longman & Todd, 1999),「宣教に関する本としての聖書」というフレーズは、当然議論の余地がある。つまり、これは「だれの宣教か」という問題に対する仮定の答えにすぎない。宣教の定義づけを神から始めてのみ、聖書全体が「宣教に関する」本だと言え、「宣教者によって宣教者のために書かれた」本と考えることができる。後者のフレーズは、間違ってはいない。ただし聖書の記者たちが、現代の宣教師たちのように教会によって派遣された、という意味においてではない。むしろ、後に聖書の正典としてまとめられた各書巻の霊感を含め、彼らは神の目的のために神ご自身によって委託された、という点においてのみである。カークの論点が正しいのであれば、聖書は神の宣教の産物と、またその証言にすぎなくなる。

5　デイヴィッド・ボッシュ『宣教のパラダイム転換』下、東京ミッション研究所訳、東京ミッション研究所、二〇〇一年、四〇二～四〇三頁。この本の各章にある、重要な神学的主題を詳しくまとめ上げたものに、以下の本がある。

Norman E. Thomas, ed., *Classic Texts in Mission and World Christianity: A Reader's Companion to David Bosch's Transforming Mission* (Maryknoll, NY: Orbis, 1995).

6　補足するが、『神の宣教』は私がACNNを二〇〇一年に退任し、ジョン・ストットが設立したランガム・パートナシップの責任者となった後に執筆した。結果として、その大部分を、ウェールズにあるストット所有の執筆用コテージ「ザ・フックセス」で書くことになった。私たちはよく時間をともにし、さまざまな問題や聖書本文について頻繁に話し合った。ストットは執筆中の本に大きな関心を寄せ、私を励まし続けてくれた。私から見ると『神の宣教』は、ストットのそれとなく宣教的（missional）な聖書通読法と道を同じくしている。（もちろん、「missional」などという新語を、ストットは受け入れるはずもなかった！）

7　宣教を、単に教会の活動としての宣教だけでなく、根本的には三位一体の神の目的であり、業（伝統的にミッシオ・デイとして知られる）として理解されるようになったのは、エキュメニカル運動よりもさらに古く、一九五二年にドイツ・ウィリンゲンで開催された国際宣教協議会にまでさかのぼる。さらに早くは、聖書本文を宣教の観点から読む方法について、著名な英国の旧約聖書学者、H・H・ローリーを関心を持った。*Israel's Mission to the World* (London: SCM Press, 1939), *The Missionary Message of the Old Testament* (London: Carey, 1944).

8　Lesslie Newbigin, *Trinitarian Doctrine for Today's Mission* (London: Edinburgh House, 1963: repr., Carlisle, UK: Paternoster, 1998); *The Gospel in a Pluralist Society* (Grand Rapids: Eerdmans, 1989); *Truth to Tell: The Gospel as Public Truth* (London: SPCK, 1991).
レスリー・ニュービギン『宣教学入門』鈴木脩平訳、日本キリスト教団出版局、二〇一〇年、『ギリシャ人には愚かなれど――福音と西洋文化』矢口洋生訳、新教出版社、二〇〇七年。

9 「The Gospel and Our Culture」のウェブサイト、gocn.org. を参照。（私を含め）さまざまな学者が「宣教的解釈学」（missional hermeneutics）というフレーズを種々のニュアンスで使っている。その有用な概要が以下のサイト、ジョージ・R・ハンスバーガーによる記事に掲載されている。George R. Hunsberger, "Proposals for a Missional Hermeneutic: Mapping the Conversation," January 28, 2009, www.gocn.org/resources/newsletters/2009/01/gospel-and-our-culture.「ニュービギン・ハウス・オブ・スタディーズ」についてはnewbiginhouse.org. を参照。

10 Micheal W. Goheen, *Introducing Christian Mission Today: Scripture, History and Issues*（Downers Grove, IL: InterVarsity Press, 2014）。上記の本はCraig G. Bartholomew and Micheal W. Goheen, *The Drama of Scripture: Finding our Place in the Biblical Story*（Grand Rapids: Eerdmans, 2004）の中の、ゴヒーンの初期が研究に基になっている。Scott W. Sunquist, *Understanding Christian Mission: Participation in Suffering and Glory*（Grand Rapids: Baker, 2013）も参照。

11 ストットは伝道に関する初期の著書の中で、社会における教会の実践的で愛のこもった仕える働きこそ、地域教会が円滑に伝道していくための重要な一面として言及した（そして、ストットの牧会する教会が、そのような働きを実践していることを証明した）。うまくいくかのきわめて重要な一側面として、ストットは初期の著書の中で言及している。*Our Guilty Silence: The Gospel, the Church and the World*（London: Hodder & Stoughton, 1967; repr., Leicester, UK: InterVarsity Press, 1997）, 77. しかしこの本の中では、神学的にも実践的にも、どのように伝道と社会的行動が直接関係しているのかという問題に、ストットは触れていない。後になって、以下の著書でその関係にごく短く触れられている。そのほとんどが本書と同様に、福音派の社会への無関心と、エキュメニカル派の伝道と社会政治的行動の混同という極端を批判している。*Christ the Controversialist: A Study in Some Essentials of Evangelical Religion* (London: Tyndale, 1970), 185-89; rev. ed. *Christ in Conflict* (Downers Grove, IL: InterVarsity Press, 2013), 175-181. この問題に関する重要性は、一九七四年ローザンヌ会議中、また会議後に大きく取り上げられた。

12　ストットは、第三世界の福音派指導者たちに積極的に聴き、またその現状と取り組みを理解しようと努めた。ストットが彼らに抱いた印象は、彼らの言葉で以下の寄稿文の中につづられている。J. H. Christopher Wright, ed., *Portraits of a Radical Disciple* (Downers Grove, IL: InterVarsity Press, 2011), 112-18, 119-21.

13　ローザンヌ誓約、第五項。

14　Kevin DeYoung and Greg Gilbert, *What Is the Mission of the Church? Making Sense of Social Justice, Shalom and the Great Commission* (Wheaton, IL: Crossway, 2011), 59. ケビン・ディヤングとグレッグ・ギルバードのストットへの批判は、どこやら誤解から来ているように思う。だがそのような誤解は、どこにでもある話だ。

15　さらにもうひとつ付け加えると、ストットは福音中心の全人的な宣教モデルを、地震が牧会したロンドンのランガム・プレースにあるオール・ソウルズ教会で打ち立てた。ストットは、地域教会の効果的な伝道方法を築いただけでなく、貧困者やホームレスの人たちへの伝道を先導した。さらには、職場で、また平日の勤めを通して、ミニストリーや宣教に用いられるべく、一般の信徒が整えられることの重要性を強調した。そのような包括的な宣教的課題に対するオール・ソウルズ教会の歩みや働きを、ストットがどのように体系化したのか、そのきわめて興味深い詳細が、*Our Guilty in Silence* の中に記録されている。

16　その出来事の全報告書は「ローザンヌ・オケージョナル・ペーパー21」として閲覧可能（英語のみ）、www.lausanne.org/content/lop/lop-21。また一九七四年から一九八九年の主要なローザンヌの文書も読むことが可能。John Stott, ed., Making Christ Known: *Historic Mission Documents from the Lausanne Movement 1974-1989* (Grand Rapids: Eerdmans, 1977), 165-213.

17　マニラ宣言、第四項、「福音と社会責任」※日本語訳はローザンヌ運動のウェブサイトから引用、http://www.lausanne-japan.org.

18　Michael W. Goheen, *Introducing Christian Mission Today* (Downers Grove, IL: InterVarsity Press, 2014), 82-82. 引用文は Lesslie Newbigin, *One Body, One Gospel, One World: The Christian Mission Today* (London: International Missionary Council, 1954), 43-44. デイヴィッド・ボッシュもニュービギンの意見に全面的に賛同した。デイヴィッド・ボッシュ『宣教のパラダイム転換』上・下、東京ミッション研究所訳、東京ミッション研究所、二〇〇一、二〇〇四年。

19　John R. W. Stott, *The Contemporary Christian* (Downers Grove, IL: InterVarsity Press, 1992), 337-55.

20　早いところで一九八三年には、私は最初期の小冊子のひとつ、"The Use of the Bible n Social Ethics" (Cambridge, UK: Grove Books, 1983) の中で、そのような宣教の概念と格闘していた。私はこのように記した。「教会の社会的務めと伝道的務めとは、教会独自の宣教の、不可分の要素として認識されてきた。一方で、聖書全体の福音に忠実である伝道には、人間の社会的性質や、社会生活と人間関係の領域における罪の影響、またその領域において多大な効力を有する悔い改めと回心へのチャレンジが含まれねばならない。……他方（またこの問題の見過ごされがちな側面であるが）、もし聖書に完全に根ざした基準や動機、また目標に忠実であろうとするかぎり、キリスト者の社会倫理には伝道的な局面が必然的に伴う。……確かにそのような一体化かつ統合した理解は、イエスの公生涯を特徴づけていた。つまり社会的に有効な伝道、伝道的に有効な社会的行動である。『伝道と社会的行動』をめぐっては、これまで散々無益な批判が交わされてきた。聖書から理解すると、宣教にはその両者が含まれるだけでなく、実際においても一方はかならず他方を伴う。このように十分な理解があれば、この両者に関する論議は充実するであろうに！」

21 「統合的宣教に関するミカ宣言」www.micahnetwork.org/integral-mission. この文書は、ローザンヌ誓約とともに、ケープタウン・コミットメント、I・10Bに引用されている。

22 ケープタウン・コミットメント、I・10B。

23 後に気づいたことは、マーティン・アルフォンスはすでに統合された宣教のメタファーとして、車輪のイメージを用いていた。それはリムと結合したスポークにより、ハブが一体となった荷車の車輪のイメージである。彼にとって、その「ハブ」とはイエス・キリストの人格と主権であり、大宣教命令の冒頭の宣言である。以下を参照。Martin Alphonse, "Mission on the Move: A Biblical Exposition of the Great Commission," in C. V. Mathew, ed., *Integral Mission: The Way Forward; Essays in Honour of Dr. Saphir P. Athyal* (Tiruvalla, India:

CSS Press, 2006), 143-56. 以下の興味深い論文集も参照、Tetsunao Yamamori and C. René Padilla, eds., *The Local Church, Agent of Transformation; An Ecclesiology of Integral Mission* (Buenos Aires: Ediciones Kairos, 2004).

24　ケープタウン・コミットメント、ⅡD・1E（傍点付加）。

25　二〇一〇年のケープタウン会議開催の準備として、その数年前からローザンヌ神学作業部会はWEA神学委員会と協同して三回の協議会を開き、広く知られているスローガン「全福音を、全教会が、全世界に」の各フレーズを検証した。その報告書と諸文書は以下の三つの特別号に掲載されている。*Evangelical Review of Theology*: vol. 33, no.1 (2009); vol. 34, no.1 (2010); and vol. 34, no.3 (2010). 全三回にわたる協議会の全文書はオンラインでも閲覧可能、www.lausanne.org/content/twg-three-wholes.

26　“Holistic Ministry: Reflections from the Theological Commission of the World Evangelical Alliance,” 2008, www.worldevangelicals.org/statements/holistic-ministr.hem など参照。

27　ＩＮＦＥＭＩＴは、設立当初「三分の二の世界」International Fellowship for Mission Theologians のという名称であった。当時「三分の二の世界」として知られていたアフリカ大陸の宣教運動と結束し、一九八七年ケニアにおいて正式に発足した。同団体のウェブサイトを参照、http://infemit.org/. この団体は Oxford Centre for Mission Studies（ＯＣＭＳ）を管理し、またレグナム・ブックスから本を出版している。たとえば次を参照、René Padilla, “What Is Integral Mission,” http://lareddelcamino.net/en/images/Articles/what%20is%20integral%20mission%20ocr%20padilla.pdf. 世界中の福音主義内での全人的な宣教運動の歴史と現況を、以下の本で丹念に概要している。Brian Woolnough and Wonsuk Ma, eds., *Holistic Mission:*

God's Plan for God's People（Oxford: Regnum, 2010）. ある初期の論集では、宣教の全人的性質を考察するため、おもにインド人学者たちの論文が一冊にまとめられた。以下を参照、Mathew ed., *Integral Mission*, foreword by John Stott.

28 Dean Fleming, *Recovering the Full Mission of God: A Biblical Perspective on Being, Doing and Telling*（Downers Grove, IL: InterVarsity Press, 2013）; Goheen, *Introducing Christian Mission Today; Suquist, Understanding Christian Mission;* Samuel Escobar, *The New Global Mission: The Gospel From Everywhere to Everyone*（Downers Grove, IL: InterVarsity Press, 2003）; René Padilla, *Mission Between the Times: Essays on the Kingdom*（Grand Rapids: Eerdmans, 1985）; Rosemary Dowsett, *The Great Commission*（London: Monarch, 2001）; John Dickson, *The Best Kept Secret of Christian Mission: Promoting the Gospel with More Than Our Lips*（Grand Rapids: Zondervan, 2010）; Vinay Samuel and Chris Sugden, eds., *Mission as Transformation: A Theology of the Whole Gospe*（Oxford: Regnum, 2000）を参照。

29 以前メールが届いた。そこには、「優先主義者」（prioritist）なのか「ホリスティック主義者」（holist）なのかを表明し、ある分野への私の立ち位置を明白にするように書かれており、困惑したことを覚えている。だれかの枠組みで自分にラベルを貼るようなことはできない、と丁重に断った。

30 Goheen, *Introducing Christian Mission Today*, 232, "Holistic Mission: Witness in Life, Word and Deed" という章の中。

31 Sunquist, *Understanding Christian Mission*, 320, "Witnessing Community: Evangelism and Christian Mission" という章の中。

32　マニラ宣言、第四項、「福音と社会責任」。※日本語訳はローザンヌ運動のウェブサイト（The Lausanne Movement in Japan）から引用、http://www.lausanne-japan.org.

33　「オ・セーブル」http://ausable.org。「ア・ロカ」arocha.org　ウェブサイト参照。

34　福音主義環境ネットワークの「被造物保護に関して」は、二〇一五年四月二十四日にアクセス可能になった。http://creationcare.org/creation-care-resources/evangelical-declaration-on-the-care-of-creation/

35　一例を挙げる。この分野についてかなり探究された文献も相当数含まれている。Loren Wilkinson, ed., *Earth-Keeping in the Nineties: Stewardship of Creation*, rev. ed.（Grand Rapids: Zondervan, 1991）; Ron Elsdon, *Greenhouse Theology: Biblical Perspectives on Caring for Creation*（London: Monarch, 1992）; R. J. Berry, *The Care of Creation: Focusing Concern and Action*（Downers Grove, IL: InterVarsity Press, 2000）; Edward R. Brown, *Our Father's World: Mobilizing the Church to Care for Creation*（Downers Grove, IL: InterVarsity Press, 2006）; Ian Hore-Lacy, *Responsible Dominion; A Christian Approach to Sustainable Development*（Vancouver: Regent College Publishing, 2006）; Dave Bookless, *Planetwise: Dare to Care for God's World*（Leicester, UK: Inter-Varsity Press, 2008）; Dave Bookless, *God Doesn't Do Waste: Redeeming the Whole of Life*（Leicester: UK: Inter-Varsity Press, 2010）; Noah J. Toly and Daniel I. Block, *Keeping God's Earth: The Global Environment in Biblical Perspective*（Downers Grove, IL: InterVarsity Press, 2010）; Lowell Bliss, *Environmental Missions: Planting Churches and Trees*（Pasadena, CA: William Carey, 2013）; John Stott, *Issues Facing Christians Today*, 4th ed., rev. and updated by Roy McCloughry（Grand Rapids: Zondervan, 2006）, 135-60; Wright,

Mission of God's People, 48-62, 267-70.　クリストファー・ライト『神の宣教――聖書の壮大な物語を読み解く』。

36　John Stott, *The Radical Disciple: Wholehearted Christian Living*（Leicester, UK: Inter-Varsity Press, 20120）, 55-65.

37　ケープタウン・コミットメント、I・7A。聖書箇所は本文のオリジナル。二〇一〇年ケープタウン会議以来、ローザンヌ運動は、二〇一二年の被造物保護国際協議会後に「Jamaica Call to Action」を作成した被造物保護ネットワーク（Creation Care Network）のスポンサーとなっている。http://www.lausanne.org/content/statement/creation-care-call-to-action を参照。

38　John Stott, *The Contemporary Christian*（Downers Grove, IL: InterVarsity Press, 1992）, 140-142（傍点はストットによる）。

39　LICC（現代キリスト教ロンドン協会）については www.licc.org.uk/about-licc 参照。二〇一五年四月二十四日、ウェブサイト開設。

40　Mark Green, *Thank God It's Monday: Ministry in the Workplace*（Bletchley, UK: Scripture Unioin, 2009）; *The Great Divide*（London: LICC, 2010）; *Fruitfulness on the Frontline: Making a Difference Where You Are*（Leicester, UK: Inter-Varsity Press, 2014）. 他にも多くの学者が「普段の仕事」の聖書的かつ宣教的理解について書いている。中でも傑出した本は以下である。Paul Stevens, *The Other Six Days: Vocation, Work and Ministry in Biblical Perspective*（Grand Rapids: Eerdmans 2000）. Timothy Keller, *Every Good Endeavour: Connecting Your Work to God's Plan for the World*（London: Hodder & Stoughton, 2012）.

41　ケープタウン・コミットメント、ⅡA・3。

3章　伝道

1　ローザンヌ誓約、第六項。
2　同上、第九項。
3　J・I・パッカー『伝道と神の主権』内田和彦訳、いのちのことば社、一九七七年、四六頁。
4　W. A. Visser't Hooft, "Evangelism in the Neo-pagan Situation," *International Review of Mission* 63, no. 249 (1974): 84.
5　C・H・ドッド『使徒的宣教とその展開』平井清訳、新教出版社、一九六二年。
6　同書、二四頁。
7　同書、一三、二九頁。
8　René Padilla, in J. D. Douglas, ed., *Let the Earth Hear His Voice* (Minneapolis: Worldwide Publications, 1975), 128-29.
9　Samuel Escobar, in Douglas, ed., *Let the Earth Hear His Voice*, 308
10　ローザンヌ誓約、第四項。

4章　伝道についての考察

1　ストット個人の回心物語は以下を参照。*Why I Am a Christian: This is My Story* (Downers Grove, IL: InterVarsity Press, 2003), 14, 29-30。より詳しくは以下を参照。Timothy Dudley-

Smith, *John Stott: The Making of a Leader* (Downers Grove, IL: InterVarsity Press, 1999), 85-102.

2　私が初めて「福音の究極性」という言葉を使ったのは、『神の宣教――聖書の壮大な物語を読み解く』第三巻、十三章である。ＨＩＶやＡＩＤＳの惨禍に対する全人的な応対についてのセクションにて、「福音の究極性と死の非究極性」を語っている。

3　スコット・マクナイトは、福音の物語《ナラティヴ》的性質の回復を強く論じている。また、福音を単に個人的な救いの計画に低めることなく、福音のルーツである旧約聖書の神の約束と、イスラエルの物語や希望についても述べている。スコット・マクナイト『福音の再発見――なぜ〝救われた〟人たちが教会を去ってしまうのか』中村佐知訳、キリスト新聞社、二〇一三年。*Returning to the Radical Mission of the Local Church* (Grand Rapids: Brazos, 2014), Tom Wright, *How God Became King: Getting to the Heart of the Gospels* (New York: HarperOne, 2012) も参照。

4　旧約聖書全体におけるこの普遍的かつ宣教的な主題の理解は、拙著『神の宣教』のテーマであり、またその副題『聖書の壮大な物語を読み解く』の解説でもある。

5　そして、神のエバに対する「彼女の子孫が蛇の頭を砕く」（創世三・一五）という約束こそ、「原福音」（protoevangelium）と呼ばれている。

6　Ben Witherington III, *Paul's Narrative Thought World: The Tapestry of Tragedy and Triumph* (Louisville, KY: Westminster John Knox, 1994), 2.

7　数ある問題のなかで、すでにレスリー・ニュービギンは、キリスト者の聖書への信頼回復の重要性を名言していた。世界中の数多くの宗教書の一冊ではなく、聖書こそ普遍的な真理として聞かれるべき万人に共通する物語である、と。特に以下を参照。*The*

Gospel in a Pluralist Society の中の "The Bible as Universal History," (London: SPCK, 1989), 89-102. ニュービギンは、マイケル・ゴヒーンにも多大な影響を与えた。Michael W. Goheen, *A Light to the Nations: The Missional Church and the Biblical Story* (Grand Rapids: Baker, 2011).

8　アンドリュー・ウォーカーは、物語としての福音の性質と、西洋文化におけるその物語の深刻な喪失を論述している。*Telling the Story: Gospel, Mission and Culture* (London: SPCK, 1996).

9　いくつかの著書を挙げる。ヴォーン・ロバーツ『神の大いなる物語――聖書の全体像がわかる』山崎ランサム訳、いのちのことば社、二〇一六年。Phillip Greenslade, *A Passion for God's Story: Discovering Your Place in God's Strategic Plan* (Carlisle, UK: Authentic, 2002); Michael W. Goheen and Craig G. Bartholomew, *Living at the Crossroads: An Introduction to Christian Worldview* (Grand Rapids: Baker, 2008); Craig G. Bartholomew and Michael W. Goheen, *The Drama of Scripture: Finding Our Place in the Biblical Story* (Grand Rapids: Baker, 2004; 2nd ed., 2014).

10　他のローザンヌ神学作業部会の文書とともに、全声明はウェブサイトからダウンロード可能。www.lausanne.org/content/twg-three-wholes. 二〇〇八年のチェンマイ協議会の他の資料や、拙著 "According to the Scriptures': The Whole Gospel in Biblical Revelation" は、*Evangelical Review of Theology* 33, no.1 (2009) を参照。ウェブサイトでもアクセス可能。www.lausanne.org/wp-content/uploads/2007/06/LOP63-2008ChiangMai-Thailand.pdf.

11　パウロの福音の、物語《ナラティヴ》的性質が前面に際立っている聖書箇所は以下を含む。ローマ一・一～四、Ⅰコリント一五・一～八、ガラテヤ一・一一～一二、三・六～八、Ⅱテサロニケ二・一三～一五（これらの箇所では、福音の物語が旧約聖書のイスラエル物語と同じ順序で提示されている――愛されている、選ばれた、救われた、聖別された、栄光）、Ⅱテモテ一・一〇、二・八。

12 チェンマイ声明の福音に関する提言の一部は、私が同協議会用に準備した論文を用いている。私は注意深くパウロの全書簡を読み通し、パウロが福音という言葉を使っている箇所をすべてえり分けた。その後、それぞれの意味合いにしたがって分類した。まとめた文章は以下のとおりである。

　もしパウロに、ローザンヌの「全福音」という語句にどのような意味を持たせるかを尋ねることができたなら……福音全体を私たちに理解させるため、パウロは少なくとも次のことを主張したであろう。

・告げるべきキリスト中心の物語
・宣言するべき希望に溢れた物語
・弁明するべき啓示された真理
・受け取るべき新しい身分
・祝うべき神の力

そしてこれらの局面を理解せよ勧めながら、パウロがただ「聖書」（私たちにとっては旧約聖書）と知っていた原点へ、いつも戻れと指示したに違いない。なぜなら、「聖書に従って」キリストは死に、私たちの救いのために復活された。したがって私たちの全福音は、聖書全体の深い泉から汲み出さなければならない。

13 John Stott, *Christ in the Controversialist* (London: Tyndale, 1970), 127; *Christ in Conflict*, rev. ed. (Downers Grove, IL: InterVarsity Press, 2013), 129-136.

14 Tom Wright, *How God Became King* と比較。

15 ケープタウン・コミットメント、I・8「福音の本質」。

16 同上。

5章 対話

1 D・M・ロイドジョンズ『説教と説教者』小杉克己訳、いのちのことば社、一九九二年。

2 同書、一五、三五頁。

3 同書、六七〜六八頁。

4 J. G. Davies, *Dialogue with the World* (London: SCM Press, 1967), 31.

5 Ibid., 31, 55.

6 Ibid., 55.

7 キールで開催されたNational Evangelical Anglican Congress の第八三項。

8 Gottlob Shrenk, "διαλέγομαι, διαλογίζομαι, διαλογισμός," in Gerhard Kittel and Gerhard Friedrich, eds., *Theological Dictionary of the New Testament*, trans. Geoffrey W. Bromiley (Grand Rapids: Eerdmans, 1971), 2:93-97.

9 Willam Arndt, et al., *A Greek-English Lexicon of the New Testament and Other Early Christian Literature; A Translation and Adaption of Walter Bauer's Griechisch-Deutsches Wörterbuch Zu Den Schriften Des Neuen Testaments Und Der Übiringen Urchristlichen Literatur, 4th Rev. and Augm. Ed.*, 1952 (Chicago: University of Chicago Press, 1957).

10 W. H. Temple Gairdner, Edinburgh 1910: *An Account and Interpretation of the World Missionary*

Conference, Kindle ed.（HardPress, 2010）, 135.

11 Hendrik Kraemer, *The Christian Message in a Non-Christian World*（London: Edinburgh House, 1946）.

12 同書。キリストは非キリスト教的宗教の完成車でもある、という考え方は、R・N・ファークワーの著書によって広められた。*The Crown of Hinduism*（Oxford: Oxford University Press, 1913）.

13 以下から引用。Carl F. Hallencreutz *in New Approaches to Men of Other Faiths*（Geneva: WCC, 1969）, 78.

14 Karl Rahner, *Theological Investigations V*（London: Darton, Longham & Todd, 1966）, 131.

15 Raimundo Pannikar, *The Unknown Christ of Hinduism*, rev. ed.（London: Darton, Longham & Todd, 1981）.

16 World Council of Churches assembly at Uppsala, report 2, paragraph 6.

17 ローザンヌ誓約、第三項。

18 同上、第四項。

19 E・スタンレー・ジョーンズ『インド途上のキリスト』金井為一郎訳・淵江淳一新訳、日本クリスチャン・アシュラム連盟、一九八六年。*Christ at the Round Table*（London: Hodder & Stoughton,1928）.

20 Jones, *Christ at the Round Table*,19,20.

21 Ibid., 52.

22 Ibid., 8, 9.

23 Ibid., 22, 23.

24 Ibid., 48, 5, 11.
25 Ibid., 50, 56.
26 Ibid., 55, 56.
27 Kenneth Cragg, *The Call of the Minaret* (Cambridge: Lutterworth, 1956).
28 Ibid., viii.
29 Ibid., 189.
30 Ibid., 34.
31 Ibid., 319.
32 Ibid., 245, 262.
33 Ibid., 245-46, 256-57.
34 Ibid., 334-35.
35 Ibid., 355, 347.
36 Stephen Neill, *Christian Faith and Other Faiths* (Oxford: Oxford University Press, 1961), 65, 66, 69.
37 David Sheppard, *Built as a City* (London: Hodder & Stoughton, 1974).
38 Ibid., 11, 36.
39 Ibid., 16, 245.
40 Ibid., 256.
41 Ibid., 258.
42 Ibid., 259.

43 Ibid., 260.

44 David Edwards, review of *Built as a City*, *in Church Times* (January 25, 1974).

6章　対話についての考察

1 ほかにも多元主義という言葉には、政治的な意味合いがある。どんな宗教も押し並べてある程度は真実である（もしくは偽りである）との肯定ではない。むしろ民主国家の保護の範囲内で、法の下にあらゆる宗教に対して同等の自由を保証する。この政治的多元主義は、個々人の宗教を追求する権利と自由を保護するものであって、さまざまな宗教が主張する真実を道徳面や神学面から判断するものではない。たとえば、インドの憲法を見ると、少なくとも理論上では非宗教的（secular）を意味する。

2 Christopher J. H. Wright, "The Christian and Other Religions: The Biblical Evidence," *Themelios* 9, no.2（1984）: 4-15.

3 Chris Wright, *What's So Unique About Jesus?* (Eastbourne, UK: Monarch, 1990).

4 Chris Wright, *The Uniqueness of Jesus* (London: Monarch, 1990).

5 ジョン・ストット『和解の努め』油井義昭訳、すぐ書房、二〇〇一年。一九八四年、一九九〇年、一九九九年、二〇〇六年の四版があるこの本は、社会、政治、経済、環境、医療、また性の問題など、幅広い分野に関するストットの徹底した研究と考察の、卓越した概要が収まっている。またその本では、ストット独特の世と神の言葉への「二重の傾聴」と、本質的には伝道を伴う全人的なキリスト者の宣教への筋金入りの献身が見てとれる。次も参照、"The Uniqueness of Jesus Christ," in *The Contemporary Christian* (Downers

Grove, IL: InterVarsity Press, 1992), 296-320.

6 Alan Race, *Christians and Religious Pluralism* (Maryknoll, NY: Orbis, 1982). 福音主義神学の聖書解釈学においての宗教多元主義に関する用語や、この問題全体をめぐる論議は、以下を参照すると助けとなる。Ida Glaser, *The Bible and Other Faiths: What does the Lord Require of Us?* (Downers Grove, IL: InterVarsity Press, 2005), 19-33.

7 Harold A. Netland, *Dissonant Voices: Religious Pluralism and the Question of Truth* (Grand Rapids: Eerdmans, 1991), 9-10. ネットランドは後、この問題に関する大きな研究を行った。その中でわかったことは、排他主義、包括主義、多元主義という三つのカテゴリーは、学問の幅を広げるという点で、概論を体系化するような研究目的には使えても、実証と経験に基づく現実はそれ以上に複雑だという点である。以下を参照。*Encountering Religious Pluralism: The Challenge to Christian Faith and Mission* (Downers Grove, IL: InterVarsity Press, 2001). この本には、その問題に関するそれぞれの立場の微妙な相違について、詳細で有用な参考文献が掲載されている。

8 ラーナーの執筆期間は相当長く、二十三巻からなる *Theological Investigation* を英語で著した(London: Darton, Longman & Todd)。後に出版された講義集には、この全集のラーナーの中心的見解が要約されている。"Christianity and the Non-Christian Religions," in John Hick and Brian Hebblethwaite, eds., *Christianity and Other Religions* (Glasgow: Collins Fontana, 1980), 52-79. ラーナーの立場についてヒントとなる要約や論議は以下でも参照可能。Michael Barnes, *Religions in Conversation* (London: SPKC, 1989).

9 Chris Wright, *The Uniqueness of Jesus* (Lonodn: Monarch, 2002), 61-62.

10 Ibid., 136-39.

11 David Edwards with John Stott, *Evangelical Essentials: A Liberal-Evangelical Dialogue* (Downers Grove, IL: InterVarsity Press, 1989).

12 この文書の詳細、署名者と住所、また重要な内容については以下を参照。http://en.wikipedia.org/wiki/A_Common_Word_Between_Us_and_You.
全文の掲載は、www.acommonword.com/the-acw-document/.

13 世界福音同盟の返答書簡は以下を参照。www.worldea.org/images/wimg/files/We_Too_Want_to_Live_in_Peace_Freedom_and_Justice.pdf.

14 イェール・レスポンスの全文は以下を参照。http://faith.yale.edu/common-word/common-word-christian-response.

15 マニラ宣言、第十二項。

16 ケープタウン・コミットメント、ⅡC・1。

7章　救い

1 Michael Green, *The Meaning of Salvation* (London: Hodder & Stoughton, 1965), 16.

2 例として以下を参照。Phyllis Garlick, *Man's Search for Health* (London: Highway, 1965), 16. Evelyn Frost, *Christian Healing* (London: Mowbray, 1949).

3 Martyn Lloyd-Jones, *Will Hospital Replace the Church?* (London: Christian Medical Fellowship, 1969).

4 Gustavo Gutiérrez, *A Theology of Liberation: History, Politics and Salvation* (Maryknoll, NY: Orbis, 1973).

5 『解放の神学』はラテンアメリカ特有の産物である。聖書や伝統ではなく歴史的現実をもって始め、社会科学の助けを借りながら、北米やヨーロッパの諸々の神学に対して果敢に異議を申し立てている。グスタボ・グティエレス以外の著名な提唱者には、ルーベン・アルベス（*The Theology of Human Hope*）、ヒューゴ・アスマン（*Oppression-Liberation: A Challenge to Christians*）がいる。Oralando Costas は各氏をこのように特徴づけている。「もしアルベスがこの運動の預言者で、アスマンが弁証者であるならば、グティエレスは組織神学者である。」*The Church and Its Mission: A Sharing Critique from the Third World* (London: Coverdale, 1974), 223.

6 日本語訳は次より引用。G・グティエレス『解放の神学』関望・山田経三訳、岩波書店、一五〇頁。

7 同書、三八、三〇頁。

8 同書、たとえば四四頁。

9 同書、四九頁。

10 同書、七六頁。

11 同書、七八頁。

12 同書、一九五、一九七、一六四頁。

13 同書、一九七頁。

14 同書、一五四、一五五頁。

15 同書、一九七～二〇〇頁。

16 同書、一五〇頁。

17 ローザンヌ誓約、第五項。

18 同上。

19 Werner Foester and Georg Fohrer, "σῴζω, σωτηρία, σωτήρ, σωτήριος," in Gerhard Kittel and Gerhard Friedrich, eds., Theological Dictionary of the New Testament, trans. Geoffrey W. Bromiley (Grand Rapids: Eerdmans, 1971), 7:965-1024.

20 Ibid., 973.

21 Michael Ramsey, *Faith and the Future* (London: SPCK, 1970), 15,12.

22 ローザンヌ誓約、第四項。

23 同上、第十五項。

24 Green, *The Meaning of Salvation*, 240.

25 John Poulton, *A Today Sort of Evangelism* (Cambridge: Lutterworth, 1972), 60-61.

8章　救いについての考察

1 本章の資料のいくつかは拙著から引用している。Christopher J. H. Wright, *Salvation Belongs to Our God: Celebrating the Bible's Central Story* (Downers Grove, IL: InterVarsity Press, 2008).

2 ローザンヌ誓約、第五項。

3 実のところ、ストットが救いの言葉の幅広さを調べているのは新約聖書のみである。拙著 *Salvation Belongs to Our God* の中で、私は旧新約聖書の全範囲を通してその語彙を調べた。旧約聖書における救い（神こそ人を救う行為の主体という意）は、抑圧者からの解放、戦いでの勝利、敵からの救出、また裁判での無実の証明なども含まれる。新約聖書では、救いの言葉（イエスについての、または神についての）は溺水からの救助、末期の病からの回復、病や障害のいやし、死や迫り来る危険からの救出などに使われている。そして旧新約聖書とも（新約聖書だけでなく）、救いには人々を罪から救う神が含まれている。*Salvation Belongs to Our God* 1章を参照。

4　John Stott, *The Cross of Christ*, 20th anniversary ed. (Downers Grove, IL: InterVarsity Press, 2006); The Contemporary Christian, (Downers Grove, IL: InterVarsity Press, 1992).

5　聖書的救いの希望における終末論的（新天地）完全性、またその結果として救われた人たちのこの世にあっての生き方への影響を強調している最近の本について、以下を参照。John Conwell,ed., *Called to One Hope: Perspectives on thee Life to Come* (Carlisle, UK: Partnoster, 2000); Michael Wittmer, *Heaven Is a Place on Earth: Why Everything You Do Matters to God* (Grand Rapids: Zondervan, 2004); Darrell Cosden, *The Heavenly Good of Earthly Work* (Peabody, MA: Hendrickson, 2006); Tom Wright, *Surprised by Hope* (New York: HarperOne, 2007); Stephen Holmes and Russell Rook, eds., *What Are We Waiting For? Christian Hope and Contemporary Culture* (Carlisle, UK: Partnoster, 2008).

6　G・グティエレス著『解放の神学』関望・山田経三訳、岩波書店、一九八五年。

7　概要や批判、より幅広い文献に関しては、例として以下を参照。デイヴィッド・ボッシュ『宣教のパラダイム転換』上・下、東京ミッション研究所訳、東京ミッション研究所、二〇〇一、二〇〇四年。J. Andrew Kirk, *Liberation Theology: An Evangelical View from the Third World* (London: Marshall, Morgan & Stott, 1979); Kirk, *Theology Encounters Revolution*

(Leicester, UK: Inter-Varsity Press, 1980); Orlando E. Costas, *The Church and Its Mission : A Shattering Critique from the Third World* (London: Coverdale, 1974); José Míguez Bonino, *Doing Theology in a Revolutionary Situation* (Philadelphia, Fortress, 1975) ; M. Daniel Caroll R., "Liberation Theologies" in A. Stott Moreau, ed., *Dictionary of World Missions* (Grand Rapids: Baker, 2000), 574-76; Samuel Escobar, "Latin American Theology," in John Corrie, ed., *Evangelical Dictionary of World Missions* (Downers Grove, IL: InterVarsity Press, 2007), 203-7; John Corrie, "Evangelicals and Liberation Theology," in John Corrie and Cathy Ross, *Mission in Context: Explorations Inspired by J. Andrew Kirk* (Aldershot, UK: Ashgate, 2012), 61-76.

8　クリストファー・ライト『神の宣教――聖書の壮大な物語を読み解く』一巻、東京ミッション研究所訳、東京ミッション研究所、二六五～二八八頁。

9　Stott, *The Contemporary Christian*, 319.

10　福音を一度も聞いたことのない人でも、キリストの贖いの業に基づいて（彼らの宗教によってではなく）神によって救われるという可能性（あるいはもっと踏み込んで、救われるという断定）は、アルミニウス派の見解によって明確にされた。たとえば、Clark Pinnock, *A Wideness in God's Mercy: The Finality of Jesus Christ in a World of Religions* (Grand Rapids: Zondervan, 1992). この問題を歴史、神学、また聖書からより徹底的に研究した本は、John Sanders, *No Other Name: An Investigation into the Destiny of the Unevangelized* (Grand Rapids: Eerdmans, 1992). このケースを堅固な改革派の見解から論じているのは、Terrance L. Tiessen, *Who Can Be Saved: Reassessing Salvation in Christ and World Religions* (Downers Grove, IL: InterVarsity Press, 2004). さまざまな見解を討議する論集の中で、「伝道されていな

い人の救いの可能性」をあからさまに批判しているのは、William V. Crockett and James G. Sigountos, *Through No Fault of Their Own? The Fate of Those Who Have Never Heard* (Grand Rapids: Baker Books, 1991).

9章　回心

1　Lesslie Newbigin, *The Finality of Christ* (London: SCM Press, 1964), 88.

2　"Christian Witness, Proselytism and Religious Liberty in the Setting of the WCC," WCC Central Committee Minutes, 1960, 214. 引用文は、一九六七年八月、クレタ島で開催された中央委員会のフィリップ・ポッターの講演から。

3　ローザンヌ誓約、第十二項。

4　J. H. Hoekendijk, *The Church Inside Out* (London: SCM Press, 1967), 21.

5　ジェームス・デニー『ジェームス・デニー著作集第二巻　キリストの死』松浦義夫訳、一麦出版社、二〇〇七年。

6　M. M. Thomas, *Salvation and Humanization* (Madras: CLS, 1971).

7　Michael Ramsey, *The Christian Priest Today* (London: SPCK, 1972), 37.

8　Mark Gibbs and T. R. Morton, *God's Lively People* (London: Fontana, 1970), 206.

9　ローザンヌ誓約、第十項。

10　Kenneth Cragg, *The Call of the Minaret* (Cambridge, Lutterworth, 1956), 336.

11　Wolfhart Pannenberg, *Basic Questions in Theology* (London: SCM Press, 1971), 2:34-35.

10章　回心についての考察

1　この聖書の言葉はもちろん、ストットの墓石にはない。墓石に刻まれる銘を自身で選んだストットは、自分にとって偉大なる英雄のひとりであったケンブリッジのチャールズ・シメオン（一七五九～一八三六年）をモデルにした。シメオンの墓碑銘にはこうある、キリストこそ「彼自身（シメオン）の希望の源、また彼の奉仕すべての中心であったとしても、彼は、『イエス・キリスト、すなわち十字架につけられた方のほかは、何も知らないことに決心した』」。ザ・フックセス（ストットがほとんどの本を書いた海岸近くのコテージ）に近いペンブロークシャー州デールのウェルシュ村にあるジョン・ストットの墓石には、このような銘が記されている。「ここに埋葬されているのは、ジョン・ロバート・ウォルムスリー・ストット、一九二一～二〇一一年の灰である。ロンドン、ランガム・プレース、オール・ソウルズ教会の主任牧師、一九五〇～一九七五年、また名誉牧師、一九七五～二〇一一年、彼の救いの源であり、また彼の奉仕の中心であるイエス・キリスト、すなわち十字架につけられた方のほかは、何も知らないことに決心した。Ｉコリント二・二。」

2　これ自体、ストットの学問研究が海外にまで及んだことを示している。Ｍ・Ｍ・トーマス博士はインドの著名な学識深い神学者であり、よりインド文化に根ざしたキリスト教を提唱し、救いを人間化（ヒューマニゼーション）としてとらえながら社会改革に深い関心を持ち、ラテン・アメリカの解放の神学に影響されてダリット（最下層民）の抑圧に反対した。

3　この論議においてさまざまな提唱者が取った立場の例は、ローザンヌのウェブサイトで閲覧可能。たとえば、Joseph Cummings, “Muslim Followers of Jesus?” は、二〇一五年四月二十五日開通、www.lausanne.org/content/muslim-followers-of-Jesus. 二〇一〇年十月のケープタウン第三回ローザンヌ会議の前年、「Global Conversations」シリーズを企画した『クリスチャン・トゥデイ』もこの問題を取り上げた。その記事と種々の反響は、二〇〇九年十月号に掲載。www. lausanne.org/global-conversation-articles 参照。さらなる参考文献のリンクと併せて、このトピック全体に関する優れた要約は、http://en.wikipedia.org/wiki/Insider-movement.

4　ケープタウン・コミットメント、ⅡC・4。

5　後に「The Bible Speaks Today」シリーズの中に、*The Message of Ephesians: God' New Society* (Downers Grove, IL: InterVarsity Press, 1979) として編入された。

6　Ibid., 126-129.

7　特にN・T・ライトの草分け的な著書を参照。『新約聖書と神の民』(邦訳では上巻のみ)山口希生訳、新教出版社、二〇一五年。また近ごろ出版された定評ある研究は、"Reshaping the Church for Mission," in *Surprised by Hope* (New York: HarperOne, 2008) や、"The Launching of God's Renewed People," in *How God Became King* (New York: HarperOne, 2012).

8　Scot McKnight, *Kingdom Conspiracy: Returning to the Radical Mission of the Local Church* (Grand Rapids: Brazos, 2014).

9　クリストファー・ライト『神の宣教――聖書の壮大な物語を読み解く』一〜三巻、東京ミッション研究所訳、いのちのことば社発売。

10　Lesslie Newbigin, *The Gospel in a Pluralist Society* (Grand Rapids: Eerdmans, 1989), 227.

11　ローザンヌ誓約、第六項。

12 ケープタウン・コミットメント、Ⅰ・9A。

13 同書、Ⅰ・10A。

14 私の書いた注解書は、申命記のこの宣教的・文化的局面を追究している。Christopher J. H. Wright, *Deuteronomy*, New International Biblical Commentary (Peabody, MA: Hendrickson, 1996). The Understanding in the Bible Commentary として再出版された (Grand Rapids: Baker, 2012)。

15 ショッキングなことに、回心という言葉は、諸外国に対するより、神ご自身の民に対し頻繁に用いられている（外国人も「仰ぎ見て（turn）救われよ」と命じられてはいるが。イザヤ四五・二二）。覚えておくべきは、初めて悔い改めて信じた、ある特別な回心の瞬間もあろうが、回心している状態とは、生涯にわたる、徐々に深まっていくプロセスである。何度でも主に立ち返り、立ち戻りながら、私たちの神なる主を、心と霊、思いと力を尽くして愛していくのである。

16 Andrew F. Walls, "Converts or Proselytes? The Crisis over Conversion in the Early Church," *International Bulletin of Missionary Research* 28, no.1 (2004), 2-6.

17 Christopher J. H. Wright, "Implications of Conversion in the Old Testament and the New," *International Bulletin of Missionary Research* 28, no.1 (2004), 14-19.

18 ローザンヌ誓約、第十項。

19 これらは「Culture and Family」という章の見出し。Christopher J. H. Wright, *An Eye for an Eye* (Downers Grove, IL: InterVarsity Press, 1983) の中にある。現在は、次の本に改訂されている。*Old Testament Ethics for the People of God* (Downers Grove, IL: InterVarsity Press, 2004), 327-62.

20　“The Willowbank Report —— Gospel and Culture” については、www.lausanne.org/content/lop/lop-2 にアクセスを。以下でも参照可能。John Stott, ed., *Making Christ Known: Historic Mission Documents from the Lausanne Movement, 1974-1989*（Grand Rapids, Eerdmans, 1997）.

21　新約聖書以来、全時代を通じて最も傑出したキリスト教宣教の歴史家は、間違いなくアンドリュー・ウォールズである。興味をかき立てるいくつかの記事が以下に収められている。*The Missionary Movement in Christian History: Studies in the Transmission of Faith*（Maryknoll, NY: Orbis, 1996）. また当然ながら、レスリー・ニュービギンはいつものように鋭い洞察力を持っている。たとえば、“Church Growth, Conversion and Culture,” in *The Open Secret: An Introduction to the Theology of Mission*（Grand Rapids, Eerdmans, 1995）, 121-59. 他にも関連のある著書は以下のとおり。Vinay Samuel and Albercht Hauser, *Proclaiming Christ in Christ's Way: Studies in Integral Evangelism*（Oxford: Regnum, 1989）; David J. Hesselgrave and Edward Rommen, *Contextualization: Meanings, Methods and Models*（Grand Rapids: Baker, 1989）; David Burnett, *Clash of Worlds*（London: Monarch, 1990）; David Smith, *Against the Stream: Christianity and Mission in an Age of Globalization*（Leicester, UK: InterVarsity Press, 2003）; Dean Flemming, *Contextualization in the New Testament: Patterns for Theology and Mission*（Downers Grove, IL: InterVarsity Press, 2005）. A. Scott Moreau, *Contextualization in World Missions: Mapping and Assessing Evangelical Models*（Grand Rapids: Kregel, 2012）; John Corrie and Cathy Ross, eds., *Mission in Context: Explorations Inspired by J. Andrew Kirk*（Aldershot, UK: Ashgate, 2012）.

訳者あとがき

今年始め、一月二十四日、日曜日のこと。現在、客員として通っているベテルキリスト教会に着いた途端、大坂太郎牧師が開口一番、「神さまは素晴らしい！　すごく良い話があります。礼拝後に話しますから期待していてください！」とおっしゃった。何となく落ち着かない気持ちで礼拝をささげた後、大坂牧師のオフィスに通されると、いのちのことば社から送られてきた『今日におけるキリスト者の宣教』の原書コピーがテーブルの上に置いてあった。

埼玉県日高市にあるベテルキリスト教会は、私の出身教会でもある。二十数年前、当時ベテルでは英会話教室を通して地域伝道がされていた。私は高校三年生、卒業後アメリカの大学に行くと決めていたところにその教室のチラシを見、英会話を目当てにベテルへ通い始めた。そして聖霊は間もなく、キリスト信仰へと私を導いてくださった。

四年間の留学を終え、数年間会社勤めをした後、フルタイムでの献身の思いが与えられた私は、ベテルのみなさんに祈られて日本アッセンブリーズ・オブ・ゴッド教団立中央聖書神学校に入学。二〇〇二年に同校を卒業後は、東京、長野、和歌山などで十三年間、伝道師や牧師の務めにあずかった。

五年前に結婚し、夫とともに北海道へ赴任したが、そこで大きく体調を崩し、また父親の介護などもあり、二〇一四年から夫婦ふたりで休職し、埼玉に戻って来た。しかし月日が経つにつれ、夫婦そろっての復職を難しくする理由があるとわかり、将来はおろか、現在にさえ道も希望も見いだせずに毎日を送っていた。そのような時、先ほどのように大坂牧師が本書の翻訳を勧めてくださった。

この本の興味深い点は、内容はさることながら、ストット氏とライト氏のまるで対照的な文のタッチであった。まずストット氏の文体について言えば、一文一文が簡潔でリズム感があり、言葉遣いも平易だ。「外交官」であったり、まるで道化師やチャップリンを思わせるような、軽妙で身近なたとえも多い。内容は密度が濃くても文そのものは「読みやすい」。翻訳している最中も、ストット氏本人が目の前にいて、こちらに語りかけてくるようにさえ感じた。本書では、ストット氏の口から何度も「謙遜」が語れているが、この「読みやすさ」もストット氏の謙遜さから来るものではないだろうか。また回心について述べた九章の「回心と文化」というセクションに、「聖書と文化」という言葉が出てくる。原語では「Scripture and culture」（スクリプチャーとカルチャー）と韻が踏まれていて、ストット氏の「遊び心」とも言える文学的センスが垣間見えた。

一方、ライト氏は一文が長く、多くの関係代名詞でつながれた複雑な文体。いかにも学者らしい重厚なスタイルである。ライト氏の章は訳すのに散々苦労し、頭を抱えながら「もっとふさわしい訳者がいたはずだ」と何度思ったか知れない。しかしライト氏の言葉には、そこかしこにストット氏への敬意と親愛の情が溢れていて、たとえ互いの見解が異なる時があっても、ライト氏はストット氏の言葉に傾聴し、応答するという姿が明らかであった。したがって、本書は両氏間の「対話」、しかもストット氏が提唱している「対話そのもの」であると思う。おそらくそれは、師弟関係にありながら同士である両氏の間で、そのような対話が常日頃から密に取り交わされていたことの表れであろう。

八月十九日、最愛の父を七十二歳で亡くした。ちょうど八章を校正している時だった。亡くなる少し前、父は笑顔で「すっかり翻訳家だな」と言って、本の完成を楽しみにしてくれていた。父の死を通し、九章にあるストット氏の「生きているか、死んでいるか。生まれたか、まだ生まれていないか。人はみな、そのどちらかである」という言葉が、深く胸に突き刺さる。神の国に生まれ、神の国に生きる、それが私たち人にとってどれほど代えがたいものか。だからこそ、聖霊の力に信頼し、謙遜と人間味に溢れた宣教と、救いと同時に滅びの現実をはっきりと伝える伝道こそ、私たちキリスト者にとっての「急務」であることを痛いほど感じた。

最後に、今回の翻訳で大変お世話になったいのちのことば社の長沢俊夫編集長、編集を担当してくださった米本円香さんや、本書の翻訳についてもアドバイスをくださった大坂太郎牧師、そして信仰の始まりから私を支えてきてくださったベテルキリスト教会のみなさんに、心からの感謝を表したい。

二〇一六年八月末

立木信恵

訳者

立木信恵（たちき・のぶえ）

埼玉県日高市ベテルキリスト教会にて、高校3年生の時、キリスト信仰に導かれる。

米国ミネソタ州St. Cloud State University社会学部卒業。

日本アッセンブリーズ・オブ・ゴッド教団立、中央聖書神学校卒業。

2001年同校卒業後、長野、東京、和歌山、北海道などで伝道師・牧師として奉仕。

2014年4月から同教団を休職し、現在はベテルキリスト教会客員。

今日におけるキリスト者の宣教

2016年10月20日　発行

著　者　ジョン・ストット
　　　　クリストファー・J・H・ライト
訳　者　立木信恵
印刷製本　シナノ印刷株式会社
発　行　いのちのことば社
〒164-0001 東京都中野区中野2-1-5
電話 03-5341-6922（編集）
03-5341-6920（営業）
FAX03-5341-6921
e-mail:support@wlpm.or.jp
http://www.wlpm.or.jp/

ISBN 978-4-264-03593-0